FORA DA NOVA CURVA

FLORIAN BARTUNEK,
GIULIANA NAPOLITANO E
PIERRE MOREAU (ORGS.)

Fora da nova curva

Como grandes investidores atravessam os altos e baixos do mercado — e o que você pode aprender com eles

PORTFOLIO
PENGUIN

A Portfolio-Penguin é uma divisão da Editora Schwarcz S.A.

Grafia atualizada segundo o Acordo Ortográfico da Língua Portuguesa de 1990, que entrou em vigor no Brasil em 2009.

CAPA Alceu Chiesorin Nunes
PROJETO GRÁFICO Tamires Cordeiro
REDAÇÃO Ernesto Yoshida
PREPARAÇÃO Laura Chagas
REVISÃO Clara Diament e Carmen T. S. Costa

Dados Internacionais de Catalogação na Publicação (CIP)
(Câmara Brasileira do Livro, SP, Brasil)

Fora da nova curva : Como grandes investidores atravessam os altos e baixos do mercado — e o que você pode aprender com eles / Florian Bartunek, Giuliana Napolitano, Pierre Moreau. — 1ª ed. — São Paulo: Portfolio-Penguin, 2025.

ISBN 978-65-5424-052-9

1. Administração 2. Empresários 3. Empreendedores 4. Empreendedorismo 5. Relatos pessoais 6. Sucesso em negócios I. Bartunek, Florian. II. Napolitano, Giuliana. III. Moreau, Pierre.

25-293446.0 CDD-338.0492

Índice para catálogo sistemático:
1. Empreendedores : Relatos de experiências 338.0492

Maria Alice Ferreira – Bibliotecária – CRB-8/7964

EDITORA SCHWARCZ S.A.
Rua Bandeira Paulista, 702, cj. 32
04532-002 — São Paulo — SP
Telefone: (11) 3707-3500
www.portfolio-penguin.com.br
atendimentoaoleitor@portfolio-penguin.com.br

SUMÁRIO

APRESENTAÇÃO

Florian Bartunek

Ao longo da vida, muitas das decisões mais importantes que tomamos — como a escolha de uma profissão, de um propósito ou de um caminho financeiro — são feitas sem o benefício de exemplos concretos ou modelos claros.

Para quem está começando a trilhar sua jornada no mercado financeiro, esse desafio é ainda maior: existem inúmeras possibilidades, mas pouco é visto sobre como grandes investidores e empreendedores construíram, na prática, suas histórias de sucesso.

Foi pensando nisso que nasceu a série Fora da Curva — uma coleção de histórias reais que busca inspirar, orientar e provocar reflexão.

Ao trazer à tona trajetórias autênticas de alguns dos maiores nomes do investimento e do empreendedorismo no Brasil, queremos mostrar que, embora não exista uma única maneira de chegar ao sucesso, há sim princípios comuns que se repetem entre os melhores.

Este é o quarto volume da série. Nos três anteriores, mergulhamos em dezenas de conversas profundas com investidores e empreendedores de diferentes perfis, estilos e estratégias — todos com um ponto em comum: chegaram ao topo em seus campos por meio de muito estudo, disciplina, resiliência e paixão pelo que fazem.

Agora, para celebrar dez anos desde o início do projeto, estamos ainda mais comprometidos com a missão de compartilhar conhecimento de forma acessível e inspiradora.

Ao longo dessas quatro edições, dividimos os participantes em categorias que ajudam a organizar a diversidade de experiências apresentadas:

- Investidores em ações, como Luiz Barsi, José Carlos Magalhães, Tania Chocolat, Sara Delfim, eu mesmo e tantos outros que construíram fortunas e reputações com base em análise fundamentalista, paciência e visão de longo prazo.
- Especialistas em macroeconomia, como Luis Stuhlberger, André Jakurski, Armínio Fraga e Paulo Guedes, que nos ensinam a navegar por cenários complexos com sensibilidade para o risco e leitura de contexto.
- Nomes de destaque em *private equity* e investimentos alternativos, como Martín Escobari, Patrice Etlin, Alex Behring e Marcelo Claure, que mostram como é possível gerar valor de longo prazo em negócios, com visão estratégica e capacidade de execução.
- Empreendedores e investidores em *venture capital*, como Guilherme Benchimol, Fabrício Bloisi, Veronica Serra e Henrique Dubugras, que ilustram a interseção de inovação, tecnologia e capital.

Neste quarto volume, mantivemos o compromisso com a pluralidade de visões e seguimos explorando novas fronteiras da área de investimentos. Ampliamos o escopo e incluímos segmentos que vêm ganhando protagonismo no Brasil:

- Infraestrutura, com o exemplo de Ralph Rosenberg, da Perfin, que compartilha uma trajetória sólida em um setor essencial para o desenvolvimento do país.
- *Special situations*, com Daniel Goldberg, que nos introduz uma categoria de ativos complexa, mas altamente rentável e ainda pouco conhecida fora dos círculos mais especializados.

- Créditos tributários, com Luiz Felipe Dias de Souza, que revela um universo quase invisível ao público, mas que representa uma das grandes oportunidades de investimento alternativo dos últimos anos.

Já são mais de quarenta entrevistados ao longo da série, formando uma seleção apurada dos melhores investidores do país. Há ainda muitos outros nomes importantes que não participaram — por motivos de escolha, agenda ou timing —, mas aos quais permanecemos atentos.

Fora da Curva é um projeto vivo, que continua evoluindo à medida que o mercado se transforma, especialmente com o avanço de novas tecnologias, como a inteligência artificial, que já começam a influenciar decisões de investimento e estratégias de gestão.

Além das histórias individuais, ao longo de tantas conversas, não pudemos deixar de notar padrões entre aqueles que se destacam consistentemente no decorrer do tempo. Algumas características saltam aos olhos:

- Busca incessante por conhecimento: Muitos desses investidores têm mais de trinta ou quarenta anos de carreira e continuam estudando todos os dias. Leitura, curiosidade e aprendizado contínuo fazem parte da rotina.
- Obstinação em relação ao controle de riscos: Independentemente da estratégia adotada, todos compartilham uma mentalidade voltada não apenas para maximizar ganhos, mas sobretudo para evitar grandes perdas.
- Resiliência diante dos ciclos de mercado: O Brasil é conhecido por sua alta volatilidade econômica. Sobreviver — e prosperar — nesse ambiente durante décadas exige força mental e capacidade de adaptação.
- Especialização e foco: Os grandes nomes tendem a se aprofundar intensamente em seus nichos de atuação. Eles evitam modismos e não investem em ativos que não dominam.

- Inteligência emocional: Talvez o traço mais difícil de desenvolver. Saber lidar com perdas temporárias, manter a calma durante períodos turbulentos e ter a paciência de esperar o momento certo são habilidades fundamentais. E talvez a mais importante seja saber reconhecer quando é hora de mudar de opinião, ajustar o rumo e preservar o capital.

Este livro não pretende ser um manual técnico nem um guia definitivo sobre finanças. Ele é, acima de tudo, uma coleção de histórias humanas, de trajetórias autênticas que revelam os bastidores do sucesso financeiro com todas as suas complexidades e dúvidas, seus erros e aprendizados.

Esperamos que este novo volume sirva de inspiração, tanto para quem deseja seguir carreira no mercado financeiro quanto para quem investe por conta própria ou apenas busca entender melhor como pensam os grandes investidores do país. As lições aqui presentes são atemporais, universais e profundamente valiosas.

Boa leitura — e que ela ajude você a encontrar o seu próprio caminho fora da curva.

INTRODUÇÃO

Giuliana Napolitano e Pierre Moreau

Logo após a crise de 2008, os gestores de recursos viraram uma classe desacreditada nos Estados Unidos. O pensamento do investidor médio era algo como: "Se os profissionais não conseguem proteger meu patrimônio quando eu mais preciso — isto é, em meio a um caos financeiro global —, por que pagar por esse serviço? Prefiro economizar em taxas e fazê-lo eu mesmo".

Na época, teve início o crescimento acelerado dos investimentos passivos, que seguem índices de mercado, e, como consequência, a retração dos fundos de perfil ativo, em que as decisões são tomadas de maneira discricionária pelos gestores.

O Brasil viveu um movimento semelhante de perda de prestígio dos gestores de recursos enquanto escrevíamos este livro — mas por razões diferentes.

Os fundos multimercado e de renda variável passaram três anos, de 2021 a 2024, rendendo em média menos que o CDI, o índice que segue a taxa básica de juros de mercado e remunera os investimentos de baixo risco.

Fundos que aplicam em mercados voláteis como os de ações, moedas e commodities deveriam superar o CDI com alguma folga, para compensar o risco que o investidor corre. Mas, na prática, pouquíssimos gestores conseguiram bater o *benchmark* nesse período, e menos ainda de forma consistente. Ao mesmo tempo, houve uma explosão de produtos de renda fixa isentos de imposto de renda, que oferecem retornos maiores que o CDI e, dependendo do caso, baixo risco.

A consequência foi o resgate em massa de fundos de ações e multimercado. Afinal, para que arriscar perder dinheiro e ainda pagar taxas de administração se é possível ganhar *mais* na tranquilidade da renda fixa?

Faz sentido — mas apenas por um curto período. No longo prazo, essa costuma ser uma visão simplista. O mercado muda de ciclo em ciclo, e nem sempre o que funciona em um dá certo em outro. Além disso, nos últimos anos, as alternativas de investimentos se multiplicaram, o que levou os gestores a se sofisticarem e se especializarem em diferentes estratégias, gerando retornos muitas vezes descorrelacionados aos de outras aplicações.

Qualquer investidor tem acesso a informações básicas sobre empresas e mercados que lhes permitem tomar decisões a respeito de onde e como investir: balanços, estatutos, relatórios, declarações públicas. O trabalho do gestor é ir além da superfície. É fazer uma análise profunda do que está ao alcance de todos para encontrar as verdadeiras oportunidades e fugir dos riscos que "levam à ruína financeira", como disse André Jakurski, fundador do Pactual e da gestora JGP, no primeiro livro da série Fora da Curva.

"Um acordo de acionistas pode transformar um investimento que parecia excelente num problema", disse o brilhante Pedro Damasceno, ex-sócio da Dynamo, falecido em 2017. Sem um alinhamento de interesses claro entre controladores, executivos e acionistas minoritários, um negócio promissor pode se tornar uma decepção para quem tem menos poder de barganha.

Este livro — o quarto da série Fora da Curva — aborda todos esses pontos por meio de depoimentos de treze dos principais gestores de recursos do país, de diferentes perfis. Chama-se *Fora da nova curva* porque mostra como esses profissionais precisaram se adaptar para buscar retornos consistentes ao longo do tempo.

Howard Marks, um dos maiores investidores da atualidade, costuma dizer que não é possível prever o futuro — mas é possível se preparar para ele. Os gestores que entrevistamos contam como procuram fazer isso no dia a dia, o que veem como grandes oportunidades de investimento e como reagem diante dos erros.

Boa leitura!

CAPÍTULO 1

Alex Behring

Empresário e investidor, cofundador da 3G Capital

Quando estava na faculdade de engenharia, na PUC-Rio, Alex Behring achou que gostaria de trabalhar como engenheiro "hardcore". Fez estágio na área de informática do Citibank para a América Latina no fim dos anos 1980 e foi sócio de uma empresa de tecnologia, a Modus OSI. Mas percebeu que gostava mesmo das áreas comercial e de gestão. Enquanto fazia MBA em Harvard, trabalhou na GP Investimentos, da qual se tornou sócio. Foi CEO de uma das investidas da GP, a América Latina Logística (ALL), de 1998 a 2004. Depois disso, cofundou a 3G Capital, empresa de investimentos que também tem como sócios Jorge Paulo Lemann, Marcel Telles e Beto Sicupira. Liderou a compra do Burger King pela 3G, negócio que multiplicou o capital dos sócios por 26 e deu origem à Restaurant Brands International (RBI), uma das maiores redes de fast-food do mundo. Também liderou a compra da Heinz, em sociedade com o investidor Warren Buffett, e a problemática fusão da Heinz com a Kraft Foods. Seu grande objetivo, diz, é perpetuar a 3G Capital como uma empresa global de investimentos de excelência e fazer com que a Fundação Behring tenha impacto relevante no Brasil.

Um estudante de engenharia "hardcore"

"Estudei em um colégio chamado Anglo-Americano, no Rio de Janeiro. Minha mãe, que só fez até a quinta série, era secretária do dono da escola, o que me permitiu estudar gratuitamente. Na época, o colégio, que ficava em Botafogo, era bastante tranquilo e eu tirava boas notas sem muito esforço. Ao perceber isso, minha mãe decidiu que eu precisava de um desafio maior e me inscreveu no Santo Inácio.

Foi a primeira vez que realmente precisei estudar para uma prova. Quando vi o conteúdo, percebi que havia muitas coisas que nunca tinha aprendido antes, então precisei me dedicar bastante. Em matemática, o irmão mais velho de um amigo, o Araponga, que cursava engenharia no Fundão, me ajudou, me deu aulas, e acabei conseguindo passar de ano. Estudar no Santo Inácio fez uma enorme diferença. Foi uma base sólida que levei para a vida.

Além disso, jogava polo aquático no Botafogo, que tinha um time excelente. Sempre gostei de futebol, mas, sendo honesto, não era bom. Conseguia jogar na praia, onde o nível era mais baixo, mas nunca me destaquei. Também praticava natação, mas achava um esporte meio monótono. Quando descobri o polo aquático, foi como jogar uma "pelada" na água. Tinha aquele espírito de equipe, a camaradagem, e era muito divertido.

Sempre achei que faria engenharia, mas não queria estudar no Fundão, pois ficava muito longe — eu morava em Copacabana, onde fui criado; teria que pegar dois ônibus para chegar lá. Então me dediquei muito para conseguir uma bolsa na PUC, que na época oferecia esse benefício para os primeiros colocados. Consegui a bolsa e, paralelamente, me preparei para o vestibular da Cesgranrio. Fiz a prova com tranquilidade, já que tinha a vaga na PUC garantida. Para minha surpresa, acabei ficando em primeiro lugar na Cesgranrio, também para o curso de engenharia.

Eu tinha apenas dezesseis anos e até saí na televisão. Dei uma entrevista para a Leda Nagle, do *Jornal Hoje*. Eu era muito tímido e quase não falava. Ela me perguntou: "Você estudou muito? Está animado por ter passado?". E eu só respondi: "Sim". No intervalo, como o programa era ao vivo, ela me disse: "Meu filho, tenta falar mais, desenvolve suas respostas, senão a entrevista não vai a lugar algum". Minha mãe gravou essa entrevista e tenho a gravação até hoje; minha filha, inclusive, já assistiu.

Na faculdade, diferente de muitos amigos, eu era bem purista. Queria ser engenheiro de verdade, focado no desenvolvimento de hardware e robótica. Meu sonho era construir um robô. Eu era aquele tipo "hardcore" de engenheiro, totalmente voltado para essa área. Peguei a época do Commodore, aquele microcomputador que se conectava à televisão. A gente programava, mas, se desligasse o computador, perdia tudo, porque não tinha como salvar. Então anotávamos no caderno. Mesmo assim era fascinante, e eu estava muito envolvido com a área de tecnologia.

Guia turístico na Disney

Durante a faculdade, o que mais me ensinou, sinceramente, foi o que aconteceu fora da sala de aula. Todos os anos, nas férias, eu trabalhava como guia turístico na Disney. Era um bom dinheiro para a época, entre cinquenta e sessenta dólares por dia, e o dólar nos anos 1980 valia muito quando convertido para cruzeiros no Brasil. Minha tia, que era dona de uma agência de viagens em Miami, conseguia me colocar como guia. E, enquanto na engenharia tudo se baseava em números, na Disney o foco era completamente diferente: o trabalho girava em torno do relacionamento interpessoal e da capacidade de resolver qualquer tipo de problema.

Imagine só: reunir de noventa a 150 crianças, de diferentes regiões do país, distribuí-las em três ou quatro ônibus e levá-las para Orlando, sem a companhia dos pais. Tudo que podia dar errado dava. Havia casos de furtos em lojas, brigas, doenças, acionamento falso de alarme de incêndio e até mesmo crianças perdidas no parque. Era uma loucura! Mas também era muito divertido, e me fez aprender a me virar em qualquer situação.

Eu conseguia aumentar meus rendimentos com atividades opcionais. Em Orlando, por exemplo, organizava saídas para jantares dançantes, o que também gerava uma renda extra para os motoristas dos ônibus.

No começo, eu atuava como guia auxiliar, mas logo assumi a supervisão de toda a operação, que chegou a envolver até 4 mil passageiros. Com apenas vinte anos, ao voltar ao Brasil, me sentia rico. Morando na casa da minha mãe, sem responsabilidades financeiras, gastava quase tudo em viagens, lazer e vida social. Foi uma ótima fase, mas percebi que precisava começar a trabalhar de verdade. Só estudar não bastaria, mesmo sendo um bom aluno. Foi então que, faltando apenas um semestre para me formar, decidi trancar a faculdade por seis meses e trabalhar nos Estados Unidos.

Estágio no Citi e sócio da primeira empresa

Comecei a trabalhar no Citigroup próximo a Boca Raton, na Flórida, em um projeto bem técnico. Na verdade, estava desenvolvendo uma intranet, o que, no final dos anos 1980, era algo extremamente inovador. Na época, a IBM dominava o mercado de redes em bancos, com tecnologias como o *frame relay*. Fazer parte de um projeto desse tipo foi uma experiência única.

Consegui esse estágio graças a um primo que trabalhava no Citi. Um amigo dele, o Gus Roessler, que considero um grande amigo até hoje, ocupava um cargo de liderança e foi responsável pela minha contratação. A condição era que eu trabalhasse sem remuneração, pois o processo de obtenção do visto de trabalho seria demorado. Ele me perguntou: "Você aceita trabalhar de graça?". Topei. Meus primos tinham um apartamento em Fort Lauderdale — um dormia no primeiro quarto, outro no segundo, e eu passei seis meses dormindo na sala. Trabalhava feito louco o dia todo, mesmo com meu inglês bem ruim, do tipo "Oxford de Copacabana". Foi tudo na cara e na coragem.

Mas deu muito certo. Desenvolvi um protocolo completo de TCP/IP para minicomputadores Digital Vax, sistemas Prime (um tipo de minicomputador) e PCs, integrando toda a rede. Aprendi a fundo como tudo operava. Foi um trabalho incrível. O chefe de tecnologia do Citibank para a América Latina, líder do projeto, acabou saindo do Citi para abrir uma empresa e vender essa solução para outros bancos, diminuindo significativamente a dependência da IBM. A principal vantagem era a flexibilidade de conectar diversos dispositivos, reduzindo drasticamente os custos com tecnologia. Embora hoje essa prática seja comum, naquela época era revolucionária. O TCP/IP e a internet ainda eram utilizados sobretudo por órgãos governamentais e instituições acadêmicas, como o Departamento de Defesa e universidades.

O líder do projeto montou uma empresa, chamada Modus, e me chamou para trabalhar com ele. Então voltei para o Rio, concluí o curso na PUC e retornei a Boca Raton. Consegui meu *green card* e passei a dividir meu tempo entre São Paulo e os Estados Unidos, para acompanhar os projetos. Depois de um tempo, me tornei sócio. A empresa tinha sede em Boca Raton e um escritório em São Paulo, na Faria Lima. Era especializada em soluções de rede e chegou a ter quarenta colaboradores. No Brasil, realizamos a implementação das redes do Unibanco e também das redes nacionais do Safra e do antigo Sudameris.* Foi nesse período que conheci o Pedro Moreira Salles, durante a implementação da rede do Unibanco. O contrato com o Unibanco, sob a liderança do CEO Israel Vainboim, impulsionou o crescimento da empresa, abrindo as portas para diversos outros bancos. Meu sócio, que é trinta anos mais velho do que eu, era responsável pelos contatos, enquanto eu supervisionava os projetos, contratava engenheiros e garantia a execução das operações.

"Deixa de ser burro e faz um MBA"

Em 1993, aos 26 anos, resolvi vender minha participação na empresa. Percebi que minha verdadeira paixão estava na área de negócios e de pessoal. Programei muito, escrevi zilhões de linhas de código,

* Em 2003, o Sudameris foi comprado pelo banco holandês ABN Amro Real, que, por sua vez, foi comprado pelo espanhol Santander em 2007.

mas gostava mais da parte comercial, de vender soluções, desenvolver transações e gerir equipes. Meu sócio, por sua vez, estava feliz porque ganhava muito mais do que quando trabalhava no Citi. E ele não queria que eu saísse. Ofereceu aumentar minha participação na empresa, sugeriu que abríssemos novos negócios, vendêssemos sistemas para os bancos, fizéssemos *cross-selling*, o que poderia dar ainda mais dinheiro.

Mas eu não estava interessado, e consegui vender minha participação para ele. Com isso, pude realizar meu primeiro grande objetivo financeiro: a aquisição de um pequeno apartamento de frente para o mar, no Leblon. Ainda sobrou dinheiro para pagar um MBA e comprar uma BMW 325 de duas portas. Mas eu ainda não sabia direito o que queria fazer da vida.

A mesma pessoa que me deu a oportunidade de estagiar no Citi, o Gus, foi quem me falou sobre o MBA. Na época, eu não fazia ideia do que era isso. Ele, um banqueiro sênior que já havia concluído um MBA, me incentivou a seguir esse caminho. Fiz uma pesquisa inicial e descobri que profissionais com MBA em posições de *associate* tinham remuneração inferior à minha. "Não vou fazer essa porcaria", pensei. "Vou parar de trabalhar, gastar uma fortuna e depois ganhar menos? Não faz sentido."

Estava decidido a não fazer o MBA. Mas o Gus era muito "didático" e disse: "Cara, deixa de ser burro. Você tem que pensar no longo prazo. Vai aprender um monte de coisas e conhecer muitas pessoas que podem abrir novas portas para você". De fato, eu não sabia o que era um balanço financeiro, não entendia para que serviam as ações. Meu primo, Iunes Habib, que é como um irmão para mim, era sócio do Banco Ômega e trabalhava como trader, mas eu não tinha a menor ideia do que ele fazia. Tudo era um mistério.

A ideia de entrar em um programa de MBA, especialmente em uma instituição de prestígio como Harvard, parecia surreal. Fiz o GMAT* num período em que estava trabalhando e sem poder estu-

* O Graduate Management Admission Test (GMAT) é uma prova que avalia aptidão verbal e lógica em inglês.

dar direito, e minha nota, embora estivesse acima da média, não era alta o suficiente para garantir minha admissão num programa tão seletivo.

Me candidatei para o MBA em três universidades: Chicago, Wharton e Harvard. A primeira resposta que recebi foi da Universidade de Chicago: não. Fiquei desanimado, pois era a instituição com menor reputação entre as três. Em seguida, veio a resposta de Wharton: sim. Depois de longas conversas com meu sócio, e da orientação de meu mentor, recebi a resposta de Harvard: sim. Optei por esta última.

O MBA, para alguém como eu, foi uma verdadeira descoberta. Eu não fazia ideia do que era mercado de capitais, não sabia a diferença entre um banco e uma distribuidora, e nem o que era uma empresa de *private equity*. Eu tinha muito orgulho de pagar por meu próprio MBA. Mas percebi que quase todo mundo na turma tinha o MBA pago por alguma empresa, recebia bolsa ou dinheiro da família.

Nunca havia visitado Boston até ser admitido na universidade. Após a aprovação, me mudei para um dos dormitórios, onde tive uma experiência inesquecível. Minha conexão com a universidade continua até hoje. Volto todo ano a Harvard por conta de um conselho de que faço parte, e sempre visito o campus. Também participo das discussões dos cases para os quais somos convidados e de eventos de recrutamento.

Aprendizado e decepção no Goldman Sachs

Aprendi muito em Harvard, e foi uma oportunidade excelente para mim. Graças a uma coincidência, consegui um estágio de verão no Goldman Sachs, o que foi uma grande surpresa. Naquela época, conseguir um *summer internship* no Goldman Sachs era algo altamente cobiçado e muito difícil para quem não tinha experiência no mercado financeiro. Hoje em dia isso ainda é relevante, mas naquela época o Goldman era menor e muito mais seletivo.

Eu havia mandado cartas de apresentação a nove instituições

financeiras e recebido sete respostas negativas. As únicas oportunidades de entrevista que obtive foram nos bancos DLJ e CS First Boston (CSFB). Minha habilidade em programação C, incomum na época, foi um diferencial decisivo. Hoje, o perfil de empreendedor tecnológico é valorizado, mas naquela época não era assim. O Gus trabalhava no CSFB, único banco que me ofereceu uma vaga, mas preferi tentar o Goldman Sachs.

Quando meu currículo foi enviado para o processo de *summer internship* do Goldman, havia um "bookzinho" com os currículos, e as pessoas escolhiam as "dez maiores babaquices" neles para ridicularizarem depois. Meu currículo acabou entrando nessa lista. No meu caso, o que causou risadas foi o fato de eu ter colocado *water polo* como interesse pessoal, jogando pelo Botafogo. Eles acharam um absurdo. Primeiro, porque quase ninguém joga polo aquático, e o pessoal questionou: "Você acha que algum entrevistador se importa com isso? Esse é um espaço valioso para você se conectar com alguém, e você vai desperdiçar com polo aquático?". Segundo, ficaram intrigados com o "Botafogo Club" e perguntaram: "Que porra é essa?".

Então aconteceu um negócio inesperado. O telefone do dormitório tocou, e a pessoa do outro lado disse: "*Can you hold for John Neva, from Goldman Sachs?*". Atendi e o cara começou: "Você jogou com o Barriga?". Acontece que ele também tinha jogado polo aquático no Botafogo, com o mesmo técnico! Ele nunca havia visto um currículo que mencionasse o Botafogo e polo aquático, e era o chefe de recrutamento do Goldman para a América Latina.

Era brasileiro naturalizado americano. Seu nome é João Neiva, ou John Neva. Era banqueiro, responsável pela América Latina no Goldman Sachs, e também estava envolvido no recrutamento. Graças a essa conexão inesperada, consegui uma oferta no banco. Um amigo me disse: "Se você conseguiu uma oferta do Goldman, vai para o Goldman".

O Goldman mantém seu prestígio até hoje, mas era maior naquela época. A sede ficava na Broad Street, no centro financeiro de Nova York. Trabalhávamos incontáveis horas por semana, e essa foi uma experiência incrível, especialmente para alguém que até então nunca tinha feito um modelo financeiro direito.

Comecei trabalhando em M&A (fusões e aquisições) e também na área de *private investment*. Lembro que uma das transações de que participei durante o estágio de verão foi a compra de 20% de uma empresa de alimentos, a Arisco, que era de um empreendedor muito bem-sucedido — o Júnior, que anos depois vendeu a empresa para a BestFoods e fundou a Hypera. Foi nessa ocasião que ficamos próximos, e ele é meu investidor e amigo até hoje. Basicamente, eu era o cara que carregava a mala para o responsável que estava fechando o negócio com o Júnior. De qualquer forma, foi uma experiência muito importante para mim.

Por outro lado, minha entrevista de desligamento, antes de eu voltar para a faculdade, não foi tão positiva. Durante a conversa, o responsável pela avaliação começou a explicar como seria o processo: "Olha, primeiro eles vão fazer uma oferta e você vai aceitar, é assim que funciona". Ele também explicou a estrutura de remuneração: "No primeiro ano como *associate*, você vai ganhar entre tanto e tanto; depois, no segundo e no terceiro anos, vai depender da sua performance dentro da sua turma". Eu sempre fui muito impaciente. Quando ele começou a falar sobre "*fourth-year associate*", eu já estava pensando em sair correndo! Eu vinha da minha própria empresa, onde ganhava conforme os negócios que fechava, sem essa estrutura engessada.

Naquele momento, pensei: "Isso não vai dar certo pra mim". Era tudo muito quadrado e estruturado. Claro, com o tempo eu ganharia mais liberdade, mas só lá pelo sexto ou sétimo ano. Não conseguia me imaginar chegando tão longe nesse modelo. Não sabia exatamente o que queria fazer, mas sabia que aquele caminho não era o meu.

O início na GP: "Posso ser sócio?"

Um professor que foi especialmente importante, e com quem mantenho contato até hoje, é o Bill Sahlman. Tive uma aula com ele, na qual conheci o Beto Sicupira e o Marcel Telles.* Ele usou o prospecto da GP Investimentos, uma gestora de fundos de *private equity* que estava sendo lançada em 1994, como material para a aula, já que ainda não havia um case formal.

Os dois também participaram de outra aula em que eu estava, na qual apresentaram o case, depois organizaram um jantar para conhecer alguns brasileiros. Eles pediram a alguns estudantes, bolsistas da Fundação Estudar,** que convidassem outros brasileiros. Bill Sahlman deu uma excelente recomendação a meu respeito, e, quando os conheci, adorei os caras.

O papo deles era direto e objetivo. Naquela época, e ainda hoje, meu hobby era a pesca submarina, que comecei a praticar quando morei na Flórida e nunca mais parei — e que por coincidência é o mesmo hobby do Beto, do Marcel e do Jorge Paulo (Lemann). Achei os caras sensacionais. Logo perguntei o que realmente queria saber: "Posso ser sócio?". E o Beto respondeu: "Não, mas pode virar rápido. Se você for bem, vai crescer". Era o oposto do que eu tinha ouvido no Goldman, sem toda aquela estrutura rígida.

O salário era de 4 mil reais por mês, sem nenhuma garantia. Isso foi em 1994, quando a hiperinflação no Brasil havia acabado e todos os bancos de investimento queriam abrir uma operação no país. Na época, todo mundo oferecia 100 mil dólares de bônus de assinatura, o que era uma fortuna. Até hoje lembro que tentei explicar isso para o Beto. Tentei falar sobre o bônus de assinatura, e o Beto disse: "O quê?". No fim das contas, ele ofereceu pagar os custos da minha passagem para o Brasil, do término do curso e de um contêiner para trazer minhas coisas de volta.

Algo que sempre digo aos jovens é: tente entender não só o lugar

---

* Marcel Telles, Beto Sicupira e Jorge Paulo Lemann foram sócios no Banco Garantia e na GP Investimentos. São cofundadores, com Alex Behring e Roberto Thompson, da 3G Capital, que reúne investimentos como AB Inbev e Kraft Heinz. Também são sócios das Americanas.

** A Fundação Estudar é uma ONG, criada em 1992 por Jorge Paulo Lemann, Marcel Telles e Beto Sicupira, que oferece bolsas de estudos para brasileiros estudarem em universidades de diferentes países.

onde você vai trabalhar e o que você vai fazer, mas, principalmente, com quem. Isso é de extrema importância. Quando conheci o pessoal da GP, pensei: "Vou aprender muito com esses caras". Achei que, em dois ou três anos, aprenderia uma tonelada de coisas que ainda não sabia. E foi exatamente o que aconteceu. Tive o privilégio de trabalhar com eles em uma fase muito ativa.

Um dos primeiros projetos em que trabalhei foi no Multicanal, que depois se transformou na Globo Cabo. Também houve o caso da Artex, que foi complicado. Quando cheguei, em 1994, o negócio já estava fechado. O conselho original da Artex era formado pelo Jorge [Paulo Lemann], pelo Beto e pelo Marcel, mas a cultura da empresa, que tinha raízes em Santa Catarina, sob o comando do Ivens Freitag, era completamente diferente da deles. Essa diferença cultural entre o board e a empresa foi um aprendizado muito importante para mim.

Comecei a trabalhar na GP aos 27 anos e me tornei sócio aos 29, em 1996. Lembro muito bem do dia em que isso aconteceu. A expectativa era enorme, e eu estava bem ansioso. Na época, tudo era mais intenso, e eu me estressava com facilidade. Tinha acabado de ter uma discussão séria com outro sócio da GP. Um cara que sempre me ajudava muito, eu só aprendia com ele, e ele ainda era um verdadeiro gentleman. Eu exagerei naquela discussão. Tínhamos alguns contratos de concessão do consórcio de privatização das ferrovias, e o clima com o time estava tenso. Quando me disseram que eu seria promovido a sócio, fiquei surpreso. Alegaram que eu tinha tido um ótimo desempenho, mas que estava muito estressado. Fui promovido com 0,5% de participação, só que eu esperava que fosse 1%.

Um ano antes, outro jovem promissor havia se tornado sócio com 1% de participação. Então, quando me fizeram sócio com 0,5%, pensei: "Estão me punindo por ser estourado". Mesmo assim, fiquei feliz. Lembro que me tranquei no banheiro e pensei: "Caramba, virei sócio!". O dia em que tive a reunião com o Roberto Thompson e o Beto, em que me comunicaram a promoção, foi um dos melhores da minha carreira.

Eu trabalhava intensamente e aprendia muito. O Roberto Thompson é o melhor negociador com quem já trabalhei. Às vezes as histórias não fazem justiça a ele. Ele é muito *low profile*, mas tudo o que sei sobre negociação em M&A, que apliquei ao longo da minha carreira e que me permitiu participar de grandes transações, aprendi com ele. No começo, eu era praticamente o "carregador de mala" do Roberto. Aprendi muito só de observá-lo, além de todo o aprendizado que tive com o Beto, o Marcel e o Jorge.

O investimento em ferrovias

Eu realmente gostava de fazer os modelos financeiros, achava muito interessantes. No fim, as coisas saíam um pouco diferentes do previsto, mas acabavam dando certo. Foi nessa época que surgiu a ideia de investir em ferrovias. Quando me tornei sócio, compramos a primeira ferrovia, entramos no conselho junto com a Vale, ganhamos um consórcio na região Sul e começamos a buscar um CEO para o projeto. Foi o início do que mais tarde se tornou a América Latina Logística, a ALL.

Lembro que entrevistamos um executivo — não vou mencionar o nome dele, mas é uma pessoa conhecida. Fizemos uma reunião para avaliá-lo como possível CEO, e eu, que me achava bom em ler pessoas, saí convencido de que a conversa havia sido excelente. Mas o cara nunca mais atendeu o telefone! Ele achou a conversa horrível e simplesmente desapareceu.

Então o Beto me perguntou: "Por que você não vai para lá?". Achei que ele estava brincando. Falei: "Pô, Beto, não sei... tem duas pessoas que trabalham comigo aqui, mas agora estamos falando de milhares de funcionários". Eu já vinha estudando o setor para aprender sobre ferrovias. Fui analista e sócio responsável pelos investimentos, então, do ponto de vista de entender a operação, eu tinha uma boa noção. Mas uma coisa é estudar, outra é estar lá no dia a dia. E o Beto disse: "Vai lá que a gente te ajuda". Perguntei: "E quanto tempo você acha que vou ficar lá?". Ele respondeu: "Ah, um ano, um ano e meio". Acabei ficando sete anos, até o IPO* da ALL.

Fui para Curitiba, onde ficava a sede da ALL, e aprendi muito com o Marcel. Ele tinha uma habilidade impressionante para gestão e para lidar com pessoas, e me ensinou inúmeras lições valiosas. Foi um privilégio ter o Marcel dedicando seu tempo a me orientar sobre a ALL, ainda mais considerando que ele já estava extremamente ocupado com a Brahma. Sempre atento aos detalhes, e com uma visão clara sobre liderança, Marcel me dava conselhos que pareciam simples, mas eram incrivelmente práticos; por exemplo, quando dizia: "No começo, faça o que é de bom senso enquanto aprende o negócio". Ou seja, não comece querendo mudar toda a estratégia sem antes entender bem o que está acontecendo. Primeiro aprenda o básico, faça o que é de bom senso, e só depois passe a pensar em logística e em outras áreas mais complexas.

O Beto também teve um papel fundamental no meu desenvolvimento. Ele confiou em mim desde cedo e me ensinou muito ao longo dos anos. Sua habilidade de se conectar com o "povão" era extraordinária — o Beto conseguia criar uma relação genuína com pessoas de todas as esferas. Ele observava como eu lidava com as situações, oferecia conselhos diretos e me acompanhava em viagens.

Eu era sócio da GP e fui muito bem tratado, principalmente porque meu desempenho foi muito bem avaliado. A empresa cresceu bastante, e eu tinha uma remuneração significativa tanto como executivo da ALL quanto como sócio da GP. O modelo que adotamos era o mesmo que o Marcel trouxe do Garantia, que o Beto aplicou nas Americanas, e que depois o Daniel Schwartz e eu levamos para o Burger King. Mantivemos esse modelo de sucesso. Eu tinha participação nos lucros como sócio e também uma opção de compra de ações como executivo, o que tornava a situação financeiramente muito atrativa. Foi uma ótima fase. Acabei me mudando para Curitiba, me casei e minha filha nasceu lá.

---

* Sigla de *Initial Public Offering*, ou oferta inicial de ações na bolsa de valores.

A ALL não era uma empresa privada de origem, mas uma estatal que foi privatizada, e isso traz uma cultura e uma dinâmica de pessoas completamente diferentes. O que aconteceu foi o seguinte: em privatizações, os programas de desligamento voluntário são sempre muito generosos. Muita gente acaba saindo, e muitos de fato precisam sair, porque há um excesso de pessoal. Mas nesse caso também havia gente jovem que se animou com o novo cenário. Alguns apostaram no futuro da empresa, e com isso consegui montar um time muito bom. Trouxe um jovem da Vale que era excelente em operações e outro da área de caminhões para cuidar da parte comercial, alguém acostumado a competir por carga. Isso foi essencial para a renovação e o fortalecimento da equipe.

As pessoas falam bastante sobre o papel de um membro do conselho, mas uma função menos discutida é a de trazer talentos. O cara da Vale, por exemplo, trouxe o principal talento que eu tinha no início. E outro membro do board me indicou o responsável pela parte de caminhões, uma pessoa com vasta experiência nesse setor. Os dois foram fundamentais no começo.

Depois apareceu o Bernardo Hees, e já estávamos naquele modelo de dar espaço para os jovens crescerem. O Bernardo foi o primeiro a se destacar, mas a ideia era justamente abrir caminho para que os jovens assumissem mais responsabilidades. Ele é um talento desses que aparecem muito raramente, e eu tenho muita sorte de ser amigo dele até hoje.

Logo no início percebi que o problema principal da ferrovia era operacional. Logística, no fim das contas, é algo simples: todo mundo quer transportar da forma mais barata possível, desde que a mercadoria chegue ao seu destino a tempo e na hora esperada. O problema da ferrovia era que, apesar de ser mais barata, ela não entregava no prazo. Então decidi focar a maior parte do meu tempo nisso. Passava semanas inteiras de macacão, andando pela ferrovia, dormindo nos alojamentos e aprendendo a dirigir trens de todos os tamanhos. Esse envolvimento direto fez com que o pessoal comprasse a ideia e começasse a acreditar na transformação que estávamos tentando implementar na ALL.

O pessoal pensava: "Ah, trouxeram esse garoto aí, que nunca viu uma ferrovia. É só pra enganar a gente". Mas, depois que me viram no campo, começaram a acreditar. Um exemplo claro disso foi quando percebi que os maquinistas estavam exaustos. Eles dirigiam por oito horas seguidas, ficavam todos tortos, mortos de cansaço. O problema era simples: fazia um frio desgraçado dentro das locomotivas, e as cadeiras eram horríveis. Não tínhamos dinheiro para comprar novas locomotivas, mas podíamos trocar as cadeiras. Colocamos cadeiras parecidas com as de um Boeing, muito mais confortáveis. E essa era uma solução barata.

Essa mudança simples alterou a percepção de todos. Além disso, melhoramos o isolamento das locomotivas, reformamos os alojamentos dos maquinistas e instalamos antenas parabólicas para que eles pudessem assistir aos jogos de futebol durante os pernoites. O moral da equipe melhorou significativamente, e o sindicato perdeu força, porque começamos a cuidar melhor do pessoal. Criamos até um rali de maquinistas, com participantes de todo o Brasil, e isso nos permitiu reduzir em 25% o consumo de combustível da ferrovia. Instalamos computadores de bordo para medir a performance de cada maquinista. Um trem pode ser freado de uma dúzia de maneiras diferentes, e encontrar o ponto ideal de tração para cada trecho faz uma diferença enorme no consumo de combustível.

A empresa desenvolveu uma cultura incrível nessa época, porque o foco estava em fazer a operação funcionar de maneira barata e confiável. Como resultado, houve um grande crescimento de receita.

Ter feito engenharia me ajudou bastante na época, especialmente na comunicação com os engenheiros e na compreensão da parte mecânica. Isso foi essencial para lidar com os aspectos técnicos da ferrovia. No entanto, a parte de gestão de pessoas e de cultura veio direto da inspiração que recebi do Beto e do Marcel. E apliquei o modelo da GP, que é baseado em sociedade e participação. Esse senso de colaboração e de alinhamento de interesses foi fundamental para o sucesso da ALL. No fim, a empresa realizou o IPO, um marco importante que consolidou todo o trabalho e as transformações que havíamos implementado.

O investimento foi excelente e superou as expectativas. A vantagem competitiva da empresa era clara e intransponível, o que resultou em um negócio muito bem-sucedido, com uma cultura forte. O investimento foi feito pelo fundo da GP, mas havia coinvestidores na época, como o Riccardo Arduini. E depois compramos a empresa Delara, cujo fundador, Wilson Delara, virou nosso sócio e meu amigo. Ele tinha um negócio de caminhões, que adquirimos para integrar ao nosso sistema intermodal. Crescemos bastante nesse segmento, especialmente com a expansão para carga geral.

O investimento inicial foi multiplicado por três a cinco vezes. Quando saímos, vendemos nossas ações no mercado ao longo do tempo e o valor caiu um pouco, mas ainda assim foi um retorno significativo. Para mim, em particular, esse resultado foi muito relevante. Depois da nossa saída, o Wilson e o Ricardo ficaram como controladores da empresa, que teve problemas no governo Dilma. No final, os controladores decidiram sair do negócio e acabaram vendendo para a Cosan, num processo tumultuado, com acusações de ambas as partes.

"Queria testar se conseguia ser melhor do que antes"

A ALL foi minha primeira experiência como CEO de uma empresa e de extrema importância para mim. Mas, depois da crise de 2002 no Brasil, quando houve muita tensão nos mercados antes da eleição do Lula e de o dólar disparar, cheguei a duas conclusões: queria voltar a ser investidor e não queria me restringir ao Brasil. Foi extremamente valioso ter sido executivo, pois o que aprendi nessa função me tornou um investidor muito melhor. Mas, naquele período, o Brasil acabava de eleger Lula em seu primeiro mandato, a Selic* subiu para

* Taxa básica de juros do Brasil.

quase 27% e havia muita incerteza. Pensei: "Este país é complicado, eu adoro o Brasil, mas não quero ficar circunscrito a ele".

Isso me levou a ter conversas difíceis com meus sócios. O Marcel, por exemplo, queria que eu fosse para a cervejaria, o que fazia muito sentido, já que eu tinha experiência executiva e eles precisavam de gente em novas regiões, como a Europa, a Ásia ou o Canadá. Mas eu não queria ser executivo, queria voltar ao mercado de investimentos. Queria testar se conseguia ser melhor do que antes. Meus sócios acabaram concordando. Em 2004, fundamos juntos a 3G Capital para fazer investimentos fora do Brasil.

Resolvi me mudar para Nova York, para um escritório na Terceira Avenida com a rua 49. A Daniele, minha esposa, estava com seis meses de gravidez quando decidi que fundaria a 3G Capital. Moramos em Manhattan por dois anos, e lá aconteceu algo surreal: em 2006, um avião pequeno bateu no nosso prédio. Era um avião de pequeno porte, pilotado por um jogador de beisebol famoso que estava em uma aula de pilotagem. O avião colidiu com nosso prédio, quatro andares acima do nosso apartamento, com a nossa filha Isabelle em casa.

Foi um susto enorme. O prédio ficava na rua 72, perto do East River. O piloto estava sobrevoando o rio, fez uma curva errada e acabou entrando no prédio. Ele estava aprendendo a pilotar e cometeu um erro grave. Eu, sempre otimista, pensei: "Que azar, é mais fácil ganhar na loteria do que um avião bater no seu prédio". Embora o prédio tenha sido interditado, ninguém se machucou gravemente.

A Isabelle estava bem, mas passei por sessenta minutos terríveis até conseguir confirmar que nada havia acontecido. A babá, que não falava inglês e era de Guarapuava, no Paraná, desceu com a Isabelle pelo elevador — exatamente o que não se deve fazer em caso de incêndio! Felizmente, elas saíram pela portaria dos fundos, mas eu não conseguia acessar minha rua, que estava cercada pela SWAT, pois no início acharam que era um ataque terrorista. No final, consegui encontrar a Isabelle, e tudo ficou bem. Depois disso, decidimos nos mudar para uma casa. Ou melhor, a Daniele decidiu que devíamos nos mudar para uma casa!

A sociedade com Warren Buffett

O Jorge Paulo teve um papel realmente fundamental em apoiar a evolução da 3G Capital, que partiu de um foco inicial em investimentos líquidos só com capital próprio, atividade predominante que teve sucesso nos cinco primeiros anos, para uma firma de verdade, com capital próprio e de terceiros focada em fazer investimentos grandes — um de cada vez a cada vários anos. A experiência na GP nos levou a concluir que o modelo clássico de *private equity* — com muitos investimentos por ano, horizonte de tempo curto e muito capital institucional — não funciona bem para nós. Não temos gente suficiente para conseguir de fato tocar muitos negócios ao mesmo tempo da maneira que sabemos e queremos.

Nosso primeiro investimento foi uma participação com o fundo inglês TCI na CSX, uma das principais ferrovias americanas. Tínhamos um terço do conselho de administração. Em três anos, com a crise financeira de 2008 no meio e a bolsa americana caindo 30%, fizemos nosso dinheiro render 2,5 vezes num investimento original de 400 milhões de dólares (3G fundo I). Esse sucesso nos animou a sonhar com o resultado que poderíamos almejar se tocássemos um bom negócio nos Estados Unidos.

Em 2010, fiz o investimento do fundo 3G II no Burger King, que deu supercerto. Na época, o negócio do Burger King era menor que a marca. A empresa era a segunda maior rede de fast-food do mundo, com cerca de 12 mil lojas em oitenta países, mas crescia pouco e tinha muitos problemas de gestão. Os CEOs saíam ou eram trocados com frequência. Fizemos uma série de mudanças, vendemos mais de mil restaurantes próprios para dar foco aos franqueados e crescemos em mercados subaproveitados, como Brasil, China e França — o mercado francês era um dos mais lucrativos do nosso principal concorrente e não tinha sequer uma loja do Burger King.

Muita gente atribui o sucesso ao Orçamento Base Zero.* Mas o

---

* Orçamento Base Zero (OBZ) é uma técnica de planejamento financeiro que consiste em estimar os custos para um novo período começando "do zero", ou seja, sem con-

valor criado diretamente por ganhos de eficiência — ou seja, atrelado diretamente ao orçamento zero — é baixo. A maior parte do crescimento da empresa veio de forma orgânica e inorgânica.*

Depois do Burger King, veio a compra da Heinz pelo fundo 3G III. A Heinz foi interessante porque já conhecíamos bem a empresa e sempre a consideramos um ótimo negócio. Na época, estava sendo negociada na bolsa a um múltiplo razoável. Descobrimos que o CEO queria vender a companhia e sair. Consegui marcar um jantar com ele por intermédio de um amigo em comum e levei o Jorge. Jantamos no clube dele, foi um jantar muito agradável — senti que ele ficou interessado. Isso foi antes do Natal de 2012. No dia 1º de janeiro de 2013, ele me ligou para dizer que estava interessado. Fui sozinho à casa dele, e a conversa fluiu rapidamente.

No entanto, surgiu um grande desafio: precisávamos de 12 bilhões de dólares em *equity*. O total da transação seria de 28 bilhões, mas precisávamos levantar 12 bilhões apenas em *equity*. Era muito dinheiro. Foi então que o Jorge, que tinha um encontro marcado com o Warren Buffett,** aproveitou a oportunidade e o sondou sobre o negócio da Heinz. O Warren demonstrou interesse, e o Jorge disse: "O Alex vai falar com você". Eu já conhecia o Warren desde 2006, quando o Jorge me levou a um encontro com ele para discutirmos ferrovias americanas.

Preparamos na 3G um paper de dez páginas para ele, mas o processo demorou porque todo mundo queria fazer o melhor documento possível para o Warren. Eu dizia: "Gente, vamos mandar logo esse paper!". Finalmente o documento ficou pronto. Enviei o e-mail e fui

---

siderar como base as despesas do período anterior. O objetivo é reavaliar todos os custos e decidir se são realmente necessários. É amplamente usada pelas empresas que fazem parte da 3G.

* A 3G comprou o Burger King por 4 bilhões de dólares em 2010 (pouco mais de 1 bilhão em *equity*). Em 2024, o *equity* do BK (agora RBI) valia cerca de 30 bilhões de dólares. A rede de fast-food faz parte da Restaurant Brands International, que também é dona das marcas Popeye's, Tim Horton's e Firehouse Subs.

** Um dos mais bem-sucedidos investidores do mundo, dono da empresa de investimentos Berkshire Hathaway.

almoçar. Quando acabou o almoço, chequei o celular e tinha uma resposta do Warren, com apenas uma linha: "I'm good for 12 billion" [eu topo os 12 bilhões]. Ele entrou com 8 bilhões em ações preferenciais e 4 bilhões em ações ordinárias para se tornar nosso sócio.

Fechamos o acordo com a Heinz em 2013, e o envolvimento do Warren facilitou muito o processo. Por exemplo, simplificou enormemente nosso acesso ao crédito. O JPMorgan sozinho não conseguia financiar os 16 bilhões necessários, mas, com o Warren envolvido, até instituições que normalmente não faziam esse tipo de operação acabaram participando. A governança também foi fácil de organizar. Fizemos um documento de uma página e enviamos para o Warren, que respondeu apenas: "Está bom".

Essa experiência mostrou a importância de lidar com parceiros de maneiras diferentes. Há quem negocie do mesmo jeito com todo mundo, e isso me irrita. Você não pode tratar um sócio como se fosse um banco te financiando. Se o Warren Buffett te dá 12 bilhões, você não vai negociar da mesma forma que faria com uma instituição financeira. A reputação e a confiança fazem toda a diferença. É fundamental entender como lidar com cada pessoa.

Fechamos o acordo e mandamos o Bernardo Hees para liderar a Heinz. O Dan, que estava no Burger King, foi promovido a CEO. No fim das contas, o investimento na Heinz foi muito bom. Tivemos um retorno de 2,5 a três vezes sobre o nosso capital, e foi um grande cheque.

O Warren entrou para o board. Participar do conselho da Heinz nos primeiros dois anos foi uma das melhores experiências da minha vida. O conselho tinha seis pessoas: três nossos (Jorge, Marcel e eu) e três do Warren (além dele, Greg Abel e Tracy Britt Cool). Era um conselho muito direto, sem burocracia. Tínhamos o Bernardo como CEO, e o Warren esteve presente em todas as reuniões, o que trouxe uma dinâmica única e extremamente produtiva.

O Warren participou de uma reunião de conselho no Brasil, em 2016, durante a Olimpíada. Lembro que, quando o recebi, disse: "Bem-vindo ao Brasil, Warren. É a primeira vez que você vem?". E ele: "É minha primeira vez ao sul do equador". Então perguntei: "O que você quer ver na Olimpíada?". E ele disse: "Quero ver duas coisas:

tênis de mesa". Eu disse: "Fácil, ninguém quer ver isso, ingressos garantidos". Então ele completou: "A outra é vôlei de praia feminino".

Graças ao Jorge, sempre tive uma ótima relação com Warren. É uma pessoa incrível, muito acessível. Tenho aquele telefone direto dele e todas as vezes que liguei ele sempre atendeu na hora. Aprendi muito só observando o Warren. Foi um privilégio participar do board com ele. Durante esses dois anos, ele nos convidou algumas vezes para o board da Berkshire. Eu e o Jorge participamos. O board se reúne apenas duas vezes por ano, e fui a três ou quatro reuniões. O formato era simples: começa com um café da manhã só para os membros, depois algumas pessoas entram para apresentar investimentos e pronto. Nós participamos dessa segunda parte, apresentando para o conselho.

Não queremos apenas cortar custos

As pessoas muitas vezes não entendem nossa abordagem. Nossa estratégia é voltada para o longo prazo. Um exemplo claro é o Burger King. O que de fato gerou grandes ganhos para nós não foi só o corte de custos, mas o crescimento do *top line*.* Sem crescimento de receita, cortar custos não adianta. Como um negócio pode crescer 30% ao ano em dólar ao longo de catorze anos só cortando custos? Isso não existe, nem para nós, nem para ninguém.

O maior risco, se é que podemos chamar de risco, é o que o Warren sempre diz: é preciso escolher muito bem o negócio. Houve um investimento nosso que não deu certo, e isso aconteceu porque erramos ao avaliar a qualidade do negócio. Estou falando da Kraft.**

---

* O *top line* é a primeira linha do balanço de uma empresa, ou seja, sua venda total.

** O 3G (usando o fundo 3G IV) e a Berkshire Hathaway decidiram fundir a Kraft Foods com a Heinz em 2015. O resultado melhorou nos primeiros anos e a empresa chegou a tentar comprar a Unilever em 2017, o que não aconteceu. Os números pioraram e a companhia ainda enfrentou um processo na SEC (regulador do mercado de capitais nos EUA) por fraudes contábeis. Em 2023, o 3G vendeu toda a participação que tinha na empresa. Em 2025, havia discussões sobre cindir a empresa.

Erramos. Achávamos que o *valuation* fazia sentido se o negócio fosse bom. Mas, além de cometermos alguns erros na execução, também erramos na avaliação inicial. A qualidade do negócio não era tão boa quanto pensávamos, e isso agravou os erros de execução, tornando o preço a pagar ainda mais alto.

Não percebemos que o futuro da Kraft seria muito diferente do passado, principalmente porque o mundo estava mudando rápido, com os consumidores buscando alimentos mais saudáveis. Além disso, os segmentos mais comoditizados da Kraft ficaram muito vulneráveis às mudanças na distribuição (uma ênfase crescente em *private label* por parte de varejistas grandes), o que nos pegou de surpresa.

Tivemos muita sorte em algumas negociações. Nosso estilo de investimento é altamente concentrado — se dá certo, multiplica o capital; se dá errado, devolvemos o dinheiro. Não podemos nos dar ao luxo de perder uma parte significativa do capital.

No fim de 2021, com nosso fundo V da 3G, compramos a Hunter Douglas.* Foi interessante porque o dono queria vender, e sabíamos que ele havia passado por um problema de saúde. Eu conhecia bem a família dele, e sabia que um dos filhos queria ficar na empresa e o outro queria sair. Ele acabou decidindo fazer um leilão. Então pedi que ele nos deixasse fazer uma proposta antes e propus que, se ele gostasse, resolveríamos tudo sem passar pelo leilão. Ele aceitou e conseguimos fechar o negócio.

A empresa era bastante opaca, então ele precisou abrir os números para que pudéssemos fazer uma proposta. Estudamos tudo e acabamos comprando a um múltiplo excelente: 7,5 vezes o EBITDA,** o que foi muito bom, mesmo considerando que o EBITDA estava no pico, saindo da pandemia. Seis meses antes, nosso principal concorrente nos Estados Unidos havia sido vendido a 11,5 vezes o EBITDA, e outras empresas do setor estavam sendo vendidas a doze ou 12,5 vezes. Embora o volume de vendas tivesse caído 20%, o que

* Multinacional holandesa líder na fabricação de cortinas, persianas e toldos.

** EBITDA é a sigla em inglês para lucro antes de juros, impostos, depreciação e amortização.

era significativo, estávamos confiantes de que iria voltar a crescer. Dois anos e meio após a compra, recebemos uma proposta concreta por um preço quase três vezes maior do que pagamos. Mas achamos que ainda não era hora.

Meu maior objetivo é perpetuar a 3G Capital como empresa global de investimentos de excelência. No início de 2023, levantamos o Fundo 3G VI e analisamos muitas oportunidades, mas com bastante calma. Captamos 2,5 bilhões de dólares, que é o valor ideal para fazer negócios entre 7 e 7 bilhões, como o da Hunter Douglas. Se aparecer um negócio um pouco maior, que precise de 1 bilhão a mais, conseguimos levantar também sem problemas.

Um grande negócio a cada três anos

Trabalha na 3G agora o mesmo número de pessoas de sempre, umas vinte e poucas. Meu maior orgulho são os sócios mais jovens. A começar pelo Daniel Schwartz, que está há vinte anos na firma, tendo começado como analista — e hoje é *co-managing partner* comigo. Temos sócios seniores, como o João Castro Neves, CEO da Hunter Douglas, e Paulo Basílio, CFO da Heinz e da Hunter Douglas. Temos jovens de altíssimo potencial trabalhando já há anos conosco, como Michael Jones, Flávio Montini, Mike Spinello, Michael Ding e Asna Afzal. Aqui, preciso agradecer mais uma vez aos meus quatro cofundadores, Jorge, Beto, Marcel e Roberto, por terem vendido participações aos meus sócios mais jovens ao longo do tempo, viabilizando o crescimento deles. Acredito muito no nosso modelo de *private equity*, em que focamos um negócio só a cada vários anos, o que é bom para crescer organicamente e fazer aquisições no longo prazo, com gente da nossa equipe na gestão, e com melhoria de eficiência no curto prazo.

O negócio que realmente mais me encanta ainda é a RBI (Restaurant Brands International), que é dona de Burger King, Popeye's, Tim Horton's e Firehouse Subs. Para os atuais sócios da 3G, a RBI é o que a ABI (Anheuser-Busch InBev) foi para os sócios mais antigos. Já são catorze anos. Quem teve o retorno que tivemos na RBI até agora?

Nesse período, pouca gente, exceto empresas de tecnologia, porque o IRR (taxa interna de retorno) nem era nosso foco principal, pois estávamos pensando no longo prazo. A RBI gerou um *compound* incrível para nós: ela paga dividendos, e a nossa estrutura permite o pagamento de dividendos sem impostos. Estou firme lá.

Outra prioridade é a Hunter Douglas. Gostaria que fizéssemos mais dois ou três grandes negócios como esse.

Tenho uma teoria — o negócio de investimento pode começar como algo proprietário, mas inevitavelmente segue um destes dois caminhos: ou rende bem, ou não rende. Se render bem, é muito difícil não virar um negócio maior, porque essa é a natureza das coisas; o crescimento é quase inevitável. Agora, se não render, simplesmente não tem razão de existir, torna-se um ente financeiro desnecessário.

Mas existem pontos que as pessoas não entendem. Primeiro, que somos mesmo investidores de longo prazo, e não do tipo que entra, corta custos e sai logo em seguida. A grande diferença é que focamos negócios com potencial de crescimento no longo prazo. No Fundo VI, 90% dos negócios que olhamos não passam pelo nosso primeiro critério: o negócio é bom ou ruim? Só depois analisamos preço e alavancagem. Outros fundos compram, melhoram um pouco e saem em dois ou três anos com 50% de retorno. Esse não é o nosso estilo. Nós buscamos um grande negócio a cada três anos, não vinte negócios por ano."

SUGESTÕES DE LEITURA

One Up on Wall Street, Peter Lynch.
*Measure what Matters,** John Doerr.
You Can Be a Stock Market Genius, Joel Greenblatt.
*Working Backwards,*** Colin Bryar e Bill Carr.

* *Avalie o que importa: Como o Google, Bono Vox e a Fundação Gates sacudiram o mundo com os OKRs.* São Paulo: Alta Books, 2019. Tradução de Bruno de Menezes.

** *Obsessão pelo cliente: Working Backwards: Histórias, segredos e insight exclusivos de dentro da Amazon.* Alvorada: Citadel, 2023. Tradução de Nathalia Ferrante.

CAPÍTULO 2

Andrea Pinheiro

Banqueira

Andrea Pinheiro é parte da quarta geração da família que fundou o Banco BMC em Fortaleza, em 1939. Começou a trabalhar como assistente da secretária do pai, Jaime Pinheiro, e percorreu um longo caminho até se tornar executiva. Formada em administração de empresas pela Faap, com MBA na Universidade de Nova York (NYU), Pinheiro atuou no processo de venda do BMC ao Bradesco, em 2007. Ficou dois anos no Bradesco, como diretora da área de crédito consignado. Depois de um período sabático, ajudou a fundar o banco de investimentos BR Partners. Deixou o setor bancário e passou a integrar os conselhos da operadora Vivo, do Fundo Garantidor de Crédito (FGC) e do Museu de Arte de São Paulo (Masp), além de atuar como embaixadora do Instituto Endeavor. Em 2019, passou a fazer parte da diretoria executiva da Fundação Bienal de São Paulo e, em janeiro de 2024, assumiu a presidência da entidade.

"Cresci com a ideia de que seria banqueira"

"Minha história é peculiar, pois sou da quarta geração de banqueiros. O banco BMC era um negócio da família, mas não em linha direta, e era muito pequeno e regional. Depois que meu avô assumiu a gestão, o banco cresceu, mas continuou regional. Meu pai, Jaime Pinheiro, um homem visionário, transformou o banco quando tomou posse. Em 1986, ele teve a visão de mudar a sede do BMC de Fortaleza para São Paulo. Imagine o que era transferir um banco para São Paulo em 1986! Hoje tudo é feito on-line e na nuvem, mas, naquela época, meu pai desligou o banco no Ceará numa sexta-feira e iniciou as atividades em São Paulo na segunda.

Meu pai é um homem nordestino como qualquer outro e com uma inteligência fora da curva. Ele viu algo em mim quando era pequena, não sei exatamente o quê. Talvez fosse a minha vontade de agradá-lo. Eu puxava assuntos que via na revista *Seleções* para conversar com ele. Meu pai achava engraçado e dizia: "Quando você crescer, vai ser banqueira". Essa profecia foi se incorporando em mim desde muito cedo. Eu tinha uns dez anos quando meu pai começou a dizer isso, e eu achava muito divertido. Adorava conversar com os amigos dele, e ele ficava orgulhoso de mim. Cresci com essa ideia de que um dia seria banqueira.

Meu pai não foi nem um pouco machista comigo, mas foi criado em uma sociedade machista. Minha mãe fez faculdade, mas precisou enfrentar muitos obstáculos, inclusive em casa: meu pai era contra. Comigo foi diferente: ele me incentivou a estudar e a seguir meu caminho.

Aos catorze anos, comecei a trabalhar com minha mãe nas férias. Ela passou a cuidar da empresa do meu pai, a Casa da Madeira, depois que ele assumiu o banco. A Casa da Madeira fechou quando viemos para São Paulo. Na época, não havia computadores, então eu fazia a conciliação da cobrança com a contabilidade, tudo à mão.

Foi uma experiência bastante positiva, porque minha mãe é uma mulher muito inteligente e eu tive uma figura feminina forte durante a vida inteira. Com todas as dificuldades da época, ela correu atrás do que quis e estudou administração. Eu não trabalhava diretamente com minha mãe, mas ficava no escritório dela, ajudava nas tarefas e a observava tomar decisões. Acredito que poucas pessoas tiveram duas figuras tão fortes e receberam tanto incentivo quanto eu.

Longe da árvore frondosa

Assim como minha mãe, estudei administração. Comecei em uma faculdade no Ceará e depois me transferi para São Paulo. Na época, tive várias ideias de como empreender. Uma amiga tinha uma empresa de roupas que ia muito bem. Eu falava ao meu pai: "Pai, quero montar uma empresa". Ele respondia: "Ah, tá bom. Me traz um *business plan*". Eu não sabia o que era um *business plan*.

Eu sempre tive tudo na vida, mas meu pai sempre exigiu muito de mim. Ele dizia: "Você quer trabalhar com moda? Tudo bem. Então arrume um emprego e vá aprender como funciona". Arrumei um emprego em uma loja na Oscar Freire, em São Paulo: entreguei meu currículo e trabalhei como vendedora por seis meses. Descobri que não queria fazer aquilo.

Acabei indo trabalhar com meu pai. Comecei como assistente da secretária dele. Acho que meu pai quis evitar que eu achasse que era tudo muito fácil. Aprendi a ter disciplina, a chegar no horário e a cumprir minhas funções. Coisas essenciais para a vida. Depois, fui fazer estágio na área de crédito, na tesouraria e em vários outros departamentos. Sempre fui tratada como estagiária, o que me ajudou a aprender ainda mais.

Eu me casei cedo, aos 24 anos. Como eu precisava ganhar mais dinheiro, meu pai me convidou para ser gerente financeira de sua empresa têxtil, a Cotece. Eu já trabalhava lá havia algum tempo, mas em um cargo júnior, então assumir como gerente financeira foi um salto. Logo em seguida, houve o plano da Zélia, o das poupanças.*

---

* Zélia Cardoso de Mello, ministra da Economia durante o governo de Fernando Collor, anunciou em março de 1990 um plano de combate à inflação que, entre outras

Foi um período de instabilidade econômica, e eu tinha que garantir o pagamento da folha de seiscentos funcionários. Foi uma experiência muito desafiadora, que me rendeu minha primeira gastrite.

Ao mesmo tempo, comecei a pensar que meu pai era uma figura muito forte e que seria difícil crescer ao lado dele. Eu sempre digo aos meus dois filhos que meu pai era uma árvore frondosa e que é muito difícil crescer à sua sombra. Eu queria fazer algo para me destacar e ganhar o respeito dele. Decidi fazer mestrado. Fui aprovada na FGV e comecei a estudar quando já estava grávida da minha primeira filha, Isabella, que hoje tem 31 anos.

Alguns meses depois, dois amigos meus, Jairo Loureiro e Ricardo Lacerda, que depois se tornariam meus sócios, disseram que iam fazer MBA fora do Brasil. Achei a ideia interessante. Eu e meu então marido resolvemos nos candidatar também. Fomos aprovados e decidimos fazer o MBA juntos na Universidade de Nova York (NYU), em 1994.

Estudar fora do Brasil ajudou a abrir minha cabeça. Até então, eu tinha estudado várias vezes no exterior, em países como Suíça, Inglaterra e Áustria, mas sempre focada no aprendizado de línguas. No MBA, tive a oportunidade de aprender sobre o mercado financeiro de uma forma mais abrangente. Isso foi muito importante, porque, no início da década de 1990, o mercado financeiro brasileiro ainda era muito limitado. Aprendi sobre produtos e áreas que eram totalmente novos para mim.

Eu me formei em 1996, mas não voltei imediatamente para o Brasil. Fui trabalhar no Banco Warburg, em fusões e aquisições (M&A). Por motivos óbvios, eu queria trabalhar no mercado financeiro. Na época, minha filha tinha três anos, e a rotina de trabalho se mostrou inviável. Por exemplo, fomos contratados para vender um banco na Argentina em dezembro. Fui para lá com uma malinha de mão e roupas para dois dias, mas acabei ficando quinze. Na véspera de Natal, eu estava angustiada, pois queria passar a data com minha família.

---

medidas, congelou os preços e os salários e decretou o confisco das cadernetas de poupança.

Meu time era muito jovem e não se importava com isso. Eu também era jovem, tinha trinta anos, mas com uma filha pequena. Meu chefe foi compreensivo e me deixou voltar para casa no Natal. Ele disse: "Vá. Não perca esse momento importante da sua filha". Eu trabalhei de Nova York por um tempo e voltei para a Argentina em janeiro.

Nessa época, o Warburg se juntou com o Suisse Bank, que depois se juntou com o UBS. A essa altura, eu já trabalhava em *equity research*, uma área que me permitia ter horários menos rigorosos. Cobri bancos na América Latina, inclusive brasileiros. E eu sempre usava o sobrenome do meu primeiro marido. Só contava que era filha de Jaime Pinheiro quando conseguia estabelecer conexões mais próximas. Fui a primeira analista com quem Márcio Cypriano conversou ao assumir a presidência do Bradesco. Eu cobria o Israel Vainboim, do Unibanco. Ele acompanhou minha carreira de perto e me ajudou muito. Também cobri o Roberto Setubal, do Itaú, e assim criei fortes relações no setor financeiro.

Em 2000, fiquei grávida do meu segundo filho, Gabriel. Tive uma gravidez complicada. Estava estressada, sem tempo para minha família, e comecei a me questionar se era aquilo que eu queria. Decidi sair do banco e ficar em casa nos últimos meses da gravidez. Foi maravilhoso poder ficar com minha filha por um tempo antes de ela ganhar um irmãozinho.

Quando o Gabriel nasceu, tirei seis meses de licença. Foi um tempo precioso, pois pude ter uma vida de mãe e aproveitar esse momento tão importante de estar com o meu bebê. Antes disso, eu ia trabalhar muito cedo e raramente conseguia buscar minha filha na escola. Ouvia alguns comentários sutis — outros nem tanto — e sentia que era julgada pelas outras mães por não estar presente o suficiente. Mas minha carreira sempre foi fundamental para mim, e eu tentava equilibrar os pratos da maneira que conseguia.

Acho que eu tentava compensar os períodos de ausência tomando conta de tudo e me dedicando intensamente aos meus filhos nos momentos livres. Sempre que podia, procurava estar presente. Eu faltava a menos eventos da escola do que uma mãe que não trabalhava, porque tinha medo de faltar e traumatizar meus filhos. É um equilíbrio muito difícil, ainda mais porque me separei quando o Gabriel tinha dois anos. Logo em seguida, conheci meu segundo marido, Newton Simões. Ele foi maravilhoso com meus filhos, mas sempre no papel de padrasto. Então tive que criar meus filhos sozinha. Agradeço a Deus por minha mãe, que sempre me ajudou.

"Cavei meu espaço com uma colher — de café"

Meu pai vinha insistindo havia algum tempo para que eu retornasse ao Brasil, pois ele tinha deixado a sociedade com os irmãos no banco em 1996. Na divisão, meu pai ficou com o BMC, enquanto meus tios abriram o Pine. A pressão que meu pai fazia para que eu voltasse ao Brasil era intensa, especialmente porque meus irmãos ainda eram novos e ele contava com a minha ajuda. Por eu ter concluído meu MBA no exterior, ele alimentava grandes expectativas de que eu contribuísse para o negócio familiar.

Voltei ao Brasil em março de 2000, ano em que o Gabriel nasceu. Minha intenção era ficar em licença-maternidade até o final do ano, como tinha combinado com meu pai, mas ele estava ansioso para que eu começasse a trabalhar de imediato. Queria que eu fosse a uma reunião do FMI em setembro, embora eu ainda não conhecesse profundamente o banco naquele momento. Interrompi a amamentação para atender às expectativas do meu pai, o que me deixou bastante chateada na época. Com o tempo, consegui superar esse sentimento. No final, deu tudo certo.

Comecei a trabalhar no BMC ocupando o cargo de vice-presidente. Inicialmente, meu foco era a área de controladoria, mas com o tempo fui adicionando outras áreas, como a de consignados. Quer dizer, no BMC, ninguém começava nada sem a aprovação do meu pai. Para ilustrar, ele chegava ao banco às sete da manhã e autorizava pessoalmente todas as compras. Se o banco precisava de cem canetas, era ele quem autorizava a compra. Meu pai é uma pessoa extremamente controladora e centralizadora. É muito difícil convencer um banqueiro com trinta anos de experiência a adotar novas ideias. Ele era muito competente no que fazia, mas muito duro e inflexível em relação a mudanças.

Posso afirmar que aprendi mais com meu pai durante esses anos do que em qualquer outra experiência, inclusive no MBA. No entanto, foi uma jornada árdua. Quem já trabalhou com meu pai sabe que ele é extremamente exigente. Uma apresentação de cem páginas poderia ser invalidada por uma vírgula incorreta na página trinta. Embora não tenha feito faculdade, meu pai discutia contabilidade com o contador como se tivesse formação na área. Isso acontecia também quando discutia com advogados sobre questões legais. Quando se tratava de crédito, suas habilidades eram excepcionais.

Cada espacinho que conquistei foi resultado de muita luta. Tive de cavar meu espaço com uma colher — de café! Embora eu fosse designada sucessora do meu pai no comando do BMC, não me enxergava nesse papel. Sentia urgência em resolver essa situação, ainda mais porque meu pai, no final, teve uma relação conflituosa com os irmãos. Tenho um amor profundo por meus irmãos, além de muito respeito e admiração. A última coisa que desejava era um relacionamento tumultuado com eles, marcado por disputas de poder. Apesar de serem mais jovens do que eu, eles tinham tempo para me alcançar. A ideia de que cada um tivesse 33% de participação não parecia viável, principalmente na administração de um banco, um negócio muito complexo. Eu tinha muita vontade de vender o BMC para não precisar exercer esse papel de sucessora.

Meu pai costumava dizer que só deixaria o banco quando estivesse dentro de um caixão. Então eu não tinha nenhuma esperança de vender o BMC. No entanto, em 2007 começaram os IPOs dos bancos, e foi uma onda a que todas as instituições financeiras estavam aderindo para não ficarem para trás. Decidi então ligar para o Ricardo Lacerda ou para o Jairo — não me lembro direito qual dos dois —, que trabalhavam no Goldman e continuavam meus amigos próximos. Embora o Goldman não fosse um dos principais bancos na área de IPO, eu confiava neles e queria que me ajudassem a montar um consórcio e a avaliar a abertura de capital. É crucial ter alguém de confiança ao seu lado com quem navegar pelas diversas propostas, uma vez que todos tentam vender seus serviços com histórias atrativas. Eu precisava de pessoas em quem eu realmente pudesse confiar.

Como eu não tinha experiência em IPO e nos quatro anos em que fui analista de ações não tinha participado de nenhum IPO de banco, deleguei o mandato para o Goldman. Mas quem me atendeu não foi nem o Ricardo nem o Jairo, e sim o Daniel Wainstein.

"Todo mundo faz assim até que todo mundo quebra a cara"

Voltando um pouco no tempo: em 2004, o Banco Santos quebrou. Foi a experiência mais assustadora da minha vida e mostrou a fragilidade do sistema financeiro da época. A gestão de risco era incipiente. Os passivos eram majoritariamente compostos de "*smart money*", de curto prazo, sem diversificação adequada. Não existiam plataformas como a XP para distribuir os CDBs dos bancos e ajudar no *funding* — os recursos vinham sobretudo de empresas e fundos, e era um capital que exigia alta liquidez. Era dinheiro de, no máximo, dois ou três meses. Havia, em todo o mercado, um descompasso de prazo entre passivos e ativos. O colapso do Banco Santos serviu como um doloroso aprendizado sobre a importância da gestão de risco.

No dia em que o Banco Santos quebrou, metade do nosso caixa no BMC foi resgatada. Havia uma chance grande de vários bancos médios quebrarem. Na época, eu já estava separada e assumia a responsabilidade pela maior parte das despesas dos meus filhos. Comecei a temer por eles, porque, na minha cabeça, meu pai iria ficar com os bens bloqueados e, consequentemente, eu também. Meus irmãos ainda eram jovens e não poderiam me ajudar. Estava lascada, como se diz no Ceará. Passei três noites em claro, sem saber o que fazer.

Eu conhecia o Márcio Cypriano e liguei para ele: "Os bancos médios vão quebrar. É um risco sistêmico". Expliquei a situação. "A única solução é liberar os compulsórios", afirmei. Na época, eu ainda era uma pirralha. Hoje em dia, você vê CEO com 35 anos, mas na minha geração não era assim. Meu pai assumiu uma postura firme e, junto com seu Márcio, foi falar com o Henrique Meirelles, que presidia o Banco Central. “Os bancos médios vão quebrar”, alertou meu pai. Os compulsórios foram então liberados, o que acalmou o mercado. Nenhum outro banco quebrou. Claro que houve diversos outros movimentos, e não pretendo atribuir a mim a salvação do mercado financeiro. Muitos outros bancos estavam trabalhando para encontrar soluções, dialogar com as partes relevantes e superar o problema.

A crise do Banco Santos foi o evento que definiu minha trajetória profissional. Antes, eu era muito menos avessa a riscos. Depois, fiquei traumatizada e passei a adotar um olhar que marcaria o resto da minha carreira. Fiquei atenta aos diferentes tipos de riscos, de descasamento de ativos e passivos, de crédito, de mercado e operacionais, atenta a todos os detalhes. Minha obsessão se tornou evitar passar por aquilo novamente. Esse receio se revelou valioso na fundação da BR Partners. Quando montamos o banco de investimentos, onde ocupei o cargo de COO (Chief Operating Officer) por muitos anos, coloquei na cabeça que nunca mais passaria pelo que eu havia passado no episódio do Banco Santos. A BR Partners foi criada como estado da arte, incorporando todo o cuidado e o aprendizado adquiridos no BMC.

Outra lição importante foi a necessidade de ter cautela ao ouvir alguém dizer que “o mercado todo faz assim”. O mercado faz assim até o momento em que todo mundo quebra a cara ao mesmo tempo. Essa afirmação nunca mais me influenciou. Eu me tornei uma executiva melhor por causa das dificuldades que vivenciei no período do BMC — a necessidade de provar meu valor e o medo de perder tudo. Todas essas experiências fizeram com que eu me fortalecesse muito, criasse resiliência, tivesse mais segurança naquilo que eu sabia. Passar por situações difíceis é o que mais nos fortalece.

A venda para o Bradesco

Após passar por esse período traumático, vivi um dilema. Por um lado, defendia a ideia de realizar um IPO do BMC. Todos estavam fazendo isso e aumentando o capital, e nós não? Ficaríamos para trás. Por outro lado, por ter trabalhado durante muito tempo como analista de bancos, eu tinha dúvidas. Não acreditava que um IPO pudesse transformar o BMC tanto assim. Imaginava que resolveria a situação no curto prazo, mas depois estaríamos sob um escrutínio gigantesco. Além disso, um IPO não solucionaria nosso maior problema, que era a captação concentrada e cara; isso só se resolveria no mercado muitos anos depois.

Meu pai, acostumado a ser o chefe de tudo, teria de responder aos acionistas. Isso me preocupava bastante, assim como a cobrança trimestral. Dávamos crédito para empresas médias, e eventualmente a inadimplência podia comprometer boa parte do lucro do trimestre. Como lidar com essa situação?

Discuti a respeito com o Daniel Wainstein, do Goldman, e com outros profissionais. Em uma reunião com o Bernardo Parnes, do Bradesco BBI, expus essas incertezas, e ele decidiu perguntar para o Márcio Cypriano, que na época presidia o Bradesco: "Por que vocês não compram o BMC? Esse negócio de consignado vai muito bem". Naquela época, nós já tínhamos o acordo de cessão de carteira de consignado, que começara na crise do Banco Santos. Seu Márcio, que era próximo do meu pai desde essa crise, ligou para ele. "Jaime, estamos pensando em comprar um banco de consignado. Vocês gostariam de conversar?". Meu pai não disse não. "Vou mandar a Andrea aí."

Eu e o Daniel fomos à reunião e encontramos a mesa do Bradesco com vários diretores. Fui sabatinada, mas estava preparada. Saí da reunião e, do carro, liguei para meu pai: "O Bradesco já decidiu que vai comprar um banco. Se não for o nosso, vai ser outro. Vamos pensar no que vai acontecer quando o Bradesco, o Itaú e outros bancos entrarem no mercado de consignado. Vai ficar muito difícil".

Meu pai concordou. Dois anos antes, havíamos enfrentado uma crise enorme e podíamos ter quebrado. Estávamos operando em um mercado dominado por bancos médios, mas, quando os grandes entrassem em cena, seria um torpedo. A força dos incumbentes — na época não se usava esse termo — era avassaladora.

Quando cheguei ao BMC, seu Márcio já tinha ligado para meu pai: "Jaime, podemos fazer uma proposta?". E meu pai disse que sim. O Bradesco fez uma oferta muito justa. Meu pai pediu para ficar com toda a carteira podre; com o tempo, conseguiria recuperar uma parte significativa dessa carteira. Depois de vender o BMC, ele criou a JPP, um *family office*, e teve todo o tempo necessário para cobrar aqueles que não haviam pagado ao banco. Sinto até pena dos devedores, pois meu pai estava totalmente focado nisso. E foi assim que vendemos o BMC. A negociação durou apenas três semanas e foi concluída durante o Réveillon.

Após essa operação, fui trabalhar no Bradesco, na área de consignados. Costumo brincar que fui vendida ao Bradesco com uma placa de "imobilizado". Os dois anos seguintes foram muito felizes, mas também cheios de desafios, sobretudo devido à cultura extremamente forte do Bradesco. Tive que aprender a lidar com aquela cultura. E toda vez que se adapta, você cria uma resiliência, um novo aprendizado, uma nova compreensão. Sem dúvida, saí melhor do que entrei.

No Bradesco, fui muito bem tratada e respeitada. Só não continuei lá porque tinha filhos pequenos e queria ter horários mais flexíveis. Estava bastante cansada. Os nove anos anteriores haviam sido intensos e eu queria tirar um sabático, me dedicar aos meus filhos e repensar minha vida. Mas senti uma forte tentação de permanecer no Bradesco. Inclusive, na época em que deixei o banco, aconteceu o casamento da filha do seu Luiz Carlos Trabuco.* Na festa, eu chorava sempre que ia cumprimentar alguém e falávamos da minha saída.

Decidi tirar um ano sabático. Disse a mim mesma que nunca mais retornaria ao mercado financeiro. Queria ter uma vida mais tranquila. Mas eu estava mentindo para mim mesma. Depois de três ou quatro meses de sabático, comecei a ficar angustiada. Reconheço que meu sabático foi mal planejado. Achava que conseguiria fazer tudo o que queria: "Vou ler todos os livros que estão empilhados,

---

* Trabuco assumiu como CEO do Bradesco em 2009 e, em 2017, tornou-se presidente de seu conselho de administração.

viajar com minhas amigas, viajar com meu marido e, principalmente, passar mais tempo com os meus filhos". Só que as pessoas têm a própria vida, certo? Meu marido trabalhava e não podia viajar constantemente comigo; meus filhos tinham seus compromissos escolares.

Comecei a ficar com medo. "Prometi a todo mundo que eu não voltaria ao mercado financeiro. Será que minha carreira acabou?" Decidi marcar um almoço com o Ricardo, para desabafar. Ao chegar, antes mesmo de eu conseguir compartilhar minhas angústias, ele disse: "Estou saindo do Citi. Vou começar uma nova empresa e quero que você trabalhe comigo". Eu e Jairo, todos amicíssimos. Havia outros sócios, mas o Jairo, o Ricardo e eu tínhamos uma relação de longa data. Aceitei sem hesitar, mesmo sem saber exatamente o que estava por vir. Estava ansiosa para voltar ao trabalho.

Ao todo, meu sabático durou um ano. Nos seis meses finais, aproveitei para passar momentos preciosos com meus filhos e meu marido, e concedi a mim mesma o luxo de não fazer nada. Até então, havia sido raro ter tempo para mim mesma, para apenas existir sem obrigações. Nós, mulheres, ficamos sempre em último lugar, depois dos filhos, do marido e do trabalho. Na minha época, não se falava em burnout. Mas houve momentos em que quase cheguei ao esgotamento. A análise me ajudou, nunca parei de fazer. Era meu momento, uma hora para pensar em mim, para colocar a cabeça no lugar.

Maturidade e segurança

Sou muito feliz e realizada com a carreira que tive. Quando comecei na BR Partners, já era uma mulher madura e segura, com um mix de atividades interessantes. No início, meu foco era construir o banco, mas logo expandi minha atuação para lidar diretamente com clientes, me envolvendo nos deals. Essa combinação era enriquecedora, pois adoro a rotina da gestão, que muitos consideram chata. Adorava lidar com todas as áreas, desde jurídico e RH até contabilidade e tecnologia.

Na BR Partners, assumi a responsabilidade por toda a operação. Foi um desafio constante, mas cada experiência me ensinou algo novo. Gerenciei o relacionamento com o Banco Central, com empresas de rating e outras instituições, além de supervisionar as atividades diárias. Ricardo me convidou para a empresa justamente por eu ter esse perfil "banqueiro", focado na rotina e nos resultados. Mas quem realmente ganha dinheiro são os *bankers*. Por isso, busquei contato com clientes para aumentar meu bônus, que em uma empresa como essa depende diretamente da receita gerada.

Trabalhar na BR Partners foi uma experiência incrível, fui muito feliz lá. Mas também me senti muito feliz quando saí. Explico por quê: logo após deixar a BR Partners, participei de um evento com diversas palestras. Uma delas, ministrada por Arthur Brooks, autor do livro *From Strength to Strength*,* me chamou a atenção. Ele iniciou sua fala contando sobre certa vez em que estava no avião e ouviu um homem no assento de trás se lamentando com a esposa, dizendo que sua vida havia sido um fracasso. Ele se dizia infeliz na situação em que se encontrava. De repente, Brooks se levantou e olhou para trás. O homem que se queixava da vida era um senhor com mais de setenta anos, famoso e bem-sucedido. Essa história acendeu uma luz para Brooks. Ele se deu conta de que conseguir migrar em diferentes momentos da vida é uma sabedoria e um aprendizado.

A pandemia, somada à rotina de viagens quase semanais, havia me deixado sem energia e sem vontade de continuar naquele ritmo. Não queria mais falar com clientes às dez horas da noite, por mais que os adorasse. Às dez horas da noite eu queria estar dormindo ou jantando com meu marido. Já estava cansada da vida de *banker*. Percebi que era hora de me reinventar de novo. Disse a mim mesma: "Está na hora de mudar e ter mais controle sobre a minha vida. Está na hora de trabalhar menos". Eu tinha 55 anos. Havia começado a trabalhar de forma recorrente aos dezoito anos. Estava feliz com minha carreira e com o lugar a que havia chegado — com certa

---

* *Cada vez mais forte: Como encontrar sucesso, felicidade e propósito na segunda metade da vida*. Rio de Janeiro: Intrínseca, 2024. Tradução de Michele Gerhardt Culloch.

tranquilidade financeira, que me permitia viver bem. A pandemia me fez pensar muito nisso. Acho que muita gente repensou a vida nessa época.

E então, logo depois da pandemia, a BR Partners começou a planejar o IPO. Eu não me via mais ali naquele novo cenário e resolvi sair. Foi dificílimo. Eu tinha passado doze anos na BR Partners, conhecia todos os funcionários, muitos dos quais tinha entrevistado pessoalmente. Eu tinha amor pela empresa e me senti dilacerada ao sair. Revivi a sensação que tivera em meus outros períodos sabáticos: a carreira é estruturante para mim; sem ela, me sinto um pouco perdida.

Dizem que todas as empresas querem conselheiras mulheres, mas não é fácil fazer parte de um conselho. É preciso encontrar o *fit* certo para você e para a empresa. Os conselhos procuram diversidade de gênero e racial, mas também precisam considerar a diversidade de pensamento. Como não penso tão diferente de outros banqueiros com trinta anos de experiência, muitos homens com meu background atuam em conselhos.

A primeira empresa em que entrei como integrante do conselho foi a Vivo, onde continuo até hoje. Foi uma oportunidade incrível, que surgiu por indicação de um amigo, o David Feffer, no momento certo. A Vivo tinha um programa com um headhunter, mas não encontrava a pessoa ideal. O Christian Gebara, CEO da Vivo, ligou para o David, com quem, por coincidência, eu havia conversado dois dias antes, e falou que estava procurando uma pessoa para o conselho. O David me indicou e deu certo.

Eu amo ser conselheira. Tudo o que você faz na vida lhe ensina algo novo. Quando eu estava na BR Partners, já fazia uns dois anos que tinha começado a desenvolver o programa de ESG da empresa. Mas estar na Vivo é como fazer um MBA em ESG. O propósito está enraizado em todas as camadas: na diversidade, no social, no meio ambiente. Participo do Comitê de Qualidade e Sustentabilidade, do qual recentemente me tornei presidente. Você não tem noção do quanto aprendi e continuo aprendendo.

Dois ou três meses depois da Vivo, surgiu a oportunidade no

Fundo Garantidor de Créditos (FGC).* De novo, havia um processo com headhunter, mas não fui chamada para a entrevista. O Israel Vainboim, que já era conselheiro lá, perguntou: "Por que a Andrea Pinheiro não está na lista?". Aí me indicaram. Acredito que talvez o público geral não compreenda a importância do FGC para a segurança do mercado financeiro. Por isso, participar do seu conselho é muito enriquecedor. Estamos em constante diálogo com o Banco Central, com bancos de todos os portes e outros players do mercado. Por meio dessas conversas, acompanhamos as demandas e necessidades do mercado. O papel do FGC vai além de ser um pagador de depósitos em caso de quebra de bancos. Somos também agentes que intervêm em momentos de crise para garantir a estabilidade do sistema financeiro.

Então comecei a fazer algo que sempre quis fazer — na realidade, já tinha começado a fazer na BR Partners, mas depois pude me dedicar ainda mais: projetos sociais, sem fins lucrativos. Eu já era diretora de captação da Fundação Bienal de São Paulo, convidada por um grande amigo, também banqueiro, o José Olympio Pereira, mas pude me envolver muito mais a partir do momento em que passei a ter tempo. A cada biênio, 700 mil pessoas passam de graça pela Bienal em São Paulo, fora os programas itinerantes, por onde circulam cerca de 400 mil a 500 mil pessoas. Temos um programa educacional fora de série.

Eu também já era embaixadora da Endeavor e pude me dedicar mais às mentorias, participar de todos os projetos. É a coisa mais clichê que vou dizer, porque todo mundo fala a mesma coisa da Endeavor, mas é verdade: você aprende mais do que ensina. Aparecem essas pessoas bem jovens, com ideias disruptivas, e às vezes você precisa dar um toque nelas e falar: "Mas você pensou nisso? E naquilo? Você sabe como é a vida real?". Por outro lado, elas vêm com ideias tão fora da caixa que obrigam você a também pensar fora da caixa.

---

* O FGC é uma entidade privada e sem fins lucrativos que tem o objetivo de proteger correntistas e investidores em caso de problemas com instituições financeiras. O FGC é mantido com recursos depositados pelas instituições financeiras brasileiras.

Na área social, sou uma das fundadoras do Fundo Dona de Mim, uma iniciativa do Grupo Mulheres do Brasil que impulsiona negócios de microempreendedoras individuais. A idealizadora foi a Sonia Hess,* e faço parte do grupo fundador. O fundo surgiu para oferecer microcrédito para mulheres de comunidades e ajudá-las durante a pandemia. Deu certo e resolvemos continuar o projeto após o período emergencial.

Outro projeto social do qual participo, junto com o meu marido, é o Parceiros da Educação, no qual empresários ou empresas adotam escolas públicas. Nosso papel é complementar o trabalho do Estado trazendo para a escola tecnologia, metodologia de ensino e treinamento ao time docente. Acreditamos que a educação é a chave para aumentar a equidade.

Acho que posso dizer que minha carreira foi construída com muito trabalho duro e disciplina, mas também tive a sorte de contar com muito apoio. Tive oportunidades incríveis, além de chefes e sócios que, em sua maioria, compreenderam que eu me dedicaria profundamente ao meu trabalho, mas que meus filhos sempre seriam minha prioridade. Isso foi essencial para que eu pudesse ter a carreira que tenho. Meus pais me estimularam e acreditaram em mim, e tive muita sorte de encontrar o Newton, que sempre me apoiou, mesmo quando eu tinha um trabalho extenuante. Só tenho a agradecer a todas essas pessoas e a muitas outras, afinal, *it takes a village*, como se diz em inglês: ninguém faz nada sozinho. Espero que as empresas tenham cada vez mais a compreensão de que, para desenvolver talentos femininos, é preciso que haja o reconhecimento de que os desafios que as mulheres enfrentam são diferentes daqueles dos homens, e que é necessário ter flexibilidade para acomodar essas diferenças."

* Ex-presidente da Dudalina, filha dos fundadores da empresa.

SUGESTÕES DE LEITURA

*The Obstacle Is the Way,** de Ryan Holiday.
"O título desse livro vem de uma frase famosa de Marco Aurélio, imperador e filósofo romano: 'The impediment to action advances action. What stands in the way becomes the way'. Essa frase expressa a verdade fundamental de que as adversidades, em vez de limitar, impulsionam a ação, transformando-se no próprio caminho para o sucesso."

*Career and Family: Women's Century-Long Journey toward Equity,*** de Claudia Goldin.
"Nesse livro maravilhoso, a vencedora do Nobel de Economia em 2023 percorre cem anos de trajetórias profissionais de mulheres ao longo de cinco gerações nos Estados Unidos. A autora destaca as mudanças nos desafios enfrentados, especialmente o atual dilema entre carreira e família."

*From Strength to Strength: Finding Success, Happiness, and Deep Purpose in the Second Half of Life,**** de Arthur C. Brooks.
"Assisti a uma palestra de Brooks que me motivou a repensar minha própria trajetória e me levou à decisão de me reinventar, buscando uma vida com mais significado e equilíbrio."

---

* *O obstáculo é o caminho: A arte de transformar provações em triunfo*. Rio de Janeiro: Intrínseca, 2022. Tradução de Alexandre Raposo.

** *Carreira e família: A jornada de gerações de mulheres rumo à equidade*. São Paulo: Portfolio-Penguin, 2024.

*** *Cada vez mais forte: Como encontrar sucesso, felicidade e propósito na segunda metade da vida*. Rio de Janeiro: Intrínseca, 2024. Tradução de Michele Gerhardt MacCulloch.

CAPÍTULO 3

Daniel Goldberg

Fundador e CIO da Lumina Capital Management

Daniel Goldberg adorava economia, mas achava finanças uma área chata quando estava na faculdade. Formado em direito pela USP, com mestrado por Harvard e doutorado em direito econômico pela USP, Goldberg começou a carreira como secretário de direito econômico do Ministério da Justiça, no primeiro mandato do presidente Luiz Inácio Lula da Silva. No final do governo Lula, acabou aceitando uma proposta e migrou para o mercado financeiro. Em 2007, foi banqueiro de investimentos no Morgan Stanley e, posteriormente, liderou a operação do banco no Brasil. Em 2011, decidiu se tornar investidor e fundou a gestora FGK Capital, comprada dois anos depois pela Farallon Capital, da qual se tornou sócio. Em 2022, fundou a gestora Lumina Capital, que tem cerca de 13,5 bilhões de reais em ativos sob gestão e investe globalmente em crédito estruturado, ações e dívida emitidos por países e empresas em situações em que seu preço é deslocado por eventos específicos e tipicamente pouco entendidos pelo mercado. Em 2023, os sócios da Lumina compraram uma fatia da Verde Asset.

"Juristas e economistas são primos intelectuais"

"Sempre gostei de direito, sentia que era uma carreira para a qual eu tinha vocação natural. Também gostava muito de economia, o que me deixou em dúvida entre as duas áreas. Acabei optando por direito e estudei na Universidade de São Paulo, no largo de São Francisco.

Durante a graduação, meu interesse por filosofia cresceu bastante e concentrei minha pesquisa em filosofia política, em especial na teoria da justiça. Pensar sobre justiça me levou a refletir que esse conceito está intrinsecamente ligado à escassez. Em um mundo onde tudo fosse abundante sem limitações, discutir justiça seria irrelevante, pois a noção de justiça ou injustiça só faz sentido em um contexto em que há algum problema alocativo.

Essa reflexão me motivou a revisitar a economia. Se observarmos bem, juristas e economistas são como primos intelectuais com uma origem comum: a teoria ética. A teoria ética aborda a distribuição de bens escassos, e dentro dela existem duas grandes escolas de pensamento. Uma foca quem merece os recursos escassos, enquanto a outra se concentra em como alocar esses recursos de modo a maximizar eficiência e bem-estar agregado. As duas perspectivas oferecem respostas diferentes à pergunta de como distribuir algo que é, implícita ou explicitamente, limitado.

Tive dois professores incríveis na São Francisco. Um que me inspirou muito foi o Tercio Sampaio Ferraz Junior. O outro, um dos professores mais sérios e acadêmicos que conheci, foi o José Reinaldo de Lima Lopes. Com ele, virei pesquisador da Fapesp durante a faculdade. Comecei a trabalhar tarde, pois era bem teórico e gostava de estudar.

Na faculdade, fiz um trabalho interessante com o José Reinaldo, um estudo empírico sobre ativismo judicial nos setores de saúde suplementar e saúde em geral. Focamos juízes que concedem liminares para fornecer medicamentos, tratamentos, internações etc., para fazer justiça em casos individuais, mas que podem acabar alocando recursos públicos escassos de forma inadequada.

Na época, o José Reinaldo fez um convênio com o Ministério Público. Eu, ainda no início da faculdade, fui fichar todas as ações civis públicas em matéria de saúde para tabular o que realmente acontecia: o que achávamos que os juízes decidiam e o que eles de fato decidiam. Meu primeiro trabalho na área foi empírico, algo não muito comum no direito brasileiro.

Além disso, comecei a estudar um pouco mais de economia e me interessei pela área. Nunca tive muito interesse por finanças, achava chato. Mas sempre fui fascinado por economia do setor público, finanças públicas e desenvolvimento, o que depois veio a ser o foco do meu mestrado em Harvard. Na época, havia um programa que combinava um diploma com uma certificação adicional. Era possível se candidatar para a escola de direito e, ao mesmo tempo, estudar finanças públicas na Escola de Governo (Kennedy School of Government), o que me pareceu superinteressante, e foi o que fiz.

Em Harvard, preparei dois papers, um sobre *development economics* e desenho institucional e o outro, para a escola de direito, sobre derivativos, minha primeira incursão no mundo das finanças. Era um estudo na área de tributação que — partindo do princípio da paridade entre *calls* e *puts* em precificação — explorava as diversas maneiras pelas quais a inovação permite que operadores explorem brechas legais para reduzir ou até mesmo eliminar o pagamento de impostos, ainda que a essência da transação seja idêntica à de operações tradicionais.

Depois de me formar, em 2001, trabalhei por um tempo em Washington, onde lidei com um projeto envolvendo o default da Argentina e diversos outros sobre tributação internacional. Nos Estados Unidos, a economia estava tecnicamente em recessão, e tive um período de relativa calma. Tinha tempo e me matriculei em um MBA só para puxar os créditos de finanças — foi um período divertido.

O convite que não foi feito — mas foi aceito

Quando voltei ao Brasil, apesar de ser muito jovem, tinha esse interesse por política pública, com alguma formação em economia e direito — e isso era um pouco menos usual na época. Em 2002, Lula foi eleito para seu primeiro mandato, e Márcio Thomaz Bastos foi convidado para ser ministro da Justiça. Thomaz Bastos me chamou para conversar porque lembrou que eu era um advogado que tinha estudado economia e administração pública no exterior e gostava de política pública.

Durante a conversa, dei algumas opiniões sobre o que achava que o governo e ele deveriam fazer. Então ele perguntou: "Por que você não vem trabalhar com a gente?". Isso aconteceu em novembro de 2002, cerca de um mês depois de o Lula ter sido eleito.

E eu falei: "Ministro, adoraria, mas estou no começo da minha carreira, que está indo rápido demais para eu virar assessor do senhor. E sou jovem demais para ser qualquer outra coisa que não assessor do senhor. Então, por que não colaboro à distância e a gente deixa assim mesmo?".

Ele perguntou: "Mas que tipo de convite o presidente poderia lhe fazer para você largar sua carreira? Secretário de Estado?". Eu respondi: "Claro, se for para ser secretário de Estado, eu largo tudo amanhã". Ele agradeceu e não me convidou. O presidente Lula também não me convidou para nada. Fiquei esperando o tal convite, que nunca aconteceu.

No dia 2 de janeiro de 2003, descobri pelo jornal que eu havia sido nomeado secretário de direito econômico do Ministério da Justiça. Saí correndo e fui para Brasília, totalmente maluco. Levei meu chefe de gabinete, o Arthur Badin, e toda a turma da faculdade, incluindo a Bárbara Rosenberg (hoje sócia do BMA) e vários outros: nós meio que povoamos o Ministério da Fazenda e o Ministério da Justiça com essa geração da São Francisco.

O trabalho consistia em três coisas bem diferentes. Uma era a agenda de regulação, concorrência e proteção do consumidor. Fizemos um planejamento estratégico de quatro anos para mudar a regulação de concorrência no Brasil, reformar o sistema de controle de fusões e aquisições para o modelo ex-ante, criar o Super Cade — que ampliou a atuação do Cade —,* montar o programa de leniên-

* Conselho Administrativo de Defesa Econômica, órgão encarregado de fiscalizar práticas concorrenciais e analisar atos de concentração de mercado, como fusões e aquisições.

cia, pegar cartéis e começar a bloquear fusões, coisas que até então ninguém tinha feito no Brasil. Desenhamos todas essas iniciativas, e acho que funcionou muito bem.

A segunda coisa, cujos detalhes ninguém sabe e provavelmente nunca saberá, foi que eu e outros secretários nos alinhamos em um grupo, sob a supervisão do então ministro da Fazenda, Antonio Palocci. Nossa atribuição era tentar, nos bastidores, ajustar os desenhos das ações dos outros ministérios no primeiro ano de governo, porque havia muita coisa malfeita e muitas pessoas que não sabiam exatamente como agir. Minha dupla nessa tarefa era o Marcos Lisboa, secretário de Política Econômica. Nós ficamos responsáveis por alguns ministérios, e muito do que fizemos com outros ministros gerou frutos. Essas atividades não tinham nada a ver com nossas atribuições originais, mas foram formativas para mim e, de modo geral, produtivas para o país. As pessoas não têm ideia da carga de trabalho de um segundo escalão ativo no governo federal. Trabalhávamos muito e o nível de energia era altíssimo.

Depois dessa experiência de coordenar com o Marcos Lisboa a ajuda a outros ministérios, ficamos bem amigos. Conversamos e percebemos que, do ponto de vista operacional, ninguém se importava com títulos ou hierarquias. Decidimos colocar economistas e advogados para trabalhar juntos na agenda micro. Fizemos uma portaria, fundimos as secretarias do ponto de vista operacional. Muitas vezes eu despachava no Ministério da Fazenda, e o Marcos, no Ministério da Justiça.

Com isso, começamos a tocar uma agenda de reformas microeconômicas. Fizemos uma nova lei de falências, aproveitando o projeto de lei cujo relator era o deputado Osvaldo Biolchi, e montamos a recuperação judicial, abolindo a concordata. Veio também a lei do leasing, a afetação de patrimônio imobiliário e a medida provisória do empréstimo consignado. As pessoas chamavam isso de coisa de neoliberal. Mas não era nada disso, eram reformas microeconômicas que funcionaram muito bem.

No final do primeiro mandato do Lula, o Marcos, o Murilo Portugal e o Joaquim Levy saíram. Eu também decidi sair. Pensei em montar uma consultoria econômica ou um escritório de advocacia especializado em antitruste, mas eu via um conflito de interesses e, honestamente, não tinha muita vontade de trabalhar com concorrência. Então estava na dúvida sobre o que fazer.

"Você não lê jornal, meu filho?"

No final do meu período no governo, eu estava dando uma palestra no Credit Suisse sobre regulação do mercado de gás natural. O José Olympio, que na época era head do banco de investimentos do Credit Suisse, me chamou e perguntou: "Daniel, é outubro, o último dos seus quatro anos no governo. O que você vai fazer quando sair?". Respondi que não tinha a menor ideia. Ele disse: "Por que você não vem trabalhar com a gente no banco? Você conhece economia, direito, CEOs, operações de fusão e aquisição. Você é um banqueiro de investimento". Eu disse: "Zé, eu nem sei o que é isso".

Então fui entender o que fazia um banqueiro de investimentos, comprei um monte de livros sobre o assunto. Quando estava perto de sair do governo, senti uma aflição. Não queria advogar, não queria ter nada a ver com os órgãos que ajudei a constituir, desenhar e fortalecer. Decidi fazer uma entrevista no Credit Suisse, mas, antes, fiz uma petição na Comissão de Ética Pública para ver se isso era permitido. Na época, não existia o período de quarentena como hoje. O responsável pela comissão disse: "Você não lê jornal, meu filho? Mensalão, CPI dos Correios, e você vem me perguntar se pode fazer entrevista? Todo mundo faz, vai lá e faz". Eu insisti em fazer tudo certinho, e ele respondeu: "Então não pode".

Ele proibiu, e eu não podia ser entrevistado por nenhum banco que tivesse alguma petição pendente no Cade. Descobri que só havia dois bancos que não estavam nessa situação — e por sorte eram superlegais. Não consegui contatar ninguém no Goldman Sachs, mas uma amiga que trabalhava no Morgan Stanley agendou uma entrevista para mim em Nova York. Foi uma experiência bastante estranha.

Gostei muito do pessoal do banco e acho que eles também gostaram de mim. A perplexidade deles era que nunca tinham visto um candidato tão bem preparado e, ao mesmo tempo, tão mal preparado para a posição. Qual era minha experiência em finanças corporativas? Zero. Na última entrevista, foi assim: "Então, deixa eu entender, você realmente não sabe nada, é isso?". Eu respondi: "Não sei nada, nunca trabalhei com *investment banking*".

"Mas quem te nomeou?", perguntou um entrevistador num momento. Respondi: "O presidente". "Mas que presidente, da República?" "Da República." "Por exemplo, se você ligar para o presidente da República, ele te atenderia?" "Sim, foi ele quem me nomeou." Eles olhavam um para o outro, incrédulos. Eles não acompanhavam muito o que acontecia no Brasil.

No final, decidiram me contratar. Eu começaria devagar, aprendendo como as coisas funcionavam, e eles assumiriam o risco. Comecei o trabalho em Nova York, depois vim para o Brasil e iniciei com algo mais familiar e fácil para fazer a transição, que era M&A. Depois de alguns anos, me nomearam head de *investment banking* e, depois, presidente do banco no Brasil. A essa altura, eu já entendia um pouco mais das coisas. Ajudei a montar a corretora, fiz amigos que tenho até hoje e expandi a parte de trading do banco. Fiquei no Morgan Stanley por quatro anos e meio, depois resolvi sair para virar investidor por um motivo muito claro para mim.

A atividade de *investment banking* contempla, no seu componente central, duas frentes importantes: assessoria, modelagem e aconselhamento; e convencimento. Um bom banqueiro de investimento é um bom vendedor. Muitas vezes, é mais importante ser convincente do que estar certo. No mundo de investimentos, é irrelevante se você fala bem ou mal, se é assertivo ou não. Pelo contrário, quanto mais assertivo você for, mais perigoso o mundo fica. A narrativa de alguém assertivo e convincente é a do determinismo. A narrativa de um bom investidor é a do estocástico.

Minha inclinação sempre foi a de enxergar o mundo de forma probabilística, e tive dificuldade de aderir à narrativa das pessoas que cravam. Não é o meu jeito. Gostava muito de *investment banking*, acho que eu era razoável como banqueiro de investimento, adorava meus clientes e acho que eles gostavam de mim. Mas, aos 34 anos, eu já sabia aonde chegaria nos vinte anos seguintes. Pensei: "Quero passar as próximas duas décadas da minha vida fazendo isso?". Não tem certo ou errado, é uma escolha.

O investidor é pago para se aprofundar nas coisas, estudar, entender, conhecer pessoas, desmontar situações complexas. É uma atividade inacreditavelmente legal, interessante e entusiasmante — e resolvi que era isso que queria fazer.

Apaixonado pela ideia de investir

Em 2011, decidi sair do Morgan Stanley. O banco me ofereceu uma posição alternativa em Nova York, mas eu queria ficar no Brasil. Não foi uma decisão financeira óbvia, mas eu estava apaixonado pela ideia de investir. Coloquei na cabeça que ia seguir esse caminho. Se eu desse sorte na vida, não ia passar fome. Tinha me casado em 2011, não tinha filhos nem uma grande família para sustentar. Então saí do Morgan Stanley e disse a eles que queria levantar um fundo para situações especiais e de transição.

O Morgan Stanley concordou, mas pediu que eu fizesse uma quarentena longa, pois muitos clientes esperavam que eu continuasse no banco. Propuseram uma transição de onze meses. Eu concordei, mas pedi permissão para começar a conversar com algumas famílias sobre o fundo que eu iria levantar no futuro, com a condição de que eles soubessem quem eram essas famílias e autorizassem. Eles concordaram.

Uma das primeiras pessoas com quem falei foi o Arthur Mizne, da M Square, que alocava para a Farallon.* Expliquei o que queria fazer. Quando ele encontrou o Tom Steyer, fundador da Farallon, disse: "Tem um cara no Brasil que fala as mesmas coisas que vocês

* Uma das maiores gestoras de *hedge funds* dos Estados Unidos.

falam. Você deveria conhecê-lo". Um dia, recebi um e-mail de três linhas: "*Hey Daniel, I heard great things about you. You bankers probably come to New York all the time. Next time you come, let me know and I'll hop on a flight and come to meet you. Tom*".*

Dei um Google: Tom, fundador da Farallon. Será que era ele mesmo? Respondi: "*Hi Tom, nice meeting you via e-mail. If you are Tom Steyer for real and this is not a prank, please confirm and I'll fly to San Francisco now*".** Ele respondeu: "*Sure*" [Claro].

Passamos um dia inteiro conversando e ele me convidou para trabalhar lá, mas eu disse: "Estou saindo de um *global investment bank* e não quero trabalhar em uma *global investment firm*. Quero fazer algo empreendedor, pequeno". Ele disse que a Farallon era diferente, e, quando tive contato com outros sócios, vi que era verdade. Conversamos sobre investimentos e comecei a explicar o que era um precatório em 2011. Nunca tinha visto um estrangeiro se empolgar tanto com essa explicação.

Fizemos uma joint-venture no começo, pois eu tinha uma certa desconfiança em relação ao entusiasmo da Farallon com a América Latina e o Brasil. Eles também não me conheciam bem. Montamos uma gestora em sociedade. Depois, eles acabaram incorporando minha gestora e eu passei a liderar a América Latina para eles, tanto nas estratégias que fazemos hoje na Lumina quanto no fundo de hedge, inclusive em investimentos líquidos. Em seguida, me envolvi bastante com a Farallon globalmente. Entrei no comitê global em 2016 e fiquei lá até o final da pandemia de covid-19.

A Farallon é uma empresa incrível e aprendi muito lá. No comitê de investimentos, todos os sócios eram mais inteligentes, mais preparados e mais experientes do que eu. É uma experiência que requer alguma terapia, mas ainda assim é muito boa. Estar em um lugar

* "Olá, Daniel, eu ouvi coisas incríveis a seu respeito. Vocês banqueiros provavelmente vêm a Nova York o tempo todo. Na próxima vez, me avisa que eu pego um voo e vou conhecê-lo. Tom."

** "Oi, Tom, prazer em conhecê-lo por e-mail. Se você é Tom Steyer de verdade e isso não é uma brincadeira, por favor confirme e irei para San Francisco agora."

onde todos são melhores que você é um privilégio. Eu me aposentaria na Farallon com alegria — se quisesse me aposentar trabalhando para alguém.

Depois de quase onze anos na Farallon, estávamos prestes a levantar nosso terceiro fundo na América Latina, e, com isso, eu teria que me comprometer com mais uma década de trabalho. Chegou a hora de decidir se eu me aposentaria lá ou se tentaria outro caminho. Resolvi empreender: saí e montei a Lumina em 2022.

Na Lumina, fazemos basicamente a mesma coisa que eu fazia na Farallon — com algumas diferenças importantes no que diz respeito à amplitude de estratégias e horizonte de tempo. Mas, fundamentalmente, temos a mesma filosofia de investimento. No fim das contas, cada um faz o que sabe fazer, e não temos vontade de testar outras ideias.

Como gerar retorno ajustado ao risco

Comecei como investidor com uma premissa razoavelmente simples: pelo menos na sua forma fraca, o mercado tende a ser eficiente. Então, a maneira de ganhar dinheiro em excesso em relação aos riscos que você corre por unidade de capital empregado é operar em bolsões onde o mercado não funciona ou resolver um problema e ser remunerado por isso. Esses dois princípios continuam totalmente intactos aqui na Lumina. Comecei com essa premissa e nunca a abandonei.

De início, eu pensava como um patologista, que procura disfuncionalidades. Então buscava a inexistência de um mercado ou alguma razão que fizesse com que seu funcionamento fosse limitado. Por exemplo, a literatura está repleta de evidências acerca de como o mercado não avalia direito eventos que implicam descontinuidades no ciclo de vida da empresa: reorganizações societárias, recuperações judiciais, disposições, liquidações e assim por diante. Quanto à inexistência de um mercado propriamente dito, esse é um conceito que inspira um pouco mais de cuidado.

Em alguns momentos, um investimento em *private equity** pode fazer sentido, em outros, não. Se você faz *private equity* participando de um leilão, está em um mercado, só que privado — e marcado por imensas assimetrias de informação, pois o vendedor da empresa sempre sabe mais a respeito da própria companhia do que você.

Ao longo do tempo, fui mudando um pouco meu modelo mental. Hoje acho que o mercado é sobretudo um mecanismo de transferência de riscos. Determinadas situações são estruturalmente "recipientes de prêmio", e o segredo é entender quando é justificável receber esse prêmio. Fui entendendo que a premissa de que o investidor só ganha dinheiro quando é mais esperto em geral está errada. O mercado é uma sopa de agentes econômicos que querem coisas diferentes, por motivos diferentes, com funções e utilidades totalmente diferentes. São agentes heterogêneos. Às vezes, você ganha dinheiro porque está cumprindo uma função de absorção de risco importante que ninguém mais está disposto a assumir.

Pense no seguro. É uma discussão antiga em economia. Quando você compra uma apólice de seguro, ninguém diz que você se deu bem ou mal, ou que a operadora de seguro se deu bem ou mal. Se o seguro foi precificado corretamente, ambos podem ter se dado bem, mesmo que, no decorrer do tempo, sua sinistralidade média seja maior ou menor que os prêmios que você paga. Quando você contrata um seguro, está desovando um risco catastrófico para você, como um problema de saúde agudo ou crônico que poderia levar à falência pessoal. A seguradora, por outro lado, está mutualizando aquele risco entre muitas pessoas. Ninguém está certo ou errado no sentido clássico, desde que a apólice esteja precificada adequadamente.

De forma geral, no nosso programa de investimentos há três grandes fontes de retorno ajustado para risco. O primeiro é o prêmio de liquidez. Em tese, um investimento em que você tem "direito de mudar de ideia em qualquer momento" deveria oferecer um retorno menor do que um em que você está "preso" por um prazo qualquer.

* Tipo de investimento que consiste na compra de uma participação numa empresa de capital fechado (ou seja, sem ações na bolsa).

Na prática, o prêmio de liquidez varia muito com o ciclo e com o tipo de investimento. No caso de bonds e debêntures que são negociados no mercado de balcão, a liquidez pode evaporar rapidamente. Quando há um evento inesperado e pouco compreendido pelos detentores desses títulos, não é incomum que tenhamos uma grande fila de vendedores e apenas um ou dois compradores. É como um cinema lotado, com apenas uma porta e um cheirinho de fumaça... Onde liquidez e capital desaparecem, vale a pena fazer a lição de casa.

Muitas vezes, depois de um evento ou crise, o prêmio de liquidez continua elevado por muito tempo — a "memória" dos investidores machucados faz com que a liquidez fique restrita por algum período. Gosto muito de examinar de perto essas situações. Em julho de 2022, por exemplo, no auge da crise da administração do presidente Fernandez na Argentina, os bônus soberanos chegaram a ser negociados a cerca de dezoito centavos no dólar — o que, na prática, implicava uma probabilidade de default de 100% (ou o *recovery* mais baixo da história das grandes reestruturações soberanas). O preço claramente estava errado. Mas o mercado tinha perdido dinheiro tantas vezes negociando títulos da Argentina que, quando a crise se agravou, as cicatrizes fizeram com que os spreads chegassem a um nível absurdo. Oportunidades como essa aparecem, ainda que de forma infrequente.

A segunda situação em que se extraem prêmios desproporcionais aos riscos assumidos é a que chamo de prêmio de convexidade. Imagine uma hipoteca de quinze anos feita em um período de juros altos para financiar a compra de um imóvel. Se os juros caem, o tomador corre ao banco para refinanciar seu empréstimo a juros mais baixos, e quem deu o financiamento recebe um pré-pagamento. Se os juros sobem, por outro lado, o valor do título hipotecário cai para refletir o fato de que agora o valor presente líquido dos pagamentos de juros e amortizações é menor. Dessa forma, o preço desse tipo de título cai muito quando os juros sobem — mas sobe pouco quando os juros caem. Essa assimetria na dinâmica de preço decorre da opção de pré-pagamento que o título tem, e é o que chamamos de convexidade negativa. Às vezes, o mercado paga "muito" por essa opção e os prêmios ficam desproporcionalmente interessantes. O principal atributo dos chamados financiamentos de transição ou "soluções de capital" é que — quase que por definição — o financiador ou investidor outorga uma opção de pré-pagamento à sua contraparte e é bem remunerado por isso.

O inverso também é verdadeiro. Se o mercado por vezes paga excelentes "prêmios" para quem aceita correr risco de pré-pagamento, muitas vezes investimentos com o atributo inverso têm valor esperado negativo — o famoso efeito "loteria". Quando o valor de determinados títulos está muito deprimido e o retorno, caso as coisas melhorem, é múltiplas vezes o capital investido, o mercado tende a "sobrepagar" pelo sonho de fazer três, cinco ou dez vezes o capital investido: o prêmio é negativo. Por essa razão, investimentos em "*distressed*", em que você compra títulos a um grande desconto do valor de face, tendem a funcionar muito melhor durante ciclos de crédito e momentos de aversão aguda a risco (ao contrário dos financiamentos de transição). Uma vez que você começa a separar os tipos de ativos pelos diversos tipos de prêmio que pagam ou recebem, o desafio seguinte é construir um portfólio coerente e equilibrado.

Por fim, às vezes o capital cumpre funções adjacentes, quase como um "serviço" — e essa é a terceira fonte de retorno. Aqui, o retorno vem da criatividade e da engenharia financeira na formatação do que a contraparte precisa. Evitar a quebra de um *covenant*,* por exemplo. Por mais que, na margem, o capital que você oferte seja "caro", você evita que toda a estrutura de capital da companhia seja reprecificada por conta de um default e é compensado por isso.

Investir, em certa medida, é um jogo de reconhecimento de padrões. Você vai criando um repertório, uma biblioteca de modelos mentais, qualquer que seja o seu estilo, e acaba aprendendo quais são os contextos preditivos de retorno em excesso. Mas você precisa reconhecer que opera em um mundo estocástico, em que ninguém tem certeza absoluta de nada, e precisa aprender a tentar inferir a curva de distribuição de probabilidades associadas a diferentes re-

* *Covenant* é um termo em inglês que se refere aos compromissos assumidos por uma empresa para manter em vigor um contrato de financiamento ou empréstimo.

sultados em cada investimento que você analisa, bem como no seu portfólio como um todo.

Não basta ter dois metros para jogar basquete

Fazendo uma analogia com esportes, é como o cara que nasce muito alto. A mãe e o pai olham para ele e dizem: “Meu filho vai ter dois metros de altura, logo vai jogar basquete”. Aí ele vai para o basquete e descobre que 100% das pessoas que estão competindo com ele também tiveram pais que falaram isso. Ele descobre que o básico do básico é ter dois metros. Agora, você é o cara mais talentoso entre os que têm dois metros?

Minha filosofia de investimento não é buscar coisas complexas ou fáceis, difíceis ou suaves, muito tortas ou muito retas, com sofrimento ou sem sofrimento. Minha filosofia é criar um repertório de modelos mentais de situações em que, na maioria das vezes, vou ganhar dinheiro porque sou o único a oferecer uma solução. Ou porque, apesar de não ser o único a oferecer uma solução, tenho uma solução valiosa o suficiente para que quem a receba decida compartilhar parte do prêmio comigo. E há uma série limitada, não infinita, de situações em que isso acontece.

Então, minha pergunta nunca é se eu nasci para jogar basquete porque tenho dois metros de altura e vou competir com todos os outros que também têm. Minha pergunta é: em cada momento, qual é o jogo que tem a maior recompensa possível para o menor nível possível de competição? Ou, qual é o problema que posso resolver para alguém, em que divido o prêmio e o troféu?

Todo bom investidor deveria ter ao menos uma capacidade analítica modesta, tanto no que diz respeito ao aspecto lógico-dedutivo quanto no que se refere ao que é inferencial. Mas o realmente essencial na Lumina é que o profissional tenha uma intuição “instrumental” — isto é, capacidade de perceber os principais problemas e incentivos que marcam uma determinada situação e como o investimento pode alterar aquela situação.

Muita gente acha que a análise do investimento termina no *enterprise value*. No programa de investimentos da Lumina — que é extremamente contextual —, é essencial entender incentivos e comportamentos. Temos a crença de que grande parte da atividade consiste em inferir, em um mundo incerto, a probabilidade futura de diferentes cenários que podem se materializar — e como nosso capital interage com esses potenciais "futuros".

A maior *red flag* quando selecionamos um analista para trabalhar conosco está na inabilidade de entender qualquer investimento como inerentemente probabilístico. O analista que acha que crava o que vai acontecer no futuro dificilmente se adapta na nossa sociedade.

Swap de talco

Para quem achava finanças algo chato, acabei me apaixonando pela área, mas por um motivo diferente do que muitos investidores relatam. Muitas vezes você lê entrevistas de investidores que dizem coisas como: "Eu comecei a comprar ações quando tinha dois anos de idade. Olhei para o meu berço, vi a propaganda do talco, percebi que o talco do bebê vizinho era melhor que o meu e propus um swap do meu talco com o dele. Minha mãe percebeu que eu era bom em fazer swaps". Outro tinha um clube de investimentos aos dezesseis anos.

Para mim, a área de finanças é um espaço em que há uma recompensa enorme para quem consegue digerir complexidade. Como é uma área competitiva, essa complexidade é de fato relevante. Em finanças, há dados e informações que não se encontram em outras áreas. Se você gosta de estudar e refletir, pode fazer isso em finanças. Meu estilo de investimento é a conexão entre pensar as coisas e obter retornos ajustados para riscos extraordinários. Essa conexão é direta e sem escala.

Descobri que, da maneira como pratico a atividade de investidor, ela reflete razoavelmente quem eu sou. Trabalhar, passar muitas horas do seu dia e da sua semana no escritório e conseguir encontrar algo que tenha aderência com quem você é é um luxo que muitos não têm. Um dos mistérios para mim é por que, em um lugar onde se paga tanto, há tanta abundância de dados e gente inteligente, tão poucas pessoas perguntam "por quê?".

Sempre fui da turma daqueles que gostam de perguntar "por quê?". E sempre achei fascinante como o mundo das finanças está repleto de acadêmicos que dedicam a vida a provar que é impossível ganhar dinheiro de forma consistente. Contraste total com quem está ganhando dinheiro com frequência e rejeita por completo uma discussão intelectualmente honesta sobre os porquês e as evidências produzidas pela academia. Sempre achei isso fascinante: o boicote absoluto ao "por quê?" entre os traders e investidores e a aversão da academia à prática de investir.

Fui criando meu estilo de investir, e ele ainda está em desenvolvimento. Acho que essa é a graça, é um processo meio artesanal de construção da moldura de investimento, que nunca termina. Essa é uma das belezas da coisa.

Não somos melhores que os outros — não é assim que ganhamos dinheiro

Não partimos do pressuposto de que somos mais preparados, inteligentes ou profundos. Qualquer posição que parta desse pressuposto ganha poucos pontos aqui dentro. Toda discussão na Lumina começa com a pergunta: "Por que mereço ter um retorno ajustado para risco que mais do que compensa o risco que estou correndo aqui?". Preciso resolver um problema para alguém ou prover liquidez em uma situação objetivamente verificável de falta de liquidez. Extraindo prêmios de uma das três fontes típicas. E isso pode acontecer nas mais variadas situações — do *private equity* ao investimento em dívida soberana.

Com frequência, o que fazemos na Lumina passa por avaliar uma situação que não é particularmente desafiadora do ponto de vista analítico, mas para a qual poucos investidores têm mandato para analisar. Perguntamos, por exemplo, qual é a chance de um juiz declarar os bens de uma companhia indisponíveis. Qual gestor da Faria Lima acha que é pago para avaliar isso? Qual banco? Historicamente, há pouca gente fazendo isso, então é pouco competitivo. E nossa capacitação nos coloca em um espaço privilegiado.

Ao longo do tempo, podemos até acreditar que o acúmulo de experiência faz de nós melhores do que os concorrentes no quesito avaliação de *equity* ou crédito que tenha complexidade jurídica ou regulatória, mas isso está longe de ser uma regra geral e depende muito de setores e jurisdições específicos.

Em finanças empíricas, há duas coisas que o mercado é particularmente ruim em precificar. Uma são os ativos que compõem muito no longo prazo — o famoso "*time arbitrage*". Outra são os ativos que, embora não componham, exigem que você absorva uma grande quantidade de informações regulatórias com muita rapidez. Essas situações acontecem por segmentação ou problemas de mandato.

Como já expliquei, estratégias em que você *ganha pouco com muita frequência* e *perde muito com baixa frequência* costumam ser interessantes. Por exemplo, *merger arbitrage*. Quando uma empresa anuncia a compra de outra, o preço no mercado pode indicar uma chance implícita de 70% de a fusão ser aprovada. O único risco é o bloqueio regulatório. A pergunta para o investidor é: a chance de aprovação é significativamente maior ou menor que 70%? Se você acha que a "real" probabilidade de a fusão ser aprovada é muito maior (por exemplo, se na sua opinião o risco antitruste é muito menor do que aquele percebido pelo mercado), você "compra" o spread — se estiver certo, coloca o prêmio no bolso. Se estiver errado, perde todo o prêmio já incorporado no preço da ação desde o anúncio da operação. Nem todo mundo tem mandato para fazer isso, o que torna o mercado menos eficiente nesses eventos. Além disso, o capital dedicado a "arbitrar" esses eventos também flutua bastante — a dinâmica é parecida com a do mercado de resseguros. Os prêmios tendem a ficar interessantes (pela ausência de capital, já que todos os provedores estão expostos ao mesmo tipo de evento) depois de uma "temporada anormal de temporais".

Meu maior erro

O pior investimento que fiz foi, sem dúvida, o primeiro. E talvez o impacto desse erro tenha sido maior justamente por ter sido o primeiro. Aconteceu em 2011, quando fui procurado por uma família que tinha uma participação em uma mineradora de ferro. Na época, o minério de ferro estava cotado a 180 dólares por tonelada, e essa mineradora era apresentada como "a próxima Fortescue do Brasil". Vários investidores, incluindo *hedge funds*, já haviam injetado 1,2 bilhão de dólares nesse projeto, cujo objetivo era consolidar minas de segunda linha no Triângulo Mineiro. Quem liderava esse processo era um grande fundo de hedge americano, o Harbinger.

A tal família, que havia vendido uma de suas minas para esse grupo de investidores, tornou-se acionista minoritária do negócio. A proposta era atraente: realizar um IPO que avaliaria as ações a quatro dólares cada. A família queria pegar emprestado um dólar por ação, usando suas ações como garantia. Ao que tudo indicava, parecia um empréstimo muito seguro. Afinal, algo que valia quatro dólares por ação estava sendo oferecido como colateral para um empréstimo de apenas um dólar.

Havia uma narrativa que ainda hoje é comum: "O preço do minério vai permanecer alto porque, se cair abaixo de noventa dólares por tonelada, o produtor marginal, no caso a China, vai reduzir a produção, eliminando assim uma grande quantidade de oferta e criando um mecanismo de autorregulação". Era uma história semelhante às que ouvimos também sobre o mercado de petróleo, em que o preço nunca deveria cair abaixo de um certo nível. A turma discute a inclinação da curva de oferta sem atentar para o fato de que, em tempos de crise, a inclinação da curva muda. O produtor marginal suspende o pagamento de impostos, recebe empréstimos de banco estatal, faz mineração predatória — muita coisa contribui para que a oscilação de preço no curto prazo seja muito maior do que os modelos baseados em custos marginais que os ofertantes preveem.

De qualquer forma, gastamos um tempão para construir nosso modelo de oferta e demanda de minério de ferro com preço acima de 140 dólares. Acreditávamos que o valor das ações da mineradora, que eram garantia do nosso empréstimo, dificilmente cairia a ponto de nos causar perda de principal.

Ao mesmo tempo, eu me questionava: "E se o mercado de IPO não for favorável? Como faço para sair desse empréstimo?". O colateral do empréstimo eram ações de uma companhia privada, o que acrescentava um nível de risco que eu não havia antecipado por completo. A resposta que recebi foi: "Não se preocupe. Podemos fazer um IPO ou vender a companhia via M&A". A oferta de um suposto comprador estratégico era de 2,50 dólares por ação, abaixo dos quatro dólares projetados, mas ainda muito acima do nível em que estava concedendo o empréstimo, que era de cerca de um dólar por ação. Fui em frente e fiz o empréstimo, essencialmente usando as ações como colateral.

No ano seguinte, o mercado de minério de ferro começou a despencar. O preço caiu, caiu e continuou caindo até ficar — por um breve período — abaixo de quarenta dólares por tonelada. Aprendi que, quando o preço do minério de ferro cai a um nível em que apenas uma empresa como a Vale consegue gerar algum caixa, os investidores acreditam que o preço por fim vai se recuperar. No entanto, para uma empresa que ainda está construindo suas minas em um projeto *brownfield** captando recursos para entrar em operação e tentando se tornar uma pequena Vale, a queda no preço tem um efeito devastador. A volatilidade e a incerteza destroem o ecossistema de financiamento dessa empresa. O "beta" de um *brownfield* de minério de ferro é completamente diferente do de uma Vale.

O que aconteceu com a mineradora? Primeiro, a empresa perdeu completamente a capacidade de levantar capital. Então, o maior acionista dela, o fundo Harbinger, enfrentou problemas gravíssimos. Philip Falcone, o principal gestor do fundo, foi processado nos Estados Unidos. Além de problemas no portfólio, ele decidiu investir na construção da maior rede de fibra óptica do território americano,

---

* Um projeto *brownfield* já conta com alguma produção em andamento. Um projeto *greenfield* começa do zero.

mas se complicou no meio do caminho. Nesse interregno, o potencial comprador desapareceu do radar.

Mas não parou por aí. Durante o processo de *due diligence*, não descobrimos que a principal mina da companhia enfrentava um problema ambiental — supressão de cavas. A mina precisava de autorização do Ministério Público e dos órgãos ambientais para continuar operando, mas essa autorização foi negada. Isso paralisou a produção e causou um colapso no valor da companhia. O principal acionista começou a vender suas ações a qualquer preço no mercado secundário, e o valor do *equity* da empresa evaporou.

No meio dessa crise, recebi uma ligação do membro da família que inicialmente havia me apresentado o investimento. Ele disse: “Temos um problema terrível, que não é culpa nossa, mas precisamos compartilhar com você”. O pai dele, que havia vendido a mina, tinha, décadas antes, usado os serviços de um doleiro para pagar uma viagem para a Disney. Como resultado, ele foi parar na lista de clientes do doleiro, e a polícia o apontou como chefe de quadrilha. A empresa sofreu busca e apreensão, e todos os bens, inclusive as ações que eu havia usado como colateral, foram declarados indisponíveis.

Em resumo: a empresa estava interditada, o comprador tinha sumido, o principal acionista estava vendendo sua parte a qualquer preço, o preço do minério tinha despencado e minhas ações estavam indisponíveis. Mesmo assim, depois de muito esforço, sobrevivemos. Reestruturamos o investimento várias vezes e, no final, conseguimos vender as ações que estavam servindo como garantia, primeiro para a Glencore, depois para outros compradores, mas com uma perda de cinquenta centavos por dólar.

Tirei três grandes lições dessa experiência: em primeiro lugar, seu investimento pode ser ilíquido, mas, se você precisar vender sua posição, precisa ter um caminho contratual para gerar seu evento de liquidez. Um empréstimo baseado em ações que se “convertam” em uma participação minoritária em uma empresa privada tem uma proteção que, na prática, é totalmente acadêmica. A segunda lição é que modelos de preço no mercado de commodities baseados nos custos do "ofertante" marginal são uma baliza importante, mas não muito mais do que isso. Quando o ciclo muda, os movimentos de preço são muito mais dramáticos do que você imaginava. A terceira é que um projeto *greenfield* ou *brownfield*, na prática, está tremendamente alavancado mesmo que ainda não tenha tomado dívida — pequenas alterações na expectativa de preço podem destruir a capacidade que um projeto dessa natureza tenha de se financiar.

Verde e Lumina

No final de 2023, a Lumina adquiriu a fatia que pertencia ao Credit Suisse na Verde Asset e se tornou sócia da gestora fundada por Luis Stuhlberger. Essa transação só ocorreu devido às dificuldades que o Credit Suisse teve. Por dever de profissão, sempre olhamos esses deslocamentos, é o que fazemos. Assim, compramos o pedaço do Credit Suisse em condições que foram bem interessantes para nós.

O Luis Stuhlberger é meu amigo há muito tempo, e o Luiz Parreiras (sócio da Verde) também. Acompanho a história deles e acho que podemos ajudar bastante, sobretudo na área de crédito. A estratégia e o programa de investimentos da Verde são radicalmente diferentes dos da Lumina, mas os valores são muito parecidos, o que é superimportante para nós. Não consigo discutir negócios com o Luis Stuhlberger; a gente senta dez minutos e, no minuto seguinte, já estamos discutindo investimentos. Ele gosta de discutir investimentos, e eu também sou meio assim. Tenho aprendido muito sobre macro e espero conseguir contribuir para as estratégias dos fundos da Verde que passem por avaliação de risco idiossincrático — ações, crédito, eventos.

Mas a Lumina vai crescer? Espero que sim, mas vai crescer fazendo a mesma coisa em vários lugares do mundo, e não diversificando a atuação em muitas áreas ou produtos na mesma geografia. Hoje, investimos na América Latina inteira e na Europa, por vezes nos Estados Unidos. É mais provável que vejamos a Lumina expandindo em novos mercados que oferecem oportunidades nas coisas que sabemos fazer do que lançando um fundo imobiliário. De novo, não tem certo ou errado, é o nosso jeito.

Alertas ao macro — e só

Se eu fosse assinar um contrato de sociedade com os cotistas do meu fundo, ele diria basicamente o seguinte: "Daniel, seu trabalho é procurar, ao redor do mundo, fluxos de retornos com a menor correlação possível com o retorno dos ativos líquidos disponíveis nos mercados em que operamos, e com o maior retorno possível ajustado aos riscos únicos que você está tomando".

Como não existe almoço grátis, se o contrato está me dizendo para não tomar risco de mercado e gerar retorno, implicitamente está me dizendo para tomar outro risco. Que outro risco é esse? É o risco que chamamos de idiossincrático, um risco único, que tem a ver com os nomes, situações, empresas ou deslocamentos específicos que estamos analisando. Os momentos macroeconômicos sempre vão influenciar os tipos de movimentos e as situações idiossincráticas disponíveis, mas quero crer que sempre haverá oportunidades nos mercados em que operamos, em diferentes momentos, dimensões, volumes etc.

Nosso papel é tentar achar riscos idiossincráticos de que gostamos e tentar, na medida do possível, articular isso com o ambiente macroeconômico. E como fazemos isso? Para nós, entender o ambiente macro e onde estamos no ciclo é importante para calibrarmos probabilidades a priori em cada classe de ativos na qual investimos. Por exemplo, se os spreads de crédito estão supertímidos — com o mercado tendo apetite para risco —, a atividade está rodando bem e próxima do pleno emprego, décadas de dados vão te dizer que ex ante investir em crédito estressado é uma má ideia. Isso aumenta o *hurdle* (barra) para o time que está fazendo o *underwriting* (subscrição) daquele potencial investimento em um momento do ciclo em que os retornos esperados para aquela classe de ativos são pouco animadores.

O case Odebrecht

Acho que o caso mais ilustrativo da nossa filosofia é o da Rota das Bandeiras, a concessão que inclui um trecho da rodovia Dom Pedro, no interior de São Paulo. A história começa com uma crise total no setor de infraestrutura nacional em 2014, quando a Odebrecht, que era titular da concessão por intermédio da sua subsidiária OTP, envolveu-se na operação Lava Jato. A companhia colapsou. Os bancos imediatamente pararam de conceder crédito, pois estavam expostos ao risco das construtoras e também por uma questão de compliance.

Naquela época, do ponto de vista de compliance, a contraparte mais segura do planeta era a Odebrecht. Já haviam sido identificados, processados, estavam sendo acompanhados de perto, tinham um acordo de leniência em prática, já tinham um monitor instalado na companhia, com representação do Ministério Público, da Advocacia-Geral da União, da CGU, do Departamento de Justiça americano.

Mas tem uma coisa bem latino-americana, que é o modo como o mercado lida com as companhias que deixam todo mundo com um pé atrás. Essas empresas podem passar muito tempo sendo financiadas e fazendo negócios como se fossem as companhias menos problemáticas do mundo. Até o dia em que o problema aparece. Nos Estados Unidos, quando a empresa vem à luz do dia para admitir os problemas e resolvê-los, pagar as multas, confessar o que precisa confessar, enfim, resolver a questão, no dia seguinte o passado é zerado e os negócios recomeçam. Aqui é diferente. No Brasil, quando todo mundo acha que você fez alguma coisa, mas não foi pego, tudo bem. Depois que a companhia resolve os problemas, os financiadores não querem encostar nela por uma questão de compliance.

O que aconteceu foi que os ativos do setor de infraestrutura, inclusive os da Odebrecht, minguaram por falta de capital, quando a injeção de recursos nesses ativos beneficiaria os próprios credores, inclusive os beneficiários das ações reparatórias. Mesmo assim, os bancos não podiam encostar nos ativos. Os ativos não estavam estressados, mas começaram a ficar porque ninguém podia injetar capital em infraestrutura.

Fizemos uma primeira operação para a Odebrecht, na holding de rodovias, para financiar a manutenção. Imagine: dinheiro de *hedge fund* financiando rodovias para tapar buraco e evitar a caducidade da concessão por falta de manutenção. A primeira operação de financiamento ocorreu em 2016. Um dos principais usos do nosso dinheiro foi a Rota da Soja, a BR-163, que precisava de muito capital e perdeu completamente o acesso aos recursos. Fizemos uma segunda operação com base no mesmo grupo de ativos, incluindo aí a Rota das Bandeiras, que considero uma das melhor pedagiadas do estado de São Paulo.

A Odebrecht não conseguiu se recuperar, começaram a circular rumores de que algumas empresas do grupo pediriam recuperação judicial ou recuperação extrajudicial, e a companhia decidiu liquidar os ativos. Colocou a holding de rodovias à venda. Eu disse que me interessava em comprar esse ativo, mas ouvi de potenciais competidores que não acreditavam que eu faria um investimento em *private equity*. Eu disse: "Faço qualquer tipo de investimento. E, pelo preço certo, prefiro fazer *equity* a crédito". Compramos o controle do ativo — deixando a Odebrecht como acionista minoritária — e algum tempo depois o vendemos ao Mubadala."

SUGESTÕES DE LEITURA

É difícil indicar livros sobre investimento. Vou escapar pela tangente indicando papers. Começo com um que mudou completamente a forma como enxergo o tema do custo de capital no mercado de ações. É um artigo genial do professor Campbell, de Harvard, chamado "Bad Beta, Good Beta".*
Todo mundo sabe que ações que têm um beta alto não necessariamente produzem retornos superiores a ações que têm um beta mais baixo: quer dizer, ações defensivas em agregado não

* John Y. Campbell e Tuomo Vuolteenaho. NBER Working, Paper n. w9509, ago. 2003. Disponível em: <https://papers.ssrn.com/sol3/papers.cfm?abstract_id=383420>.

têm um retorno esperado menor do que ações de aparente maior risco. Se isso é verdade, o Capital Asset Pricing Model (CAPM), que está na raiz de qualquer discussão de valuation de empresas, está errado. E está mesmo.

A sacada do Campbell reside em separar o beta das companhias em dois tipos: de um lado, a sensibilidade do valor das ações a eventos que alterem o caixa gerado pelas empresas — por exemplo, uma recessão —, e, de outro lado, a sensibilidade a eventos associados à taxa de desconto desses fluxos de caixa — por exemplo, uma mudança na taxa de juros reais de longo prazo. Nesse sentido, *equity* e crédito são parecidos: as informações sobre se você será pago ao final (fluxo de caixa) são intrinsecamente distintas das informações sobre a taxa de desconto que você aplica ao valor a ser recebido no futuro.

A segunda indicação de paper é resultado de uma pesquisa organizada pelo Michael Mauboussin na época em que ele trabalhava para o Credit Suisse. Trata-se de um compêndio de base rates.*

Para quem pensa probabilisticamente (e de um jeito bayesiano), esse paper é uma pérola. Imagine que você está avaliando as projeções de uma companhia que modela crescer 30% nos próximos dez anos e traz um discurso bem articulado sobre como fazê-lo. Toda análise dessa natureza deveria começar com o investidor se perguntando: no passado, qual percentual de companhias conseguiu entregar esse tipo de trajetória? Essa é a probabilidade a priori que vai sendo ajustada pelas informações que você vai acumulando quando avalia aquele negócio em particular. No exemplo acima, usando dados do S&P entre 1994 e 2014, você vê que apenas 2,2% das empresas conseguiram esse feito. O investidor que não percebe a relevância desse dado não pensa probabilisticamente — o que, para mim, é um pecado capital.

* Disponível em: <michael-mauboussin-e28093-base-rate-books-2015-2016.pdf>.

CAPÍTULO 4

Elie Horn

Empresário e filantropo, fundador da Cyrela

Elie Horn nasceu na Síria, em 1944, caçula de uma família com oito filhos. Emigrou para o Brasil em 1955 com a família, após enfrentarem dificuldades financeiras. Em São Paulo, começou a trabalhar como vendedor de goma-laca de porta em porta e, aos dezenove anos, ingressou no mercado imobiliário trabalhando na empresa de seu irmão, a Cyrel. O negócio cresceu durante um período de grande instabilidade econômica. Em paralelo, o empresário se formou em direito na Universidade Mackenzie. Anos depois, a sociedade com o irmão terminou e ele fundou a Cyrela, expandindo a incorporadora de forma acelerada. Enfrentou um grande desafio após a abertura de capital, que aconteceu em 2005, ao ampliar demais a atuação da companhia em diferentes cidades. Salvou a empresa, como ele mesmo diz, ao "aceitar a derrota" e fechar quase todas as operações nas novas praças. Em 2014, Horn concluiu sua sucessão, deixando a Cyrela sob o comando de seus filhos. Fora dos negócios, tem se dedicado à filantropia, influenciado pela família e pela religião judaica. Tornou-se o primeiro brasileiro a aderir à iniciativa filantrópica Giving Pledge, comprometendo-se a doar 60% de sua fortuna. Embora avesso a publicidade, passou a ter uma maior exposição pública para incentivar outros bilionários a seguirem o caminho da filantropia.

De Alepo a São Paulo

"Nasci em Alepo, na Síria, mas passei minha infância no Líbano. Quando eu tinha sete anos, meu pai faliu, o que nos fez passar por grandes dificuldades financeiras. Na época, falência era algo realmente sério e poderia até mesmo resultar em prisão. Para escapar disso, meu pai fugiu do Líbano. Após um ano na Itália, onde meu cunhado ajudou a quitar parte das dívidas, minha família emigrou para o Brasil, em 1955. Eu tinha dez anos.

Apesar das dificuldades, nos fixamos em São Paulo, onde estudei no Liceu Pasteur e, posteriormente, entrei na faculdade de direito da Universidade Mackenzie. Anos mais tarde, quando nossa situação financeira se estabilizou, meu pai fez questão de honrar o restante de suas dívidas no Líbano, enviando ao país o equivalente na época a cerca de 15 mil dólares.

Antes mesmo de ingressar na faculdade, eu queria começar a ganhar dinheiro logo, então passei a vender um produto químico, a goma-laca, visitando clientes de porta em porta. Essa experiência durou cerca de três meses. Depois me aventurei, comprando e vendendo diversos produtos, mas o negócio não deu muito certo.

Ingressei na faculdade de direito aos 24 anos, por influência de um amigo. A escolha do curso foi mais por acaso do que por vocação. Poderia ter optado por oceanografia ou paisagismo, porque gostava dessas áreas, só que escolhi o direito. A faculdade me proporcionou uma formação cultural, mas a verdade é que a maior parte do meu aprendizado profissional veio da minha experiência prática no mercado imobiliário.

Aos dezenove anos, iniciei minhas atividades nessa área, comprando e vendendo terrenos, inicialmente em parceria com meu irmão, Joe. Adotamos uma estratégia simples, baseada na compra parcelada dos terrenos: 10% de entrada, 30% em noventa dias e o restante em até 36 meses, com incidência de correção monetária ou juros após os primeiros noventa dias. Vender os terrenos antes do vencimento das parcelas era fundamental para honrar os compromissos financeiros. Trabalhando com um capital de giro negativo, mas com agilidade nas negociações, consegui aumentar meu patrimônio inicial de zero para 50 milhões de dólares em uma década.

Até me casar, sempre morei com meus pais. Em nossa família, era tradição ir direto da casa dos pais para a casa da noiva. Moramos em diversas partes de São Paulo: largo do Arouche, avenida Angélica, alameda Barão de Limeira e rua Aureliano Coutinho.

"Sempre fui o segundo em tudo, nunca o primeiro"

Aos 33 anos, deixei meu irmão e passei a trabalhar sozinho. Fiquei com a empresa, que se chamava Cyrel. Após a separação, decidi acrescentar um "a", transformando-a em Cyrela. Esse nome tem uma história curiosa: em ídiche, Cyrel significa "mulher" e é um nome bastante comum. Coincidentemente, era o nome da esposa do meu primeiro sócio e também da minha esposa.

Com o nome definido, decidi começar a construir, mesmo não sendo engenheiro nem arquiteto. Antes de dar esse passo, conversei com muitos engenheiros. Quando me senti confiante e capaz o suficiente, fui em frente. No início, foi apenas uma torre, mas com o tempo fui construindo várias. Fui aprendendo pouco a pouco.

Comecei com apenas duas pessoas: um administrador e um engenheiro. Eles eram os responsáveis por contratar o restante da equipe, porque não sou bom nisso. Sou uma pessoa que gosta muito de todo mundo, então não tenho o perfil para contratar. Sou paternalista, e meu foco está em outra área: fazer negócios, criar, inovar, vender e ganhar dinheiro.

Com o tempo, a Cyrela começou a trazer ideias novas para o mercado, como a estética dos lobbies e o conceito de condomínio-clube. Não fomos os primeiros a fazer isso. Na verdade, sempre fui o segundo em tudo, nunca o primeiro. A primeira empresa a introduzir esses conceitos nem existe mais, mas nós conseguimos aprimorar e consolidar essas ideias no mercado.

Além disso, construímos cerca de 5 mil flats e ganhamos uma fortuna com isso. Quando percebi que esse mercado iria desandar, saí a tempo. Deixei de ganhar mais dinheiro, mas também evitei grandes perdas. Quando começou a crise dos flats, eu não tinha mais nenhuma unidade, o que nos poupou grandes prejuízos.

Há cerca de trinta anos, percebi que a equipe terceirizada de vendas não estava funcionando bem. Eles queriam que eu baixasse o preço dos imóveis, o que não era viável porque não teríamos margem suficiente. Em vez de ceder à chantagem, tive a coragem de abrir uma filial própria de vendas. Isso deu certo, e hoje temos a maior filial de vendas do Brasil, algo que construímos por conta própria, sem depender de terceiros.

Agressivo sim, mas com estratégia

Ao longo da trajetória da Cyrela, passamos por momentos difíceis, como os planos Cruzado e Collor, mas a companhia sobreviveu. O motivo disso é eu sempre ter trabalhado com um *cash flow* controlado. Para mim, sempre foi essencial ter uma empresa que, em tempos de crise, conseguisse parar de vender, continuar construindo e, ainda assim, pagar as dívidas em um ciclo de quatro anos. Seguir esse princípio foi o que salvou a empresa.

Nunca fui um agressivo sem cabeça; sempre fui agressivo, mas com estratégia. Quando tem um fluxo de caixa adequado, você não quebra. Pode ganhar, perder, enfrentar dificuldades, mas não morre. Como costumo dizer: quem está morto não produz mais; é melhor ficar doente e se curar do que morrer. Nunca passei um minuto sequer sem dinheiro, e isso foi fundamental. Para mim, o segredo é simples: as vendas estão ligadas à conclusão das obras. Construa, pague os bancos, termine as obras e só depois venda.

O setor imobiliário é cíclico, e as empresas que não entendem isso ficam pelo caminho. Como o mercado é cíclico, você só ganha no boom. Descobri cedo que é preciso se preparar durante as crises para poder ganhar dinheiro no auge. Fiz isso várias vezes, e cada boom trouxe uma fortuna. Sei que é difícil resistir e manter a disciplina de sair no meio do boom, mas é crucial ter um fluxo de caixa adequado.

Em 2005, fiz o IPO da Cyrela e também incorporei a Brazil Realty, uma empresa voltada para o mercado de renda, fundada originalmente em 1994 em parceria com a argentina IRSA. Quando os argentinos enfrentaram uma crise interna e o dólar disparou, valendo 3,5 vezes o seu valor, eles venderam a parte deles por 43 milhões de dólares. Comprei tudo e me tornei o único dono de 92% das duas coligadas.

Na Cyrela, sempre me preocupei em entregar produtos de alta qualidade. Nunca aceitei entregar algo com defeito. A busca pelo belo sempre foi importante para mim. Viajar para diversos lugares me ajudou a abrir a mente e os olhos para melhorar nossos projetos. Acredito que a reputação é construída com o tempo e a qualidade do que oferecemos. Nunca economizei em manutenção e sempre mantive os prédios em ordem, mesmo após os cinco anos que a lei exige.

A Cyrela nunca teve o nome sujo, nunca teve problemas de pagamento, e sempre atuou com honestidade. O importante é trabalhar com transparência e honestidade, sem se deixar levar por chantagens ou manipulações. Você precisa confiar nas pessoas com quem trabalha e garantir que elas não escondam tabelas ou intenções. Essa decisão de criar nossa própria equipe de vendas foi a segunda melhor ideia que tive na minha vida e foi fundamental para o crescimento da empresa.

Na Cyrela, se alguém roubar, não fica nem um minuto. Não tenho pena de quem rouba. Para ter sucesso na empresa, é preciso trabalhar muito, ser ético e também agressivo nos negócios. Um de nossos diretores tem plano de remuneração que varia de 5 a 10 milhões de reais por ano. É muito dinheiro, mas isso é reservado para aqueles que realmente fazem a diferença na empresa.

O melhor negócio da vida — e o pior

Já fiz praticamente de tudo no setor imobiliário: prédios, escritórios comerciais, parcerias de baixa renda com a MRV, shopping centers, armazéns, cidades e sociedades. Não há muita coisa que eu já não tenha feito nesse mercado.

O melhor negócio que fiz foi no Rio de Janeiro, há cerca de 22 anos. Compramos um terreno em permuta, na Barra, com um sócio cujo nome prefiro não mencionar. O que aconteceu foi que, depois de fechar o acordo, ele me deu um cheque sem fundos. Diante disso, desisti de continuar a parceria e comprei o terreno sozinho.

Foi uma negociação difícil, levei 36 horas para concluir a escritura, mas no final o empreendimento gerou um lucro de 80 milhões de dólares na época, uma cifra formidável. Foi, sem dúvida, o melhor negócio que fiz.

O maior terreno que já compramos também foi no Rio de Janeiro, onde funcionou o parque de diversões Terra Encantada. Nesse caso, infelizmente o negócio não deu certo. Compramos o terreno junto com a Queiroz Galvão, mas eles pararam de pagar, e nós ficamos com a responsabilidade. Compramos o local por 16 milhões de reais — e, além de ter sido o maior, foi o pior terreno que adquirimos. Até hoje o empreendimento não foi lançado.

O mercado do Rio de Janeiro é muito diferente do de São Paulo. No Rio, há ciclos extremos: o mercado vive e morre, com paradas bruscas e retomadas. São Paulo é uma cidade mais estável, que não passa por essas oscilações abruptas.

Mas mesmo em São Paulo alguns projetos não deram certo — é o caso do Shopping D, por exemplo, que não funcionou como esperávamos. Ainda assim, acredito que quem tenta acerta; se você não tentar, é certeza de que não vai conseguir vender ou crescer.

Aceitei a derrota, e isso nos salvou

É interessante lembrar a época do boom dos IPOs no setor imobiliário, que ocorreu entre 2005 e 2007. A maioria das empresas desse período acabou não sobrevivendo. O que acontece é que os investidores exigem crescimento constante, e isso levou muitas empresas a saírem de São Paulo em busca de parceiros em outras regiões, para tentar expandir rapidamente.

Nós também seguimos essa tendência, influenciados pelos jovens do mercado financeiro. Abrimos operações em cerca de oitenta cidades, com um *cashflow* pesado por trás, e começamos cerca de duzentas obras ao mesmo tempo — talvez até mais do que isso, nem sei ao certo. Antes do IPO, tínhamos um caixa que cresceu de 10 milhões para 1 bilhão de dólares. Achei que eu era o dono do mundo. Influenciado pelos jovens que me incentivavam a expandir, abri operações em Porto Alegre, Recife, Natal, Vitória, Salvador, Campinas, Jundiaí, cidades em Minas Gerais e em tantos outros lugares.

Mas logo vi que expandir não era assim tão simples. O paulistano é diferente do nordestino, o sulista é diferente do carioca. Quando percebi que estava perdendo o controle, mandei fechar tudo. Fechamos nossas operações em 74 das oitenta cidades. Custou muito caro, tanto abrir quanto fechar, mas conseguimos manter nosso nome limpo e proteger o caixa. Eu soube abrir e soube fechar, e essa foi a nossa salvação. As outras empresas que expandiram não souberam fechar na hora certa, não reconheceram o erro e quebraram. Eu, por outro lado, aceitei a derrota, falei publicamente que a culpa era minha, e acho que foi isso que nos salvou.

Se faria tudo de novo? Não, definitivamente não abriria empreendimentos em tantas cidades no Brasil. Esse foi o maior erro da minha vida, abrir em mais cidades do que a minha estrutura comportava, e mais do que o Brasil estava preparado para receber. *Real estate* é um negócio que depende muito do conhecimento local, e meu erro imperdoável foi o de não reconhecer isso a tempo.

Abrimos em várias cidades porque confiávamos nos parceiros locais, mas essa confiança nem sempre se justificava. Não era uma questão de desonestidade, mas, se o parceiro não pensa como você, as coisas podem facilmente sair dos trilhos. Ter um sócio tem seus benefícios, mas também é complicado. Até a compra do terreno, tudo parece bem, mas depois começam os problemas.

Hoje, 90% dos empreendimentos da Cyrela são construídos pela nossa própria construtora. Há quinze anos, esse índice era de apenas 30%, o que adicionava muita complexidade e risco ao negócio. Se tivéssemos feito tudo internamente desde o início, talvez tivéssemos evitado muitos problemas.

Diversificação e instinto

Ao longo dos anos, a Cyrela foi acumulando caixa. Reinvestimos bastante no próprio negócio, mas também em outros empreendimentos. No início, tentei diversificar investindo em áreas que não prosperaram, como couro, peças de ouro e frutas.

Tivemos casos de sucesso ao diversificar dentro do mercado imobiliário. A Cury é um excelente exemplo. Tudo começou há uns dezoito anos, quando emprestamos 15 milhões de reais para eles e investimos outros 15 milhões como capital. Eles não tinham dinheiro para começar, mas, desde então, nunca mais precisaram de capital adicional, pois sempre mantiveram um fluxo de caixa sólido. Hoje, a Cury vale cerca de 5 bilhões. A Lavvi também foi um projeto muito bem-sucedido. Ambas são exemplos de empresas imobiliárias brasileiras que conseguiram prosperar e se tornaram grandes players no mercado.

Mas também tive problemas no setor. Com a Agra, por exemplo — embora eu tenha conseguido sair antes do colapso. Tomei a decisão de sair porque, em julho de determinado ano, um dos responsáveis tirou férias e deixou outro no comando. Quando esse segundo também viajou e deixou um terceiro encarregado de falar comigo, pedi informações e não obtive uma resposta satisfatória. Isso me deixou desconfiado, e então decidi que não poderia me arriscar em algo que eu não entendia de todo. Foi um instinto e, graças a Deus, segui esse feeling. A empresa acabou ficando pelo caminho.

Há pouco tempo, fiz vários investimentos fora do mercado imobiliário, inclusive no Brasil Agro. Ainda mantenho uma participação de 7% na empresa, embora já tenha chegado a 25%. Foi um investimento muito bom.

Também me envolvi na venda de shoppings, escritórios e imóveis logísticos, entre 2020 e 2024. Fizemos ainda investimentos em hospitais, inclusive em parceria com o Paulo Guedes. Hoje, temos participações em hospitais e uma distribuidora de valores. São tentativas de diversificação que, até agora, não deram retorno financeiro, mas espero que comecem a dar frutos em breve. Não dedico muito do meu tempo a esses investimentos. Quem os gerencia, assim como os *hedge funds*, é o *family office*.

Independência dos bancos

O mercado imobiliário se tornou muito mais sofisticado em termos de instrumentos financeiros, com diversas novidades, como os certificados de recebíveis imobiliários (CRIS) e do agronegócio (CRAS). Esses instrumentos têm um certo risco, que é mínimo, já que eles descontam 80% do valor, e só os primeiros 20% são mais vulneráveis.

Sobre os fundos imobiliários, acredito que eles se tornaram uma febre porque o setor financeiro agora permite isso, e é algo positivo. Hoje em dia, os construtores não são mais escravos dos bancos, o que nos deu independência financeira. Nos Estados Unidos, os maiores investidores no setor imobiliário são gigantes como a Blackstone e outros grandes fundos, não necessariamente só os bancos.

Sempre mantive um balanço muito forte sem vender os recebíveis. Faz quinze ou vinte anos que não vendo recebíveis. Se tivesse vendido, teria que reinvestir em algo que não ofereceria a mesma taxa de retorno. Juros compostos sempre foram um segredo financeiro para mim.

Sucessão: "engoli em seco e deixei que eles assumissem"

Acredito que é possível criar um negócio bem-sucedido que não seja familiar, mas é fundamental ter uma gestão competente. Sem isso, se a empresa focar apenas o lucro e a ganância, pode acabar fracassando, como vimos acontecer com algumas grandes companhias.

Entendo o desejo de manter as empresas na família, e tive a sorte e a competência de ter filhos — Efraim e Raphael — que são capazes de continuar tocando a companhia. Se eles não fossem bons, eu não teria deixado a empresa nas mãos deles.

Antes de trazê-los para a empresa, tentei pessoas de fora, mas não deu certo. Nesse meio-tempo, comecei a desenvolver uma crise de Parkinson, que me fez acelerar o processo de transição. Meus dois filhos têm habilidades complementares: um é excelente em relações humanas e gestão financeira, e o outro é muito criativo. Foi como se Deus tivesse dividido minhas qualidades entre os dois, e isso tem sido essencial para o sucesso contínuo da Cyrela.

Na época dessa transição, tive a sorte de contar com o apoio de algumas pessoas importantes. Contratei o Sergio Foguel, que era da Odebrecht, e ele foi uma grande influência para mim. Algo que sempre pratiquei é a humildade. Gosto de falar com todo mundo e fazer as mesmas perguntas para diferentes pessoas. No final, você acaba aprendendo, não porque é o melhor, mas porque é curioso e persistente.

Hoje, não tenho mais um grande envolvimento na empresa, porque meus filhos preferem assim. Há quinze anos, alguém me deu um conselho, que segui à risca: "Deixe seus filhos aprenderem a trabalhar enquanto você ainda está vivo, porque na morte não há mais como corrigir". Então, quando saí da presidência, fiquei em silêncio, engoli em seco e deixei que eles assumissem o controle. Sou uma pessoa muito controladora, mas compreendi que, para o bem da empresa, era necessário fazer essa transição.

Atualmente vejo mais as obras prontas do que os terrenos. Faço parte do comitê de terrenos, mas não assisto a todas as reuniões, porque, para acompanhar os terrenos de perto, é preciso dedicar todo o tempo a isso, o que é impossível. Quando me pedem conselhos sobre terrenos grandes, eu dou, mas minha atenção está mais voltada para lançamentos e obras finalizadas.

A filantropia e o "teste de Deus"

Ainda sou o único controlador da Cyrela, e isso é importante para garantir a estabilidade da empresa. Quanto às ações, ainda não passei nenhuma para os meus filhos. Eles são executivos da companhia, mas a herança não foi distribuída. No meu testamento, destinei 60% do meu patrimônio para causas sociais e 40% para a família. Entre outras iniciativas filantrópicas, aderi ao Giving Pledge.*

Comecei a me envolver com filantropia desde muito jovem. Quando eu tinha catorze anos e estudava no Liceu Pasteur, havia um morador de rua para quem eu costumava arrecadar dinheiro, pedindo um cruzeiro de cada amigo e doando para ele. Mais tarde, quando comecei a trabalhar, lembrei das lições de meu pai e meu avô. Meu avô, que não conheci, patrocinava a sobrevivência de muitos órfãos, arrecadando dinheiro na Inglaterra. Meu pai, mesmo tendo morrido com pouco dinheiro no Brasil, sempre me ensinou a importância de doar.

Com o tempo, passei a ver a doação como algo fundamental na vida e como o verdadeiro objetivo do trabalho. Sempre doei uma parte do que ganhei. Quando fiz o IPO, tomei a decisão de doar 100% do que eu tinha, mas depois decidi doar 60% e deixar o restante para a família. O plano é que 60% do meu patrimônio seja distribuído ao longo dos próximos vinte anos — talvez um pouco mais, pois os frutos dessas doações continuam a render. Mas, em termos gerais, a previsão é que, até 2044, esses 60% estejam completamente distribuídos.

O interessante é que prometi doar 60% do meu patrimônio antes mesmo de ter feito o IPO. Na época, eu tinha cerca de 200 milhões de dólares. Depois da abertura de capital, esse valor saltou para algo entre 4 e 6 bilhões. Acho que foi um teste de Deus para ver se eu manteria minha promessa, e claro que mantive. É uma fortuna que não estava prevista, que veio porque tive a ideia de abrir o capital na bolsa, nada mais. Talvez seja por isso que continuo sendo um dos poucos sobreviventes dos grandes do passado. Não é por mérito próprio, mas porque Deus assim quis.

A caridade traz uma preocupação adicional em garantir que a em-

* The Giving Pledge é uma iniciativa filantrópica lançada em 2010 por Bill Gates, Melinda Gates e Warren Buffett, com o objetivo de incentivar pessoas e famílias com grandes fortunas a destinarem uma parte significativa de sua riqueza a causas sociais.

presa tenha sucesso e sobreviva. Não se trata apenas de querer ficar mais rico, mas de querer ter mais recursos para doar. Acredito que sobrevivemos porque Deus nos ajudou a prosperar. Não é comum ver alguém passar de 200 milhões para 6 bilhões, nem mesmo no setor de tecnologia. Isso aconteceu, é um fato, mas o motivo, não sei ao certo. O que sei é que Deus nos ajuda e nos abençoa.

"Não sou do tipo que tira férias na Suíça"

Uma coisa que sempre fiz foi viver intensamente o negócio. Eu como, bebo e durmo pensando na empresa. Não sou do tipo que tira férias na Suíça. Tiro férias quando posso, mas não sempre. Não compro carros importados, aviões ou barcos. Simplesmente não tenho interesse.

Tenho dedicado muito tempo a fazer o bem e nunca me recuso a dar uma palestra para falar a respeito. Já dei palestras em países como Argentina, Estados Unidos, Israel, Inglaterra e outros lugares da Europa. A minha convicção é simples: sem Deus não há nada. Acredito que é fundamental ter um Deus que nos inspire respeito e temor. Se você tem esse temor, não faz besteira. Quando você está sozinho com dinheiro que não é seu e ninguém sabe, é a fé em Deus que te impede de cometer um erro. Se você acredita em Deus, nunca vai pegar o que não é seu.

Eu tenho um instituto — na verdade, são três institutos e mais de cem iniciativas diferentes para apoiar órfãos, mulheres vítimas de violência sexual e muitas outras causas. Um aspecto importante do trabalho é educar crianças e jovens para que tenham moral e não se esqueçam de Deus no mundo. A filantropia me trouxe nome. As pessoas atribuem a mim mais do que eu realmente sou, e isso é algo que a filantropia fez por mim. Ela ajudou a construir um nome melhor do que quem eu sou na realidade.

A comunidade judaica é muito discreta nesse aspecto. Ninguém sabe muito sobre o que fazemos. Eu mesmo não costumava falar sobre as minhas doações. Um dia, alguém da empresa me disse que eu estava sendo covarde, porque fazia o bem sozinho e não deixava que outras pessoas participassem. Achei que ele tinha razão, então comecei a falar mais abertamente a respeito das minhas ações filantrópicas para incentivar os outros a fazerem o mesmo.

Aprendi que não posso ter vergonha, porque se eu tiver vergonha acabo deixando de ajudar muitas pessoas. Hoje, entendo que, quando pedimos, não pedimos para nós, mas para o bem dos outros. Cerca de 98% do que eu doo vem do meu próprio bolso, e só uma pequena parte, talvez 1%, vem dos lucros da empresa destinados à caridade. Sou livre para doar porque esse dinheiro é meu, e ninguém pode me obrigar a divulgar nada.

Incentivo outras pessoas a fazerem o mesmo, e inclusive proponho que doem 1% do lucro para uma ONG própria, que eles mesmos possam gerir. Para mim, não importa quem fica com o dinheiro, desde que seja para fazer o bem. Se alguém quiser que eu doe para crianças palestinas, não tenho problema com isso. O importante é doar, é não deixar de contribuir.

Um exemplo que gosto de citar é o de uma negociação que fiz com o Roberto Setubal* há vinte anos. A diferença entre o que ele queria pagar e o que eu queria receber era de 70 mil dólares. Ele não queria pagar mais, e eu não queria aceitar menos. Então, chegamos a um acordo: ele me pagaria o valor que desejava, e a diferença seria doada a uma entidade filantrópica de sua escolha. Esse método funcionou muito bem, e já fiz isso em várias outras ocasiões.

Conselhos para quem quer entrar no mercado imobiliário

Se você é jovem e quer seguir carreira no mercado imobiliário, existem algumas opções de faculdades que podem te preparar. Há cursos específicos de formação imobiliária, mas, se tiver que escolher,

* Copresidente do conselho de administração do Itaú Unibanco.

eu recomendaria a faculdade de arquitetura, engenharia ou economia. Direito, definitivamente não.

Para um jovem que está saindo da faculdade e pensando em entrar no mercado imobiliário, eu diria que, se você tiver vocação, por que não? Mas é importante entender o que significa ter vocação. Para mim, isso envolve ser bom em finanças e ser um bom empresário. Se você não é forte na parte financeira, é melhor nem tentar.

Também é preciso seguir com disciplina. É difícil ter a disciplina de participar do mercado durante um boom e, ao mesmo tempo, manter um fluxo de caixa saudável. Não dá para ser ingênuo. Tive um sócio que se empolgava muito com os números quando fazíamos um negócio, mas nunca considerava os possíveis fracassos. Eu, por outro lado, sempre via o fracasso como uma possibilidade real. Essa talvez seja a diferença entre nós e os outros. Gestão de risco e controle financeiro são o segredo do negócio. Se você não sabe, aprenda, porque isso é essencial.

Durante um boom imobiliário, é verdade que muitos fazem lançamentos de maneira irresponsável para aproveitar o crescimento desenfreado. O conservador pode ficar um pouco fora desse jogo e acabar perdendo algumas oportunidades, mas isso faz parte. O importante é estar confortável com suas decisões e se adequar às necessidades do mercado dentro da sua capacidade de suportar os riscos. Se você não souber fazer isso, pode quebrar."

CAPÍTULO 5

Felipe Guerra

Fundador e CIO da Legacy Capital

Formado em engenharia de produção na UFRJ — curso que escolheu por oferecer uma formação generalista —, Felipe Guerra se interessou por finanças durante um estágio no Banco BBM. Decidiu seguir carreira na área, foi trainee do Citibank e contratado para trabalhar na tesouraria do banco. Em 2005, foi para o Santander, onde trabalhou por treze anos. No banco espanhol, foi tesoureiro e diretor estatutário. Saiu de lá para montar a Legacy Capital em 2018. O modelo da gestora é baseado em especialização, diversificação e decisões baseadas em dados. Em 2024, a Legacy tinha 19 bilhões de reais sob gestão divididos em fundos de diferentes estratégias.

Adiando a escolha

"Estudei a vida inteira no Colégio de São Bento, que é uma escola forte no Rio de Janeiro, então tive uma formação acadêmica bem completa. Confiando nisso, prestei vestibular para algumas das melhores universidades do país. Fui aprovado em economia no Ibmec, passei em primeiro ou segundo lugar, e também cheguei a ser aprovado em medicina na Uerj. Sempre disse à minha família que seria médico. Mas, na hora de decidir o que estudar, achei que o melhor caminho a seguir era o de engenharia de produção, que tem um enfoque mais generalista. Como eu não sabia direito que carreira queria seguir, achei que essa área me daria flexibilidade profissional. Prestei e passei na UFRJ, superbem colocado. Era quase como se eu estivesse adiando a decisão de escolher o que estudar. Pensava: em algum momento, vai aparecer algo que me interessa e aí esse será meu foco.

Nos dois primeiros anos do curso, os conteúdos eram relativamente fáceis, então comecei a trabalhar como monitor em um cursinho pré-vestibular no Rio, chamado PH — depois de um tempo, me tornei professor de matemática e física. Lecionei em várias unidades e cheguei a ter amigos próximos como alunos. Com o dinheiro economizado, fiz um mochilão pela Europa, em 1998, com um amigo. Durante essa viagem, conheci minha esposa, em Londres. Quando voltei, apareceu a oportunidade de fazer um estágio no Banco BBM, que era reconhecido como uma excelente escola de trading, assim como o Santander. Depois de um tempo, várias gestoras de recursos surgiram a partir das equipes desses dois bancos.

Nesse estágio, tive meu primeiro contato direto com o mercado financeiro. Eu trabalhava na área de controles, checando as operações feitas pelos gestores, um trabalho bem de estagiário mesmo. Mas gostei muito daquilo e passei a estudar finanças, teorias de mercado — queria entender as posições e por que eram feitas. Foi um período marcante, especialmente porque pude presenciar eventos de grande impacto, como a desvalorização do real em 1999,* que

* Depois de mais de quatro anos de câmbio fixo, adotado logo após o início do Plano

gerou um impacto gigantesco no mercado. O BBM ganhou muito com isso porque soube se posicionar. É claro que existe um custo de apostar num evento que pode ou não acontecer, mas, naquele caso, o retorno poderia ser tão grande que valia a pena. Decidi que era com isso que eu queria trabalhar. Me atraiu muito a dinâmica de identificar e explorar assimetrias de risco, nas quais perdas podem ser minimizadas e ganhos, maximizados.

A vaga é minha!

Na época, eu trabalhava próximo à praça Pio X, no centro do Rio. Pensei: se é legal aqui, imagina como seria trabalhar no maior banco do mundo, que na época era o Citibank, no centro financeiro do mundo, em Nova York. Pedi demissão porque resolvi me preparar para tentar entrar no programa de trainees do Citibank. Consegui uma vaga de estágio na área de marketing do banco, ainda no Rio. Meu plano era conhecer o Citibank por dentro, desenvolver minhas habilidades e aumentar minhas chances de sucesso no processo seletivo.

Depois de um ano, fui aprovado no programa de trainees. Também recebi propostas de outras empresas grandes, como a Ambev, o HSBC e a Petrobras, que é o sonho de quase todo engenheiro carioca. Mas escolhi o Citibank. Me mudei para São Paulo e comecei como trainee em 2001. Desde o início, deixei claro que queria trabalhar na tesouraria do banco. Enquanto outros trainees exploravam diferentes áreas, eu tinha um objetivo muito bem definido e não considerava outras opções. Essa determinação acabou criando o reconhecimento dentro do grupo de que a vaga na tesouraria seria minha.

Durante as rotações do programa, quando passei pela tesouraria, fui bem avaliado e, antes mesmo de concluir o programa, convidado a integrar a equipe da tesouraria, na mesa de câmbio. Saí do

---

Real, o Banco Central decidiu permitir uma primeira desvalorização da moeda, em janeiro de 1999.

backoffice e do papel de estagiário para um trabalho mais de gestão. Minha função inicial era precificar derivativos para empresas que queriam fazer hedge e se proteger da oscilação do câmbio. Era o período de transição do governo Fernando Henrique para o do Lula, e o cenário econômico estava extremamente volátil. O país tinha pouquíssimas reservas internacionais, o dólar explodiu, então a busca por hedge era intensa.

A diferença entre o Citibank e o BBM era grande. No BBM, as operações eram majoritariamente proprietárias, ou seja, utilizava-se o capital do banco para fazer apostas de mercado. Apesar de haver uma área de crédito, a maior parte dos resultados vinha do trading proprietário. O Citibank combinava trading com *market making*.* Minha função era oferecer preços para operações de hedge e depois neutralizar a exposição no mercado. Era um trabalho dinâmico, em que eu lidava com centenas de operações diárias, zerando posições e recalculando continuamente. Além disso, tive a sorte de trabalhar com profissionais excepcionais, como o Bernardo Zerbini e o Pedro Lorenzini (que depois se tornou tesoureiro do Itaú), entre outros grandes nomes que construíram carreiras de destaque.

Depois de um tempo, o Citibank passou por uma reorganização interna, e as áreas de trading e *market making* foram separadas. Meus chefes me convidaram a ficar em *market making*, com foco em estruturação. Gostei de perceber a confiança deles no meu trabalho, mas sabia que essa mudança me afastaria do dia a dia do mercado, que era o que eu queria fazer. Minha ambição não era seguir carreira no Brasil. Considerava esse período em São Paulo uma fase de aprendizado, que eu precisava viver para conseguir trabalhar em Nova York, com derivativos e opções.

Passei cerca de nove meses nessa nova função, mas o ritmo era diferente. A área de estruturação era mais lenta e burocrática, e envolvia comitês, aprovações e diversas etapas administrativas. Para

---

* *Market making* significa garantir um fluxo de ofertas de compra e venda de ativos financeiros para manter a liquidez de determinados papéis ou mercados e ajudar a evitar a manipulação de preços.

alguém como eu, que gosta de resultados mais imediatos, foi complicado. Então surgiu uma oportunidade no Santander. Em 2005, o Sérgio Blatyta e o Mário Torós me convidaram para assumir a mesa de opções de moedas no banco. Esse convite me chamou a atenção, pois era exatamente o que eu queria fazer: focar opções, mas com total dedicação ao trading proprietário.

Foi uma decisão difícil. O Citibank valorizava meu trabalho e buscava alternativas para me manter lá, inclusive com a possibilidade de transferência para Nova York. Além disso, naquela época, o Santander ainda não tinha o porte e a relevância que tem hoje. O Citibank era o maior banco do mundo, reconhecido globalmente, enquanto o Santander, embora sólido, era um banco espanhol que havia crescido no Brasil só porque tinha acabado de comprar o Banespa. Mudar de um ambiente consolidado e altamente prestigiado para outro menos reconhecido era, no mínimo, ousado.

Ainda assim, resolvi seguir meu instinto e priorizar o que eu de fato queria: ser trader em um ambiente focado exclusivamente em trading. Essa decisão foi transformadora. No Santander, encontrei um ambiente mais alinhado com meu perfil. Foi uma mudança muito desafiadora e cercada de incertezas, mas hoje vejo que foi uma das melhores decisões da minha carreira.

Guardião de um modelo

Entrei no Santander em 2005 e fiquei até 2018. Foram treze anos marcantes, em que tive uma ascensão muito rápida e pude trabalhar com pessoas excepcionais. Comecei como trader de opções: montei uma mesa dedicada a esse mercado, abrangendo todos os tipos de ativos. Depois me tornei head de opções e, em seguida, *head trader* da mesa proprietária. Mais adiante, fui promovido a tesoureiro — que era meu sonho original — e também assumi como diretor do comitê executivo do banco. Tudo isso num momento em que o Santander estava crescendo, comprando instituições, como o ABN Amro, e se tornando um dos maiores bancos do mundo.

Tive a honra de trabalhar ao lado de nomes importantes, como o Mário Torós, o Sergio Blatyta e o Roberto Campos Neto. Um dos aspectos mais impactantes dessa experiência foi a implementação de um modelo de gestão altamente disciplinado, idealizado pelo Blatyta e pelo Torós. Era um modelo baseado na diversificação e na especialização. Cada gestor era responsável por um nicho específico do mercado, como inflação, juros ou bolsa, e era avaliado de acordo com seu desempenho nesse segmento.

A cobrança era individual, cada um tomava seu risco e tinha seu livro. Alguns lugares acham que todos devem fazer de tudo. Eu acho uma bagunça. Todo mundo quer correr para o mesmo lado ao mesmo tempo. Não dá certo. Nesse modelo do Santander, os riscos são alocados de maneira muito mais eficiente, e os portfólios são mais diversificados. Também fazíamos reuniões diárias de alinhamento, em que aconteciam debates intensos. Era um ambiente de muita cobrança, mas saudável. Essa cultura de disciplina e especialização moldou minha visão sobre como liderar equipes de gestão. Mantenho esse modelo até hoje, virei uma espécie de guardião dele.

Depois da crise de 2008, mais precisamente em 2010, houve várias mudanças no banco. O Sergio Blatyta, que era tesoureiro, saiu, e o Roberto Campos foi para o lugar dele. Eu assumi o lugar do Roberto Campos como *head trader* da mesa proprietária do banco. O trabalho de reorganização do livro de opções, inicialmente focado em câmbio, evoluiu para um portfólio diversificado que incluía, além de câmbio, opções de juros e bolsa. Nossa equipe tinha um índice Sharpe elevado — ou seja, a proporção entre o quanto se ganha em relação ao risco assumido era alta. Tivemos um desempenho muito consistente, e eu fui assumindo mais responsabilidades, até que, em 2015, me tornei diretor estatutário e diretor tesoureiro responsável pela mesa de riscos de mercado do Santander no Brasil.

Mas diversos fatores transformaram o ambiente de trading dentro dos bancos depois da crise de 2008. A partir de 2010, novas legislações foram implementadas para limitar a alavancagem em posições de risco nos balanços bancários — como o Dodd-Frank Act, nos Estados Unidos. Regulações internacionais de capital também foram adotadas e replicadas pelo Banco Central do Brasil. Atuando na tesouraria do Santander, vimos uma mudança grande nas exigências regulatórias, com impacto nas chamadas de capital regulatório. Isso limitou a maneira como operávamos. Passamos a ter restrições para ampliar posições, desenvolver novos ativos ou expandir operações internacionais. Por conta disso, passei a planejar minha transição.

Gestão independente

Eu tinha um histórico de ser responsável por uma área de trading com resultados recorrentes e uma sólida relação risco-retorno, então vi a oportunidade de replicar essa performance fora do banco, utilizando capital próprio e de terceiros. Afinal, a essência do que fazíamos era alocar capital proprietário do banco para gerar retorno. Por que não fazer essa mesma atividade de maneira independente, sem os altos custos regulatórios e operacionais associados ao banco? Com uma estrutura mais enxuta, seria possível operar com eficiência e foco.

Em 2016, essa ideia começou a tomar uma forma mais concreta na minha cabeça. Comecei um processo de análise e validação: seria possível replicar, fora do banco, as estratégias que praticávamos lá dentro? Aos poucos, fui sentindo confiança de que a resposta era sim, especialmente porque nosso modelo de negócio não dependia de fluxo ou de informações internas para gerar resultados. Essa convicção se consolidou com o tempo, e, em 2018, decidi fazer a transição definitiva para fundar a Legacy.

Essa decisão foi tudo menos trivial. Depois de treze anos no banco, ocupando uma posição estatutária, eu precisaria abrir mão de um cargo estável e de uma remuneração significativa. Durante minha saída do Santander, havia uma quantia substancial de ações e bônus retidos que precisei deixar para trás. Foram inúmeras reflexões, conversas com a família e amigos, até que por fim resolvi dar esse passo.

A construção da Legacy começou com a parceria de profissionais altamente capacitados. Além de mim, juntaram-se ao time o Pedro

Jobim e o Gustavo Pessoa, que já trabalhavam comigo no banco, e o Duda (José Eduardo Araújo), ex-Gap Asset, que trouxe sua experiência e conexões no mercado, incluindo *family offices*, distribuidores e alocadores. Formamos um time de sócios fundadores comprometidos em atrair talentos de dentro e de fora do banco para compor uma equipe de excelência.

Havia precedentes de gestores de tesourarias bancárias que fizeram transições bem-sucedidas para o mercado independente, como o Carlos Woelz, que montou a Kapitalo, o Rogério Xavier, que fundou a SPX, e o Márcio Appel, que saiu do Santander para criar a Adam. Esse histórico positivo ajudou a abrir portas e gerou receptividade por parte dos alocadores, que buscavam equipes sólidas e produtos de alta qualidade. Saí do banco em março de 2018, fundamos a Legacy em maio e em 30 de junho do mesmo ano iniciamos oficialmente nossas operações.

Um dos aspectos que sempre priorizamos, desde os tempos do Santander, é o de contratar profissionais com alto nível técnico e acadêmico. Temos uma tradição de contar com pessoas que estudaram em ótimas faculdades de engenharia, principalmente no Instituto Tecnológico de Aeronáutica (ITA). Nem sei dizer quantos. O Jobim, por exemplo, é economista, ph.D. pela Universidade de Chicago e também é formado pelo ITA. O Gustavo Pessoa e o Fernando Taga, que é gestor de derivativos. Nossa cultura atraiu ainda jovens talentos do ITA que começaram como estagiários e hoje são sócios e gestores da Legacy Capital.

Esse perfil técnico é parte fundamental da nossa filosofia de trabalho. A habilidade de avaliar riscos e retornos, além de identificar assimetrias no mercado, é uma qualidade encontrada com frequência em profissionais formados em engenharia, especialmente no ITA. Pessoas com essa formação tendem a ser racionais e calculistas em suas análises, mantendo o foco em decisões baseadas na relação risco-retorno. Essa abordagem é crucial, porque procuramos investir apenas quando o potencial de ganho estimado supera de forma significativa o risco envolvido.

Não percebo uma grande diferença entre gerir o dinheiro de

clientes e recursos próprios e o de um banco. As dinâmicas operacionais são bastante parecidas, como as reuniões de avaliação de posições e cenários. É verdade que gerir recursos de clientes pode ser mais volátil, porque muitos investidores tendem a ficar entrando e saindo de fundos com base no seu desempenho recente. Mas acho que o mercado está ficando mais maduro.

O crescimento das plataformas de investimento, impulsionado por players como XP e BTG, e a maior disponibilidade de informações e conteúdo educacional contribuíram para termos uma base de investidores em média mais instruída. Hoje, os clientes têm maior acesso aos gestores e suas análises, o que ajuda a gerar mais credibilidade e confiança. Se tiver interesse, o investidor consegue entender por que montamos nossas posições e como elas evoluem. Publicamos cartas mensais e áudios explicativos, abordando tanto o cenário macroeconômico quanto nossos investimentos. Essa proximidade é fundamental para mitigar a volatilidade e alinhar expectativas.

Gerar retorno em qualquer cenário

O Brasil ainda opera em uma banda de juros elevada — geralmente entre 8% e 14% ao ano. É um ambiente desafiador para investimentos em ações, mas que oferece oportunidades interessantes para os gestores de fundos multimercados, que podem investir em diferentes ativos, em diversos locais. Podemos operar comprados e vendidos em ações, aplicar em crédito, juros, entre outras estratégias. Essa flexibilidade é uma das principais vantagens desse tipo de fundo. Se o gestor não consegue entregar retorno, essa é uma deficiência dele. Esses produtos têm uma proposta de valor clara: oferecer retornos consistentes acima do CDI, ajustados ao risco assumido.

A nossa visão de mercado é pautada por disciplina, análise técnica e uma cultura que valoriza a busca por assimetrias positivas. Em termos de retorno, trabalhamos para entregar resultados consistentes de CDI mais 7% em nossos fundos-padrão, mantendo uma volatilidade controlada de 10% ao ano. Para o cliente, isso representa uma alternativa atrativa em relação ao CDI convencional. Além disso, ele não fica restrito a uma determinada classe de ativo, como bolsa e renda fixa.

Volatilidade e mudanças no cenário macroeconômico são partes inerentes ao jogo. Não dá para reclamar: ah, o cenário está difícil, por isso não consigo entregar rentabilidade. O investidor paga ao gestor de um fundo multimercado para encontrar alternativas em qualquer cenário. Não há retorno sem exposição a algum grau de risco. É falacioso pensar que um investimento de renda fixa está livre de riscos. Ao investir em crédito, por exemplo, corre-se o risco da empresa emissora. Quem compra uma debênture de uma companhia pode perder tudo se ela quebrar — e problemas acontecem, basta ver os casos da Oi, da Light e das Americanas.

Em crédito, a perda pode ser total, diferente de outras estratégias. E muitos investidores não colocam isso na conta. Prestam atenção ao retorno — que, em condições normais, é pouco volátil — e às vantagens tributárias, já que muitos investimentos são isentos de imposto de renda. Isso é perigoso. Não há problema em investir em crédito, é claro, mas é preciso entender os riscos envolvidos. Para investidores individuais, tentar fazer *stock picking* ou avaliar crédito sem uma equipe especializada é extremamente arriscado.

Nossa proposta de valor é justamente oferecer essa expertise e atuar com propriedade e profundidade. Não há espaço para decisões impulsivas ou baseadas em suposições. Em 2024, observamos problemas em diversos CRAs (Certificados de Recebíveis do Agronegócio), que foram adquiridos sem uma análise adequada dos riscos reais. Muitos investidores acreditavam estar expostos ao risco do banco ou da corretora, mas, na realidade, estavam assumindo riscos muito maiores, de produtores rurais.

Com a alta dos juros, em 2022 e 2024, enfrentamos um ambiente complexo, em que foi complicado captar recursos para investimentos de maior risco. Isso mostra que é importante ser uma casa diversificada, com diferentes produtos. Ao longo dos anos, nos dedicamos a criar novas vertentes, como a plataforma de crédito, que em 2024 já administrava quase 2 bilhões de reais. Essa plataforma começou pequena, foi amadurecendo, e passou a contar com uma equipe de seis profissionais dedicados, liderados por um gestor experiente. Tivemos uma abordagem conservadora, que permitiu que a equipe ganhasse experiência e consolidasse processos. Quando o mercado passou a demandar mais produtos de crédito, em meio ao aumento dos juros, estávamos bem posicionados para crescer.

Fábrica de ideias de trade

Operamos com dez estratégias diversificadas, que incluem ações no Brasil e no exterior, crédito, juros locais e internacionais, estratégias quantitativas, commodities e *relative value*, ou valor relativo — por exemplo, operar comprado e vendido em pares como moeda e bolsa.

No dia a dia, buscamos alocar o capital de forma equilibrada entre essas estratégias para garantir diversificação. Nosso modelo de operação privilegia a especialização. Cada profissional é responsável por uma área específica, e sua performance está diretamente vinculada ao sucesso daquela área. Por exemplo, a vida do gestor de ações locais está atrelada ao desempenho da bolsa brasileira. O único que opera em todas as frentes sou eu, com o objetivo de integrar as melhores ideias de cada especialista e da equipe econômica em um portfólio coeso.

Nossa equipe é uma verdadeira fábrica de ideias de trade, e minha função é gerenciar esse processo, selecionando e alavancando as melhores propostas. Temos uma rotina estruturada de reuniões, algumas diárias, outras semanais e mensais. Num encontro mais longo, que tem o objetivo de discutir tendências, debatemos, por exemplo, os impactos da inteligência artificial nas empresas. O potencial dessa tecnologia ainda está no início e deve trazer ganhos substanciais para empresas, sobretudo nos Estados Unidos. O mercado parece subestimar essas oportunidades. No que diz respeito a empresas específicas, é difícil prever o grande vencedor, mas observamos exemplos como o da Nvidia, que se destacou ao desenvolver tecnologia pioneira em GPUs. Porém, existe uma competição acirrada nesse mercado que pode gerar surpresas.

Dentro da Legacy, investimos em plataformas de inteligência artificial que podem melhorar nossa capacidade de gestão no futuro. Desenvolvemos modelos que analisam dados econômicos e eventos, o que nos ajuda a identificar oportunidades e a calibrar nossas posições no mercado.

Mas a verdade é que muitos gestores fazem isso. A diferenciação está no acesso e no uso eficiente dos dados. A tecnologia, em especial a inteligência artificial, permitiu uma padronização no tratamento de informações. Nesse contexto, a vantagem competitiva está em saber quais dados acessar, como interpretá-los e aplicá-los eficazmente.

É uma corrida contínua. Todos no mercado estão testando, ajustando e buscando se adaptar mais rápido. Para nós, o grande desafio — e, quando dá certo, a gratificação — vem justamente de superar um ambiente altamente competitivo. Estamos em uma disputa global com os melhores investidores e tecnologias do planeta. É um ambiente em que as mudanças ocorrem em alta velocidade e exigem adaptação constante.

É uma rotina intensa. O mercado é extremamente dinâmico e funciona 24 horas por dia, sete dias por semana. Nossa equipe internacional, por exemplo, está o tempo todo ativa, seja analisando dados do Japão durante a madrugada ou revisando posições na Inglaterra às três horas da manhã. Para operar em um ambiente tão competitivo, é essencial estar sempre preparado, atento e comprometido com a excelência. Para atuar em diferentes geografias, é indispensável estar sempre atento. Não dá para fazer esse trabalho superficialmente. Essa é a nossa filosofia: acompanhar dados e mapear informações de forma contínua. Há dias em que não vemos muitos dados relevantes, mas, em geral, monitoramos com atenção informações de bancos centrais, indicadores econômicos e outros eventos significativos.

O fim de semana também é um momento produtivo, com leituras de relatórios acumulados, discussões sobre modelos e revisões de ideias. Muitas vezes, insights surgem quando a mente está mais tranquila, como em momentos de reflexão no fim de semana. Compartilhamos essas ideias com a equipe, que as testa e analisa. É um processo que exige dedicação constante. Um dos grandes desafios é manter toda a equipe alinhada na mesma intensidade. Se eu atuo com determinada velocidade, espero que todos acompanhem.

Para manter esse ritmo, é necessário gerenciar bem o tempo e contar com a compreensão da família. Este é um trabalho que demanda muito, mas também é extremamente gratificante. Tudo o que conquistei foi por meio dele, e minha família entende isso. Mesmo sendo desafiador estar sempre atento, procuro desligar um pouco nos finais de semana, embora isso não signifique desconectar por completo. Durante a semana, meu celular é ativo quase 24 horas por dia; no fim de semana, tento reduzir esse tempo pela metade.

O trade PG-Bolsonaro

Nossa carreira é construída a partir de múltiplos momentos de curto prazo, diversas janelas de operações e mudanças de cenários. Não existe uma "bala de prata" ou uma única decisão que resulte em um enorme ganho ou perda total. Não trabalhamos no extremo do "tudo ou nada"; somos cautelosos ao operar eventos e construímos cenários com horizontes de doze a dezoito meses. Nosso foco está em estruturar hipóteses operacionais com base em análises robustas.

Adotamos uma abordagem estratégica e não acreditamos em movimentações aleatórias nem em operações intradiárias. Para mim, o mercado no curto prazo é um "passeio aleatório". Prefiro construir cenários junto às equipes especializadas, avaliando assimetrias e definindo os movimentos com base em fundamentos sólidos.

No quesito acertos e erros, lembro de períodos marcantes. Um deles aconteceu em 2014 e 2015, quando o Brasil vivia um período de desorganização econômica, com inflação elevada e baixo crescimento. Mesmo com a economia fraca, a inflação permanecia alta, contradizendo o que normalmente se espera. Enquanto investidores estrangeiros acreditavam que juros baixos eram a solução, nós tomamos a decisão contrária, prevendo que o aumento da inflação terminaria por levar o BC a aumentar os juros — foi o que aconteceu, e ganhamos muito dinheiro. Isso só foi ajustado depois do impeachment da ex-presidente Dilma Rousseff e das reformas lideradas por Michel Temer e sua equipe econômica.

Na Legacy, tivemos um grande acerto durante as eleições de 2018. Identificamos, antes da maior parte dos analistas, que Bolsonaro tinha grandes chances de vencer e que Paulo Guedes desempenharia um papel-chave na economia, trazendo credibilidade, o que seria bastante positivo para o mercado. Não era uma aposta focada no candidato em si, mas no impacto econômico positivo esperado com a saída do Partido dos Trabalhadores do governo e a entrada de Paulo Guedes como responsável pela economia. Identificamos uma assimetria favorável: o cenário apresentava um potencial de ganho significativo e riscos limitados.

Depois do primeiro turno, ficou evidente que Bolsonaro tinha grandes chances de vitória. Com base em todos esses fatores, fizemos um trade PG-Bolsonaro de maneira agressiva: compramos ações, acreditando que haveria um rali da bolsa, e ficamos aplicados apostando na queda dos juros, o que aconteceu e trouxe resultados expressivos.

A grande lição em ambos os casos é que entender o contexto local e ter clareza na leitura do cenário pode gerar vantagens competitivas significativas. Mas, além disso, é preciso agir com prudência, concentrando esforços em estratégias fundamentadas em dados e análises consistentes.

Em 2020, antes de o surto de covid virar uma pandemia, estávamos otimistas e tínhamos posições relevantes em ações no Brasil e no exterior. Mas a pandemia trouxe uma forte desvalorização dos mercados, impactando negativamente nossas posições. Em situações de crise, aplicamos um *playbook* de gestão que prioriza liquidez e simplificação das posições. Aos primeiros sinais de turbulência, tomamos decisões rápidas: reduzimos nossa exposição, desalavancamos e focamos em preservar o capital. Optamos por zerar posições em ativos ilíquidos, mesmo reconhecendo perdas, para reorientar nossa estratégia de forma ágil.

Depois desse ajuste, identificamos uma oportunidade em mercados emergentes, com foco no Brasil e no México. A conjuntura apontava para uma forte aversão ao risco e para uma potencial recessão global, o que nos permitiu adotar posições aplicadas em juros — ou seja, que dariam retorno se as taxas caíssem — e compradas em dólar. Essa estratégia foi extremamente lucrativa e proporcionou uma recuperação rápida e significativa do desempenho do fundo.

Além disso, mantivemos nossa carteira de ações globais, composta de empresas de tecnologia, *cloud computing* e biotech, como Amazon, Google e Meta. Esses setores, que já tinham grande potencial, cresceram ainda mais com a demanda criada durante a pandemia, e algumas ações dobraram de valor. Ganhamos muito com isso também. À medida que a situação se estabilizou, navegamos a transição para um cenário de reabertura econômica impulsionado pelas vacinas.

Esse período destacou a importância de uma abordagem disciplinada, baseada em análise criteriosa e execução ágil. A combinação de gestão de crise eficaz, leitura precisa de cenários e posicionamento estratégico foi essencial para superar os desafios e aproveitar as oportunidades.

O erro sobre os EUA

Como estamos no business de tentar acertar cenários, não conseguimos acertar sempre. O que buscamos é maximizar os acertos e minimizar os erros. Quando identificamos um erro, procuramos agir rapidamente para limitar as perdas. É preciso evitar insistir em posições que claramente não estão performando: não dá para se apaixonar pela tese. Tenho um bom exemplo nesse sentido.

Em 2022, era esperado que o ambiente econômico global, marcado por inflação elevada e estímulos fiscais e monetários excessivos, como reflexo do pós-pandemia, demandasse elevações significativas nas taxas de juros. Apostamos em juros elevados em diversos países e em posições vendidas na bolsa americana, prevendo uma correção dos ativos. Essa estratégia foi extremamente bem-sucedida.

Mas prolongamos demais a expectativa de uma recessão nos Estados Unidos. Parecia óbvio que a economia americana teria problemas com a alta dos juros, então montamos posições vendidas na bolsa ao longo do início de 2023. Só que os Estados Unidos são um país diferente. Historicamente, prever recessões lá é difícil, pois a economia americana costuma resistir por períodos prolongados mesmo diante de aumentos expressivos dos juros. Ignoramos isso e insistimos, o que resultou em perdas desnecessárias, sobretudo após episódios como a crise bancária que envolveu o Silicon Valley Bank (SVB), os quais não resultaram na esperada desaceleração do mercado de ações.

Essa experiência reforça a importância de adotar uma abordagem mais reativa do que preditiva em alguns casos. O aprendizado é claro: é melhor operar com base em evidências claras e evitar especulações prolongadas sobre eventos incertos.

Conteúdo extra para um generalista

Sou um consumidor ávido de conteúdo no YouTube. A plataforma é excelente porque reúne um vasto histórico de grandes palestras e insights de especialistas, ao mesmo tempo que oferece conteúdos modernos e atualizados. Todos os fins de semana, assisto a cerca de vinte vídeos, e, recentemente, antes de assisti-los passei a usar um aplicativo que resume os vídeos usando inteligência artificial. Assim, posso decidir rapidamente quais valem a pena ver na íntegra.

Desse modo, consigo absorver conteúdos contemporâneos e insights abrangentes, o que é essencial para alguém como eu, que precisa de uma visão generalista. Me perguntam com frequência como consigo abordar tantas áreas diferentes com profundidade. A resposta está em ser um generalista: nunca serei tão especializado na análise da Nvidia, por exemplo, quanto alguém que se dedica exclusivamente a isso. Mas procuro me aprofundar em tendências e compreender as conexões entre empresas para identificar os principais players em cada etapa e quem captura valor em cada fase.

Além do YouTube, sou um grande usuário da CNBC, que disponibiliza entrevistas de altíssimo nível e bastante atuais."

CAPÍTULO 6

Luiz Barsi

Investidor

Nascido em 1939 em São Paulo, Luiz Barsi desafiou todas as probabilidades ao se tornar um dos maiores investidores individuais da bolsa brasileira. Filho de imigrantes e órfão de pai desde o primeiro ano de vida, começou a trabalhar como engraxate ainda criança. Com o tempo, acumulou conhecimento em diversas áreas — é técnico em contabilidade, formado em direito pela Faculdade de Direito de Varginha e em economia pela FEA-USP —, o que foi fundamental para seu sucesso no mercado financeiro. Barsi começou a investir na bolsa nos anos 1970: seu plano era montar uma reserva para a aposentadoria. Em busca de uma renda passiva crescente, passou a comprar regularmente ações de empresas com histórico de pagamento de dividendos consistentes e potencial de crescimento no longo prazo. Atualmente com uma fortuna estimada em 4 bilhões de reais, mantém um estilo de vida simples — costuma andar de metrô com o bilhete gratuito de idosos.

Investindo como dono

"Comecei a me interessar pela bolsa no começo dos anos 1970. Passei a comprar e vender ações, mesmo com pouquíssimos recursos. Tinha um amigo que havia sido representante de um corretor e que me disse: "Vá comprando alguma coisa aí que eu te ajudo". E assim ele se tornou meu corretor. Como eu também trabalhava com auditoria, acabava conhecendo os donos das empresas e os principais acionistas. Isso me ajudou a entender bem o que eram ações e cotas, embora muitas das empresas com as quais eu lidava não fossem de capital aberto.

Nessa época, a imprensa passou a noticiar com frequência a falência de diversos fundos de previdência privada. Pensei: "Se fundos de previdência privada, que supostamente são geridos de forma mais eficiente, estão quebrando, que perspectivas haveria para a previdência pública?". Comecei a perceber que depender apenas da previdência social não seria suficiente para garantir uma aposentadoria tranquila, então eu precisava fazer alguma coisa a respeito.

Essa descoberta só reforçou minha convicção de que eu precisava buscar alternativas de investimento. Comecei a analisar diferentes opções: letras de câmbio, apólices reajustáveis do Tesouro Municipal, obrigações reajustáveis do Tesouro Estadual, bônus rotativos e aplicações em bancos. Nenhum desses produtos me inspirava a confiança de que me garantiria uma boa aposentadoria.

Foi quando me perguntei: "Quem, de fato, desfruta de uma aposentadoria confortável?". As famílias Setubal, Klabin, Zogbi, entre outras. O que há em comum entre elas? A posse de ações. Refletindo um pouco, vi que poderia fazer como essas pessoas e comprar ações de boas empresas na bolsa. Veja que a lógica não era operar, mas investir pensando no longo prazo, como um dono de empresa faz. Resolvi investir nas ações que pagavam os maiores dividendos. Na época, existia um recurso chamado boletim informativo, que utilizei como referência para minhas análises.

Um belo dia, o Nello Ferrentini, diretor do jornal *Diário Popular*, me procurou e pediu para eu escrever sobre ações. Naquele período, quase ninguém falava sobre isso, e ele queria sair na dianteira. Meu primeiro artigo foi publicado num domingo. Escrevi sobre diversos papéis, e o resultado foi imediato: o jornal recebeu uma enxurrada de cartas de leitores querendo saber mais sobre o assunto. O Ferrentini me chamou e disse: "Barsi, o jornal precisa ganhar dinheiro! Você precisa escrever mais artigos!".

Eu me comprometi a escrever um artigo por mês. Depois de um tempo, ele voltou a me procurar e disse: "Barsi, um artigo por mês não dá, tem que ser um por semana!". Assim, meus artigos passaram a ser publicados aos domingos. Até que, em certo momento, ele me disse: "Barsi, agora tem que ser todos os dias!". Quando comecei a escrever diariamente, passei a focar um único papel de cada vez. Foi assim que tudo começou e se desenvolveu.

"Sr. Barsi, quero comprar ações"

Naquele período, eu trabalhava no mercado de auditoria, uma experiência que veio a me ajudar bastante. A auditoria coloca o profissional em uma posição de supervisão sobre os contadores, exigindo um bom conhecimento de contabilidade e legislação. Decidi estudar direito para adquirir a cultura necessária para analisar a parte societária das empresas, um conhecimento que foi muito útil ao longo dos anos.

Tempos depois, decidi largar a auditoria e me dedicar integralmente ao mercado financeiro. A dinâmica desse mercado era peculiar: não havia necessidade de um vínculo formal para operar, bastava estar presente.

Além disso, no início da década de 1970, houve uma reforma nas regras da bolsa, e os títulos das corretoras, que antes eram hereditários (de pai para filho), passaram a ser emitidos apenas para associados, como um clube. Foram emitidos 134 títulos, que deram origem a 134 sociedades corretoras com licença para operar na época.

Fui convidado a participar de uma operação com o Danilo Dalla Ninna, que queria comprar um título para operar na bolsa paulista, mas não tinha recursos suficientes. Para viabilizar o negócio, ele reuniu algumas pessoas, e decidi fazer parte dessa parceria.

Como o título tinha que ser adquirido em nome de uma única pessoa, utilizando um único CPF, foi comprado no nome dele, mas fizemos um contrato de gaveta para formalizar nossa sociedade. Assim, ele comprou a corretora Cruzeiro do Sul, e criamos uma sociedade nessa empresa. Era a corretora 104.

Em paralelo, eu continuava escrevendo para o jornal, distribuindo informações, e isso gerou frutos. As pessoas me ligavam e diziam: "Sr. Barsi, quero comprar ações". Eu respondia: "Tudo bem, só que aqui não é o lugar para comprar e vender o tempo todo. Aqui, o objetivo é comprar e guardar, porque essa é a única maneira de ganhar dinheiro".

Alguns achavam a ideia boa, mas outros queriam comprar e vender rápido. Eu dizia: "Bem, aí a responsabilidade é sua, não minha. Você que vai decidir o que comprar". Como a maioria não sabia o que comprar, eles perguntavam, e eu sempre indicava papéis que não eram para compra e venda imediata, mas para manter.

De corretora em corretora

Até que um dia o Danilo me procurou e disse: "Barsi, vamos vender a corretora. A proposta é irrecusável". Então vendemos, mas decidimos manter a sociedade, porque estava indo bem. Tínhamos uma clientela espetacular e cativa. Vendíamos um tipo de investimento chamado de bônus rotativo, que funcionava assim: a pessoa, por exemplo, investia mil reais e recebia doze títulos de cem reais para serem resgatados ao longo de doze meses. A cada mês, o investidor pegava os títulos que venciam e comprava mais, formando uma espécie de renda rotativa. Se quisesse aplicar mais dinheiro, ele recebia mais títulos, e assim por diante. Essa operação tinha grande credibilidade, sobretudo por contar com a garantia do governo. Clientes como o pai do ator Fúlvio Stefanini voltavam todo mês para reaplicar. A ORTP (Obrigação Reajustável do Tesouro Paulista) também era muito procurada.

Decidimos que precisávamos de uma corretora no mesmo prédio em que trabalhávamos, na praça da Sé, esquina com a rua XV de Novembro, em um edifício que tinha duas entradas. Havia uma corretora no prédio, a Corretora 127, que era do Silvio Montanarini, e que na época enfrentava sérios problemas financeiros e operacionais. Ele a vendeu para um amigo nosso, o Conchinha (Eduardo, que chegou a ser presidente da bolsa), e começamos a operar lá.

Para atrair os clientes que costumavam nos procurar diretamente, desenvolvemos uma estratégia. Colocamos pessoas em pontos estratégicos do prédio. Quando chegava um cliente, eles diziam: "Fulano, não é mais naquele andar, agora é no outro!". Assim, o cliente ia até o novo local, onde já estávamos aguardando. Com isso, conseguimos trazer todos os clientes para a nova corretora.

Depois de um tempo, o Danilo conseguiu acesso a uma outra corretora, a 79, que pertencia ao José Carlos Jordão. Um belo dia, o Zé Carlos decidiu vender a empresa para a Souza Barros, e fomos para lá.*

O dono da Souza Barros era muito arrogante, e eu não concordava com a maneira como eles faziam negócios. Então decidi sair. O Raymundo Magliano, o velho,** me convidou para trabalhar na corretora dele: "Luizinho, venha para cá, fique com a gente. Faça o que você quiser aqui". Fiquei um bom tempo operando lá. Nesse período, muitas coisas épicas aconteceram, mas foi assim que continuei meu caminho.

Como um "detalhe" derrubou um presidente

Sempre fui muito atento a detalhes. Um exemplo foi quando eu tinha ações do Banco Bandeirantes,*** que na época pagava um divi-

* A Souza Barros foi uma das principais corretoras do país. Fechou em 2015.

** Pai de Raymundo Magliano Filho, ex-presidente da Bovespa, a antiga bolsa de valores de São Paulo, que se fundiu com a BM&F para formar a atual B3. A Magliano foi a primeira corretora da Bovespa.

*** O Banco Bandeirantes foi fundado por Gilberto Faria, irmão de Aloyiso Faria, que foi dono do Banco Real. Em 1998, o Bandeirantes foi vendido ao grupo português Caixa Geral de Depósitos.

dendo mínimo, prioritário e obrigatório. Isso foi por volta de 1974 ou 1975, antes da lei das S/A. O papel do banco custava cinquenta centavos, mas eles pagavam 10% sobre um. Ou seja, era um dividendo extraordinário em relação ao preço da ação.

Lembro que, certo dia, saiu uma nota informando que o Banco Bandeirantes havia pagado um dividendo bem menor. Pensei: "Está errado". Tentei falar com um dos diretores do banco. Demorou quase dez dias para ele me atender, porque naquela época os diretores eram muito ocupados, sabe como é. Eu só consegui ter a conversa porque ele costumava dar uma volta depois de almoçar, e foi nesse momento que o abordei. Ele finalmente concordou em me atender.

Contei a ele que o banco havia pagado o dividendo errado. Ele riu e disse: "Luizinho, não me faça rir! O banco tem auditoria, não tem erro!". Eu insisti, ele disse que iria verificar, mas passou um mês, dois meses, e nada. Então decidi falar com o presidente do banco. Liguei para a secretária dele e expliquei que achava que o banco havia pagado um dividendo errado. Como eu já tinha 8% das ações preferenciais, que era um percentual razoável, a secretária disse que iria passar a mensagem ao presidente.

Dois ou três dias depois, ela me ligou de volta e disse que o presidente só poderia me atender dali a seis meses. Agradeci e desliguei. Foi então que resolvi escrever uma carta ao Banco Central, explicando o erro em detalhes, por A mais B mais C. Fui pessoalmente ao Banco Central entregá-la.

Cerca de vinte dias depois, saiu uma nota na bolsa de valores informando que o Banco Bandeirantes pagaria um dividendo suplementar. Era o Banco Central obrigando o banco a corrigir o erro que eu havia apontado! Pouco tempo depois, o sr. Gilberto Faria, que era o dono do banco, me chamou para uma conversa. Ele disse: "Sr. Barsi, mandei o presidente embora". Ele também me pediu um favor: "Por favor, não escreva mais nada sobre o Banco Bandeirantes de Investimento, vou me comprometer a acertar essa situação". E foi o que aconteceu. Eu não queria prejudicar o banco, só queria receber o que era meu por direito, e tudo se resolveu.

Ações garantem o futuro®

Cheguei à conclusão de que a única maneira de garantir uma boa aposentadoria seria constituir uma carteira de renda mensal. Então, o que fiz? Comecei a analisar empresas. A ordem de prioridade era a seguinte: primeiro, a Anderson Clayton; depois, a CESP; em seguida, a Light; e por fim a Companhia Paulista de Energia, que na época se chamava Paulista de Força e Luz. Outra empresa que era boa pagadora de dividendos era a Petróleo União, que acabou se tornando parte da Unipar.

Resolvi fazer um trabalho específico sobre a Anderson Clayton, que era subsidiária de uma empresa americana que fabricava produtos como margarina e óleo. Meu raciocínio era este: se uma pessoa precisa contribuir por trinta anos para se aposentar, por que não comprar mil ações ao longo de trinta anos? Elaborei um projeto cujo objetivo era comprar mil ações por mês, durante trinta anos, e criei um plano bem estruturado. Enviei esse estudo para eles e logo recebi um convite do vice-presidente da empresa, um homem chamado Guilherme de Jesus Falavina. Ele disse: "Sr. Barsi, parabéns! Nunca vi um trabalho como esse, é maravilhoso, o senhor colocou o ovo em pé. Mas tenho uma notícia triste: embora o seu estudo esteja muito bem-feito, ele não vai vingar".

Perguntei por quê, e ele respondeu: "O senhor sabe quem são os donos da Anderson Clayton?". Eu disse que não. Ele então explicou: "São duas senhoras, já com cerca de oitenta anos, que herdaram a empresa dos pais. Elas são constantemente assediadas para vender a companhia, e eu não sei quanto tempo isso vai levar, mas em algum momento elas vão vender. Portanto, seu plano de trinta anos não vai funcionar".*

Como o primeiro projeto não deu certo, passei para o segundo, que levei cerca de dois anos para desenvolver: a CESP. A Centrais Elétricas de São Paulo só podia atuar no setor de energia elétrica, hídri-

* A Anderson Clayton foi vendida para a Gessy Lever em 1986.

ca ou de outras fontes. Analisei o estatuto da empresa e, para minha surpresa, encontrei outra oportunidade valiosa. A CESP também pagava um dividendo mínimo, prioritário e obrigatório de 10% sobre o valor nominal das ações preferenciais, mas não das ordinárias. Além disso, o estatuto continha uma cláusula muito interessante: uma vez por ano, os acionistas que possuíam ações ordinárias podiam trocá-las por preferenciais. Ninguém sabia disso, porque quase ninguém lia os estatutos — mas eu lia!

Fiz outro estudo baseado nessas descobertas. O trabalho que eu havia feito sobre a Anderson Clayton tinha o título "Ação e Alimento: duas bases de desenvolvimento", e continuei aplicando o mesmo rigor nas análises das outras empresas. Pensei: qual título dar ao meu trabalho sobre a CESP? Fiquei pensando: "Tenho esperança de quê? De que ações garantam o futuro". Foi aí que, por volta de 1970 ou 1971, surgiu o título: "Ações garantem o futuro".

Eu frequentava a Ordem dos Economistas, e lá convivi com muitos economistas, como o Modesto Stama e o Hilton Pezzoni, entre outros, todos ligados à cena econômica da época. Um dia, o Modesto viu meu trabalho e disse: "Barsi, vou levar esse trabalho para o Moacir". Moacir Teixeira era um economista de renome, muito respeitado, e diretor financeiro da CESP. Depois de uns vinte dias, a CESP me contatou.

Naquela época, o presidente da CESP era o professor Lucas Nogueira Garcez, que já havia sido governador do estado. Fomos para uma reunião numa mesa imensa, e o professor Garcez me disse: "Sr. Barsi, parabéns pelo trabalho. Vamos comprar o seu projeto".

Eu fiquei surpreso e respondi: "Desculpe, professor, mas eu não fiz esse trabalho para vender. Minha intenção foi mostrar às pessoas um caminho no mercado acionário". Mesmo assim, ele insistiu: "Nós vamos comprar o trabalho". Então, perguntei: "Para que o senhor quer comprar o trabalho?". E ele disse: "Porque eu quero publicar esse estudo". Aí, eu disse: "Então, não precisa me pagar nada". Ele ficou surpreso e sugeriu: "Vamos fazer o seguinte: vou publicar o trabalho e colocar o seu nome, porque foi o senhor que o fez". Eu agradeci, e ele mandou imprimir 10 mil cópias do estudo. O material foi distribuído para todo mundo na CESP.

Depois disso, as ações da CESP ganharam bastante atenção no mercado. Todo mundo começou a ver o valor de investir nelas. O trabalho realmente teve um impacto. E foi assim que o título "Ações garantem o futuro" ganhou vida, com a esperança de que as ações fossem realmente uma garantia para o futuro.

"Vende essa porcaria aí"

A partir daí, comecei a comprar ações da CESP. Eu não comprava mil ações por mês, mas sim de acordo com as corretagens que ganhava. Às vezes comprava duzentas, quinhentas, 1600 ações, dependendo do que eu tinha.

Eu sabia que a CESP tinha uma política de permitir a troca de ações uma vez por ano. As ações ordinárias (ON) da CESP valiam dezenove ou vinte centavos, e eu era praticamente o único que as comprava. Quem me vendia essas ações era o Banespa, porque as prefeituras, que tinham créditos com a CESP, recebiam ações ordinárias como forma de pagamento. Esses créditos vinham do aluguel de espaços onde a CESP instalava suas estruturas de energia e, depois de um tempo, as prefeituras queriam se livrar das ações. Elas diziam: "Vende essa porcaria aí". E, como as ações custavam muito pouco, eu comprava.

Quando uma ordem de venda chegava ao Banespa, o operador já me chamava. Eu comprava 30 mil, 20 mil, 18 mil ações — lotes pequenos. Até que, certo dia, apareceu um lote de mais de 1 milhão de ações. Confesso que engoli em seco. Era um lote grande, mas tudo bem. Era da prefeitura de Araraquara, que tinha acumulado as ações por vários anos sem vender. Acabei comprando mais de 1 milhão de ações ordinárias da CESP. Claro que depois eu converti todas em preferenciais.

Nesse meio-tempo, houve uma mudança na presidência da empresa. Quando fui à posse desse novo presidente, cheguei cedo, antes de toda a comitiva, e me sentei à mesa. Havia umas oito ou dez cadeiras ao redor. De repente, chegou um sujeito e, de forma bem mal-educada, ele me disse: "Levanta, que eu vou sentar aí". Eu tenho sangue espanhol, então minha reação foi direta: "Você só vai sentar aqui se provar que tem mais ações do que eu". Ele ficou quieto, porque não tinha ações, e eu fiquei no meu lugar.

Cheguei a ter cerca de 3 milhões de ações da CESP, mas, a preços de vinte centavos, eram consideradas uma "porcaria" na época. Depois da posse, quando a comitiva foi embora, aproveitei para conversar com o novo presidente. Falei que gostava de investir em ações de empresas, e ele me respondeu: "Você faz muito bem. Vou te dar uma dica: no setor elétrico, você tem o que chamamos de 'carne de pescoço' e aquilo que realmente vale a pena". Ele explicou: "Geração e transmissão de energia são ótimos investimentos, mas fique longe de distribuição".

Essa dica me fez refletir, e decidi analisar o setor com mais profundidade. Até que, um belo dia, o governador Paulo Maluf surgiu com uma grande novidade. Ele era do tipo que gostava de ter ideias inovadoras e anunciou nos jornais que iria começar a prospectar petróleo, criando uma empresa chamada Paulipetro. Isso gerou bastante burburinho e foi mais um daqueles momentos decisivos para o mercado.

Só que, então, a Petrobras interveio e disse ao Maluf: "Você não pode fazer isso, não pode montar uma empresa de prospecção para concorrer com a gente". O que o Maluf fez? Ele deu um jeito: mudou o nome da CESP. Em vez de ser apenas uma companhia de energia elétrica, ele a transformou em Companhia Energética de São Paulo, o que permitia à empresa operar também no setor de petróleo.

Com essa mudança, as ações da CESP dispararam, subindo para o equivalente a 1,80 real, 1,90 real. Eu vendi todas as minhas ações e comecei a diversificar, comprando papéis de outras empresas. Comprei ações do Banco Noroeste, do Banco Bandeirantes e também da Vidraria Santa Marina, que pagava ótimos dividendos.

Esse foi o pulo do gato. As ações da CESP acabaram voltando para sessenta centavos, mas eu já tinha investido em papéis excelentes, que continuaram pagando dividendos extraordinários. E foi assim que comecei a de fato colher os frutos. Foi o verdadeiro pulo do gato porque consegui me livrar da CESP, que, na verdade, seguiria sempre o mesmo padrão, sem grandes mudanças. Com o dinheiro da venda, comprei papéis que tinham maior potencial de valorização.

Trabalhando como "olheiro" do mercado

Naquela época, eu ainda não investia em ações do Banco do Brasil, pois estava focado em outros papéis. O Banco do Brasil só tinha ações ordinárias, e quem comprava essas ações levava dois anos para receber. Por isso, eu evitava comprar. Quando, no começo dos anos 1980, o Banco do Brasil resolveu emitir ações preferenciais que pagavam bons dividendos, decidi comprar. Elas custavam em torno de sessenta, 55 centavos. Comprei naquela época e mantenho essas ações até hoje, pois sempre fui comprando mais ao longo dos anos.

Essa é a minha história. Hoje ainda faço o mesmo que fazia em 1970, só que com outros valores. A minha carteira foi construída não por mim, mas pelos empresários das empresas em que investi. Por quê? Porque eu reinvestia os dividendos. O crescimento veio naturalmente a partir dos próprios rendimentos das ações que eu possuía.

O mercado mudou, mas a essência continua a mesma. E havia corrupção. Durante cinco anos, fui contratado pela Fundação CESP, de forma confidencial. O presidente da fundação, que era meu contato direto, me disse: "Barsi, preciso de alguém no pregão, porque isso aqui é um roubo. A gente dá ordem, e sempre vendemos pelo preço mais baixo". Então ele me contratou como *watcher*, ou seja, um "olheiro" do mercado, uma função comum nos Estados Unidos.

Minha função era acompanhar as operações da CESP sem que ninguém soubesse. Sempre que a fundação ia operar, o presidente me ligava e dizia: "Barsi, hoje vamos vender isso e comprar aquilo". Ele sabia que eu não me beneficiaria da informação, então eu ficava de olho no pregão, garantindo que as ordens fossem executadas corretamente. Eu via muitos roubos acontecendo. Era comum alguém dar ordens de venda, derrubando o preço, e depois comprar as ações por um valor muito mais baixo. Isso ainda acontece.

Quando vender uma ação

Uma pergunta que me fazem com frequência: quando se deve vender uma ação? Minha resposta é simples: venda quando ela deixar de ser uma fonte de geração de renda mensal para você ou quando surgir uma oportunidade de investimento mais atrativa. Eu mesmo não vendi muitas das ações que adquiri no passado. Mantenho-as na minha carteira, não por medo da carga tributária, mas porque elas proporcionam uma renda mensal, o "pão de cada dia".

Por exemplo, comprei ações da Klabin por dezessete centavos, da Suzano por cerca de quarenta centavos e do Banco do Brasil por 52 ou 53 centavos. Mantenho essas ações até hoje, pois continuam me proporcionando a renda de que necessito. Enquanto essa situação se mantiver, não vejo motivos para vendê-las.

Houve um episódio interessante envolvendo a Klabin. Em determinado momento, a empresa ofereceu um programa de emissão de ações preferenciais, que podiam ser tanto nominativas quanto ao portador. Eu sempre comprava ações nominativas, pois não tinha a intenção de vendê-las. Na época, para receber os dividendos, era necessário apresentar um cupom. No caso das ações ao portador, apenas o cupom era suficiente. Mas, para os titulares de ações nominativas, era preciso apresentar também o certificado de ações (cautela) para que o pagamento fosse registrado.

Eu visitava a Klabin com frequência. Numa das ocasiões, fui apresentado ao sr. Horacio Cherkassky, que era diretor da Klabin e soube que eu tinha ações da empresa. Ele disse que na bolsa só havia ladrões. Fiquei ofendido e respondi: "O senhor está enganado, na bolsa não tem ladrão, tem otário".

Algum tempo depois, a Klabin anunciou uma bonificação de 200% sobre as ações, acompanhada de um generoso pagamento de dividendos. Havia uma particularidade na distribuição dos dividendos: a empresa costumava priorizar o pagamento aos seus acionistas majoritários antes de efetuar o pagamento aos demais acionistas. Ao solicitar o pagamento dos meus dividendos, percebi que minhas ações, por serem nominativas, já haviam sido bonificadas, antes da maioria dos demais acionistas.

Aproveitei a situação e coloquei um lote de 10 mil ações à venda, sem apregoar, a um preço competitivo. Para minha surpresa, o sr. Magliano foi um dos que compraram. Fiquei preocupado e lhe telefonei para avisar que as ações estavam EX (ou seja, sem direito aos dividendos e bonificações, que já haviam sido pagos). Ouvi que eles sabiam disso, então fiquei tranquilo.

O leilão durou quinze minutos, e eu vendi as ações pelo preço cheio. Nos dias seguintes, fiz a mesma coisa. Chegou a um ponto em que decidi liquidar o restante das ações, pois sabia que essa situação não duraria. Tudo foi feito da maneira correta. Eu não roubei ninguém, apenas aproveitei uma oportunidade. Depois disso, o Raymundinho, filho do sr. Magliano, me ligou dizendo que eu precisaria desfazer a operação porque era um golpe. Eu respondi: "Não foi golpe, foi incompetência da sua equipe. A informação estava na primeira página do boletim, e vocês tinham a obrigação de saber". Eu conhecia meus direitos, então mantive a operação.

A bolsa não fez nada contra mim, porque não havia nada de errado. Foi um episódio no qual a incompetência dos outros acabou me beneficiando, mas tudo dentro das regras do mercado.

Quantidade também importa

Há muito anos, fui aplaudido de pé durante um evento da XP em um hotel. Havia cerca de 10 mil pessoas presentes, e um cidadão disse: "Sr. Barsi, posso fazer uma pergunta?". Concordei e ele perguntou o que eu estava comprando. Respondi: "Estou comprando o que vai subir". Ele insistiu: "Mas o que vai subir?". E eu disse: "Essa é a segunda pergunta".

Mesmo assim, acabei dizendo que estava comprando ações da Vale. Todos começaram a comprar, e tive a sorte de a Vale valorizar — ou melhor, não foi sorte, porque eu já havia analisado a empresa. Em 2015 e 2016, a Vale havia colocado todos os passivos no balanço, registrando um prejuízo enorme, mas que não saiu do caixa. Eu sabia que o próximo resultado seria melhor. Quando os analistas disseram que o papel cairia, as ações chegaram a 6,80 reais, e comecei a comprar. Continuei comprando até chegarem a nove reais. Quando chegaram a cinquenta reais, decidi parar: "Agora não quero mais".

Minha filosofia é simples: foco a quantidade de papéis, não apenas a qualidade. Ou melhor, quantidade e qualidade, evidentemente. Se você observar as cerca de quatrocentas empresas listadas na bolsa, verá que apenas vinte ou 25 são realmente boas; o resto é mediano ou, em alguns casos, tentativas de golpe. Muitos empresários tentaram me convencer a comprar suas ações a onze, doze ou quinze reais, mas hoje essas ações valem centavos.

Um ponto importante: ações são os títulos mais seguros do planeta. Basta lembrar o que aconteceu durante o governo Collor, quando ele bloqueou todas as aplicações financeiras que podiam ser tratadas como contas-correntes, exceto as ações. Fui um dos felizardos nesse episódio.

Como começar uma carteira de dividendos

Alguns princípios são fundamentais para que o investidor evite os erros mais comuns. Um deles é: invista exclusivamente na geração de riquezas. Não empreste dinheiro. Além disso, nunca invista em setores de alto risco, como o de aviação. Procure investir em ações de empresas com atividades perenes e sustentáveis, ou seja, negócios essenciais para o funcionamento da economia. Sem essas atividades, a economia simplesmente não opera.

Também acredito que é melhor investir exclusivamente no Brasil. Aqui estão as grandes oportunidades. O mercado brasileiro não é de risco, mas de oportunidade. Acredito que cerca de 45% a 50% das empresas estão cotadas abaixo do valor patrimonial. Se você compra uma ação por menos do que seu valor patrimonial, está correndo menos risco.

Um jovem que queira iniciar sua jornada nos investimentos em ações pode seguir a mesma estratégia que adotei. O primeiro passo é começar com o que for possível. Não é necessário investir um grande valor de uma só vez. Se não for possível adquirir mil ações, comece com quinhentas, cem, ou até menos. O importante é dar o primeiro passo.

Ao construir uma carteira de investimentos com foco em renda, a estratégia é priorizar ações que ofereçam um bom potencial de pagamento de dividendos. Inicie investindo na ação que, naquele momento, apresentar as melhores perspectivas de dividendos. Continue investindo até que surja no mercado outra com potencial ainda maior. É importante ressaltar que, mesmo após encontrar uma nova ação com potencial superior, não é recomendado vender a primeira, pois ela se tornará a base da sua carteira de dividendos.

Com o tempo, será possível diversificar sua carteira, adicionando outras ações com características semelhantes à primeira. Não se constrói uma carteira de renda mensal da noite para o dia. Ela é fruto de um processo contínuo de investimento em empresas de qualidade que geram dividendos de forma consistente.

A estratégia jacaré

Como qualquer pessoa, eu também cometi erros. Um exemplo disso aconteceu depois de uma conversa com o Nelsinho Spinelli, um grande amigo até hoje. Um dia, no pregão, enquanto eu comprava ações do Banco Bandeirantes, ele me perguntou: “Barsi, por que você não compra ações do Banco Nacional?”. Expliquei: “Porque o Banco Bandeirantes paga dividendo mínimo, prioritário e obrigatório, e a ação custa cinquenta centavos. Você paga cinquenta centavos e recebe 10% de dividendo sobre um real, o que equivale a 20% sobre cinquenta centavos”. Isso representa um dividendo de 20% e, naquela época, era muito bom.

O Banco Nacional era bem conhecido, até por ser patrocinador do nosso querido Ayrton Senna. Fui convencido, analisei mal e comprei algumas ações. Para minha surpresa, perdi tudo quando o banco faliu.

Um exemplo diferente foi com o Banco Econômico, que também faliu, mas nesse caso minha atuação foi outra. Certo dia, suas ações estavam valendo em torno de cinquenta ou sessenta centavos, quando saiu uma notícia sobre um pedido de subscrição que dobraria o capital do banco: as ações passariam a valer um real. Pensei: "Ninguém vai subscrever, nem o dono, porque ele pode comprar a cinquenta centavos no mercado". Resolvi ler a ata da assembleia e percebi a jogada: o presidente do banco era esperto. A subscrição de um real podia ser paga em doze vezes, sem juros e sem correção. Em época de inflação altíssima, isso era uma vantagem enorme.

Decidi comprar. Fui até a sede do banco e perguntei ao responsável pelo departamento de ações: "Posso subscrever 5 milhões de ações?". Ele ficou surpreso, mas disse que sim. Paguei 10% de entrada e, logo depois, o banco pagou um dividendo que cobriu oito das doze prestações. As ações começaram a subir e, no fim das contas, saíram de graça para mim.

Seis meses depois, veio outro dividendo e a subscrição foi quitada. Pode parecer pura sorte, mas não foi. Foi competência. Todos poderiam ter feito o mesmo, mas só eu fiz. Acabei ficando com as ações de graça, e os dividendos eram excelentes. Com o que recebi, fui comprando outras ações.

Então, um belo dia, durante o governo Fernando Henrique Cardoso, foi decretada a liquidação extrajudicial do Banco Econômico. Um colega comentou: "Barsi, que perda, hein?". E eu respondi: "Não perdi nada". Para mim, as ações já estavam pagas com os dividendos. Perdi as ações, mas não paguei por elas. Claro, perdi as ações, mas aqui está uma informação na qual talvez ninguém acredite: trinta anos depois, fui reembolsado por essas ações. O BTG comprou a massa falida do Econômico e me pagou pelas ações, com algum deságio.* Olha só a importância de guardar as ações e ser paciente.

Meu grande investimento, no entanto, foi na cultura que desenvolvi, porque não se trata apenas de comprar um papel, mas de ter

* O Banco Econômico (massa falida) foi adquirido pelo BTG Pactual em 2022 e passou a se chamar Banco Besa. Em 2023, o banco pagou 14,83 reais por cada lote de mil ações.

uma estratégia envolvendo múltiplos papéis. No mercado, você precisa criar suas próprias estratégias. Costumo brincar, por exemplo, dizendo que o caçador de passarinhos mais competente do mundo é o jacaré. Sabe por quê? Ele fica com a boca aberta, esperando que o passarinho pouse para comer a comidinha. E é assim que eu procuro agir, esperando o mercado cair para comprar."

CAPÍTULO 7

Luiz Felipe Dias de Souza

Fundador e CIO da Jus Capital

Luiz Felipe Dias de Souza começou sua carreira em 1995, como advogado do escritório Dias de Souza Advogados, fundado por seu pai. Depois de concluir o mestrado na Universidade Harvard — era apaixonado por direito, mas frustrado com a morosidade da justiça —, encontrou no mercado financeiro uma solução eficiente que combina conhecimento jurídico e capital. Em 2006, fundou a Jus Finance, que viria a se tornar a Jus Capital, gestora especializada em direitos creditórios judiciais que oferece retornos típicos de private equity *— próximos a 30% ao ano — aliados a estratégias defensivas, com proteção de capital. Em 2024, tinha 10 bilhões de reais sob gestão e já havia lançado sete fundos discricionários — três deles em parceria com a Gávea Investimentos —,* além de diversos fundos em coinvestimento.*

* A Gávea é uma gestora de recursos fundada por Arminio Fraga, ex-presidente do Banco Central. Amaury Bier é co-CIO de *private equity* da Gávea. Foi também diretor executivo do Banco Mundial e secretário executivo do Ministério da Fazenda.

De olho nas grandes oportunidades

"Aprendi a gostar do direito em casa, por conta do meu pai, Hamilton Dias de Souza, também advogado, além do meu avô e do meu tio, ambos magistrados. Aliás, desse tio ganhei de presente as *Lições preliminares de direito*, escrito por aquele que considero um dos maiores juristas brasileiros, Miguel Reale. Por acaso, o primeiro processo em que trabalhei contava com um de seus pareceres, sempre marcados pela maneira clara e simples de enfrentar questões jurídicas de grande complexidade.

Desde jovem, me orientei por princípios que me guiam até hoje e que procuro transmitir aos meus filhos: trabalhar duro, manter o foco e não ceder a tentações. Para mim, era evidente que eu precisava encontrar uma profissão pela qual me apaixonasse, pois essa paixão me tornaria mais dedicado e, por consequência, me levaria ao sucesso. Essa era, mais ou menos, a minha visão.

O caminho da advocacia parecia bem definido: meu pai fundou um escritório de advocacia tradicional, focado em direito tributário, onde trabalhei por quinze anos. A área tributária, apesar de consolidada e com constante demanda, era marcada por grande concorrência entre escritórios, e vi que seria difícil ter uma vantagem competitiva. A vontade de fazer algo diferente, inovador, me levou a ampliar meu horizonte de atuação.

Uma pequena parcela dos casos de uma determinada tese poderia gerar a maior parte da receita do escritório. Eram processos ligados ao setor sucroalcooleiro, já em andamento, mas distantes de um desfecho efetivo. Meu pai falava bastante sobre essas ações, muitas vezes frustrado com o ritmo em que se desenrolavam nos tribunais. Percebi que, em função do seu alto potencial econômico, seria necessário alocar a esses casos ainda mais energia e criatividade. Me propus a corrigir essa "situação desarbitrada", que havia sido mal precificada. Decidi me especializar nessa tese, apostando que assim teria realização profissional e sucesso financeiro. Poderia então me aposentar, talvez virar professor de direito.

O esforço gerou frutos. As usinas do setor sucroalcooleiro buscavam — muitas buscam até hoje — indenizações do governo federal pelo tabelamento de preços imposto ao mercado nas décadas de 1980 e 1990. A tese é uma das maiores e mais bem-sucedidas do Judiciário, e resultou no maior precatório* já expedido na história, que reparou os danos causados a mais de setenta usinas.

Aos vinte e poucos anos, eu já participava de algo vanguardista, justo e com grande impacto nacional. Ganhei muito em conhecimento e criei relações extraordinárias, como com o ministro Aldir Passarinho, ex-presidente do Supremo Tribunal Federal, que advogava em parceria conosco nesses processos. Desde muito cedo eu já atuava em diversas instâncias do Judiciário, fazendo sustentações orais em Brasília, inclusive no Superior Tribunal de Justiça. Os magistrados estranhavam aquele garoto com uma pastinha embaixo do braço, mas aos poucos fui construindo minha história. Por seguir à risca uma regra de meu pai — sempre apresentar todos os fatos ao magistrado, incluindo os contrários à sua causa —, acho que consegui conquistar a credibilidade que me abriu, e ainda me abre, muitas portas. Tenho a serenidade de falar com ministros de cortes superiores que me conhecem há quase trinta anos, certo de que me escutarão sem desconfiança.

Confiança, aliás, é um ativo que exige uma vida para construir e apenas um segundo para destruir. Justamente por isso sou direto e transparente com clientes e investidores, ainda que possam não gostar do que estão ouvindo. Prefiro ser brutalmente honesto — e conquistar a confiança das pessoas — a me apoiar em meias-palavras e dissimulações.

A frustração com a lentidão no Judiciário

Com o passar dos anos, me solidarizei com a angústia dos meus clientes em relação à longa duração dos processos no Brasil — um

---

* Precatórios são requisições de pagamento expedidas pelo Judiciário para cobrar de municípios, estados ou da União, assim como de autarquias e fundações, valores devidos após condenação judicial definitiva.

problema crônico do nosso país. O brasileiro ainda enxerga o Judiciário como meio prioritário de solução de conflitos, o que levou a justiça brasileira ao patamar atual de 84 milhões de processos em tramitação, segundo dados do Conselho Nacional de Justiça. O descompasso entre a demanda e a capacidade do sistema judiciário intensificou o problema dos atrasos processuais.

Sempre há um recurso à disposição das partes, e o litígio protelatório não é devidamente punido. As barreiras para a litigância excessiva têm sido aprimoradas, mas ainda há muito a ser desenvolvido. Em um dado momento, casos banais ocupavam o tempo de ministros do STF, o que nos aproximou do colapso do sistema judiciário. Na prática, a demora faz com que a justiça não seja prestada.

Me dei conta de que, por mais qualificada que fosse a atuação do escritório, os problemas dos meus clientes não estavam sendo resolvidos de forma rápida e eficaz. Clientes que haviam ajuizado ações na mesma época estavam em diferentes estágios dos litígios: alguns já haviam recebido suas indenizações, outros ainda estavam muito distantes da linha de chegada. A aleatoriedade era enorme, o que me parecia uma grande injustiça.

Uma solução alternativa precisava ser encontrada. Inicialmente, busquei negociar um acordo com o governo federal: estávamos no início dos anos 2000, quando obter informações claras sobre precatórios e seus passivos, como números ou projeções, era praticamente impossível. E, nessas circunstâncias, quem estivesse no governo, com um mandato de quatro anos, tinha um incentivo muito baixo para solucionar esse passivo. Um acordo, ainda que economicamente vantajoso para o Estado, criaria uma despesa, enquanto o resultado da dívida não seria abalado. Não deu certo.

Decidi pedir ajuda ao Daniel Goldberg,* grande amigo dos tempos de Harvard que, na época, era secretário de Direito Econômico do Ministério da Justiça. Ele buscou o Joaquim Levy — que era secretário do Tesouro Nacional — e juntos tentamos demonstrar

* Daniel Goldberg é um dos personagens retratados neste livro.

que valia a pena resolver esses litígios. Do ponto de vista econômico, ficou evidente que a proposta fazia sentido, mas o momento não era adequado. Até hoje é difícil negociar soluções consensuais com o Estado, apesar do avanço cultural das instituições nessa direção. Acredito que um dia chegaremos lá.

Precatórios: a porta de entrada para o mercado financeiro

Quando notei que, naquele momento, os acordos não seriam bem-sucedidos, passei a desenhar uma solução que envolvesse o mercado financeiro. Como os precatórios têm bom grau de padronização, e muitos deles têm valor expressivo, pensei em securitizá-los,* ou seja, transformá-los em títulos passíveis de negociação. Por mais que sofressem deságio, esses títulos poderiam ser vendidos, e os meus clientes teriam algum retorno financeiro.

Discuti a ideia com o Máximo Lima e tracei um paralelo em relação ao que ele fazia no setor imobiliário. O Máximo sempre foi brilhante: ele tocava a estratégia imobiliária como sócio da GP Investimentos e viria a ser o fundador da Prosperitas e, depois, da HSI. Ouvi dele: "Esquece. Ninguém vai entender isso". A ideia era muito exótica. Ele argumentou que advogados têm a tendência de complicar as coisas e que, para que algo seja vendável no mercado financeiro, é preciso que seja apresentado de forma simples. Eu concordei, mas disse que conseguiria falar sobre o assunto em português ou inglês, em vez de "juridiquês". Eu estava convencido de que havia um negócio bacana ali, e o Máximo topou testar a ideia. Decidimos fundar uma empresa para fazer isso, a Jus Capital, e ele entrou como sócio minoritário, em paralelo ao negócio principal dele no mercado imobiliário. Nesse início da Jus, ele foi fundamental na compreen-

* Securitização é o agrupamento e a conversão de dívidas em títulos padronizados e que podem ser negociados no mercado de capitais. É uma forma de monetizar recebíveis futuros, gerando liquidez imediata.

são do que significava ser gestor. Na época, em 2006, operávamos como Jus Finance, uma empresa estruturadora, focada no *sell side*,* sem capital próprio.

Os precatórios federais eram pagos em dez anos, então a comparação mais fácil era com uma NTN-B (título público atrelado à inflação) de dez anos. Quando começamos a explicar isso para o mercado, a ideia era que os precatórios fossem compreendidos como títulos do Tesouro, mas emitidos pelo Judiciário. Uma vez emitidos, tornam-se uma obrigação de pagamento parcelado, rendendo o IPCA mais 6% ao ano. A essência era essa.

O mercado ainda era pouco sofisticado em comparação com o que é hoje. Evitamos discussões complexas sobre as ações judiciais das quais decorreram os precatórios e concentramos nossa energia no fato de que essas ações já haviam chegado ao fim — ou seja, a justiça já havia determinado o pagamento dessas quantias. Também decidimos evitar os precatórios estaduais e municipais, cujos pagamentos até hoje são marcados por filas e atrasos.

De 2006 a 2009, ainda no *sell side*, estruturamos 300 milhões de dólares em operações, com foco nos meus clientes do escritório de advocacia, em especial as usinas do setor sucroalcooleiro. Nesse início, todos os investidores eram estrangeiros, então tivemos que explicar o funcionamento do Judiciário brasileiro para fundos e *endowments*** de Boston e Nova York. Aprendi a estruturar produtos financeiros, e as coisas começaram a dar muito certo. Os próprios investidores, felizes com o sucesso da estratégia, nos incentivaram a fazer a transição completa para o *buy side*. A lógica era migrar de investimentos individuais para um conjunto de casos adquiridos por um mesmo veículo, reduzindo a concentração de risco. Viramos gestores, e tudo começou a se transformar.

---

* O *sell-side* engloba as áreas do mercado financeiro que atuam na venda e na distribuição de ações, títulos e outros instrumentos financeiros.

** *Endowment* é uma estrutura legal criada com o objetivo de perpetuar os recursos de uma instituição ou causa. É gerido como um fundo.

A crise de 2008 e o dilema profissional

Em 2008, tive que tomar uma das decisões mais difíceis da minha vida. Não podia, como fundo, ser *buy side* e, ao mesmo tempo, continuar como sócio do escritório, que representava o *sell side*. Como advogado, eu não era infeliz ou malsucedido; muito pelo contrário, meus projetos no escritório caminhavam bem, e advogar ao lado do meu pai era ótimo, porque a gente se entende pelo olhar. Me custou muito abrir mão disso tudo. Mas confiava no meu instinto e sabia que também seria feliz no meu novo caminho.

Minha saída do escritório gerou um dilema familiar — todos acharam que eu havia perdido o juízo. Abri mão da estabilidade de um escritório consolidado para apostar em algo disruptivo, que seria criado do zero. Eu já estava casado e com uma filha a caminho quando a realidade bateu. Das duas, uma: ou o negócio daria certo, ou a situação iria se complicar de vez.

Logo antes da crise financeira de 2008, chegamos a formar uma sociedade com o BlueCrest, um fundo inglês que tinha mais de 30 bilhões de dólares sob gestão. Eles se interessaram pela ideia de criar um mercado de precatórios e *legal claims*, e quando começamos a considerar a transição para o *buy side* chegamos mutuamente à conclusão de que a sociedade teria um novo formato. Estava tudo assinado, e chegamos a fazer roadshows juntos. A crise interrompeu esse e outros processos.

Durante uma reunião no Blackstone, em Nova York, todos os telefones BlackBerry começaram a receber notificações: era a notícia de que o Tesouro americano não havia salvado algumas instituições financeiras. Todos ficaram pálidos — eu inclusive —, e a sensação era de que o mundo ao redor estava desmoronando. Alguém disse que não fazia sentido continuar a discutir aqueles investimentos, o que se confirmou com uma ligação do CEO do BlueCrest dois dias depois: haviam adorado a ideia e estavam empolgados com a sociedade, mas o momento delicado impedia qualquer frente nova de negócio. Agradeci e compreendi perfeitamente.

Ajustamos a rota: anteriormente, havíamos tido uma reunião

com o pessoal da Gávea, liderada pelo Amaury Bier, durante um processo de venda de um dos ativos que estruturamos. Apesar de não terem seguido com o negócio, ficaram interessados. A Gávea havia acabado de levantar um fundo de *private equity*, o Gávea Investment Fund, e tinha 1 bilhão de dólares para investir. Além da sintonia comercial, senti uma empatia imediata pelo Amaury, de quem, para minha alegria, eu viria a ser sócio por muitos anos. Até hoje ele é um exemplo profissional e um grande amigo.

O Amaury disse que gostava do nicho. Comentou que esses precatórios representavam menos de 2% da dívida de curto prazo do governo federal, então não eram um problema significativo. Quando perguntei o motivo pelo qual ainda não havia investido, ele respondeu algo que me marcou: seria necessário um alto grau de especialização e dedicação a essa estratégia particular, algo que o time dele não tinha, mas que ele reconhecia na gente.

Quando a crise estourou, liguei para ele e, depois de confirmar que se lembrava de mim, eu disse que havia saído do escritório, estava desempregado, mas seguia acreditando em tudo que havia dito antes. Tinha um *pipeline* de casos interessantes, uma pequena equipe montada e a certeza de que estruturaríamos um negócio juntos. Pedi uma reunião. Ele marcou para as dez da manhã do dia seguinte.

Em trinta dias, levantamos 170 milhões de dólares com a Gávea. Foi o início de uma parceria repleta de emoção, aprendizado e conquistas. Nosso primeiro fundo, e os dois que se seguiram, foi um sucesso. Investimos juntos mais de 500 milhões de dólares, e entregamos retornos efetivos, já realizados, em torno de 20% a 30% ao ano. Construímos relações firmes com um grupo seleto de investidores internacionais, dentre os quais os principais *endowments* de universidades americanas. A sociedade com a Gávea marcou um dos períodos mais ricos da minha trajetória.

A parceria rumou para sua conclusão a partir da compra do controle da gestora pelo JPMorgan. Nosso negócio, específico e nichado, não se encaixava na plataforma do banco: eu, gestor e fundador, dizia que o negócio não era escalável, algo importante para o banco. Era minha opinião honesta, e não gostaria de me comprometer com algo diferente. A proposta não interessou ao JP, que não movimentaria sua estrutura por um negócio na casa das centenas de milhões. Eu estava errado: o negócio é escalável, e chegou à casa das dezenas de bilhões. Mas a conversa foi sincera e correta, e não me arrependo de ter sustentado meu ponto de vista naquela ocasião.

Mantivemos a ótima relação com a Gávea e com o Amaury por quase dois anos, até percebermos que não seria mesmo possível seguir adiante sem o alinhamento com o JPMorgan. Mais um frio no estômago, por pensar em como seria o futuro sem o Amaury, sem o Arminio Fraga, sem a equipe e o suporte da Gávea. A resposta veio na forma de um voto de confiança dos dois, que passaram a investir na recém-nascida Jus Capital; a ratificação veio com o investimento pessoal do Eduardo Soares, chefe da estruturação da Gávea. Aliás, o Arminio não só investiu em diversos fundos nossos como me autorizou a dar o número dele para quem estivesse em dúvida. São pessoas incríveis que a sorte colocou no meu caminho.

O que é um "grande sucesso"

Sucesso não se resume a ter uma gestora lucrativa e que oferece bons resultados aos seus investidores. Esses são elementos incríveis, mas que representam, na minha visão, apenas parte daquilo que entendo por êxito. Sinto orgulho de ter construído um negócio longevo, estável, com boas sementes plantadas e cultura consolidada. Vejo a Jus não apenas como líder de mercado, mas como uma instituição que tem credibilidade e protege seus investidores de riscos conhecidos e também dos riscos que poucos enxergam. A disrupção é um traço característico da empresa, tanto na estruturação dos negócios quanto na condução dos processos investidos, o que faz valer a confiança depositada aqui ano após ano. O time é marcado por alta performance, mas também por espírito de colaboração, admiração mútua e vontade de fazer com que todos cresçam juntos. Vencemos juntos, mas sofremos lado a lado nos momentos difíceis. Olhar para esse conjunto me faz perceber que, à semelhança com a minha própria vida, tudo tem dado muito certo.

E não é fácil garantir que dê tudo certo: ter disciplina é fundamental, assim como não ceder à tentação de crescer de forma desregrada ou pouco protetiva para o investidor — algo de que falarei mais adiante. O crivo na hora de investir é indispensável — de cada cem casos analisados, apenas meia dúzia se converte em investimento efetivo — e se concretiza pela análise exaustiva de cada desfecho possível para uma dada operação. Apenas os ativos que sobrevivem a cenários bastante estressados passam no teste. Por isso, depois de tantos anos, sete fundos discricionários e outros tantos coinvestimentos, a Jus nunca perdeu capital investido — nosso retorno mais baixo foi de 17% ao ano.

Nosso modelo de negócio consiste em fazer um filtro cuidadoso dos casos em que investimos. Buscamos teses já bem definidas pelos tribunais superiores ou casos com trânsito em julgado, em que as chances de reverter a decisão sejam mínimas. Além disso, fazemos uma análise rigorosa não só do ativo em si, mas também da empresa, família ou vendedor com quem estamos negociando.

Sempre existe uma incerteza em relação a quanto tempo o processo levará. Isso torna difícil precificar o ativo. Por exemplo, um advogado pode ser otimista e dizer que o caso será resolvido em dois anos, mas, na prática, pode demorar cinco, oito, nove anos. Por isso, atuamos da seguinte forma: supondo que o valor da dívida seja cem moedas, em vez de pagar cinquenta moedas por um ativo que tem um risco relativamente baixo, mas muitas variáveis fora do nosso controle, primeiro colocamos vinte moedas na mão do vendedor. Estruturamos o negócio como uma parceria, em que compartilhamos os lucros. Basicamente, colocamos vinte moedas na mão da contraparte para que ela possa focar seu negócio principal, enquanto nós, junto com nossos advogados e rede de parceiros do ramo, cuidamos do litígio. Quando o caso for resolvido, recuperamos as vinte moedas, numa estrutura de retorno preferencial, corrigidas a uma taxa que, hoje, no mercado de precatórios e *legal claims*, é algo em torno de 25% ao ano mais inflação. E sempre mantemos um *profit sharing* com o vendedor, ou seja, o excedente de nosso retorno preferencial será dividido em alguma proporção. Assim todos ficam alinhados.

É verdade que hoje o mercado de *legal claims* está mais povoado. Ter um diferencial, um DNA, se tornou algo indispensável. O diferencial da Jus Capital é que não somos apenas um player financeiro que coloca essas vinte moedas. Além de oferecer um pagamento antecipado, também resolvemos o problema. Como? Por termos um corpo jurídico muito forte, com profissionais com décadas de experiência nos tribunais, com background privado ou público, e que continuam atuando no Judiciário. Somos gestores, mas também somos advogados que continuam no front, em benefício da causa, dos nossos investidores e contrapartes. Uma parte do meu tempo é dedicada a estruturar novos negócios, outra parte a rever petições e memoriais e a ir aos tribunais e fazer audiências com juízes, desembargadores e ministros de cortes superiores. Faço isso há trinta anos e pretendo continuar fazendo por muito tempo. Eu amo isso.

O desafio de resistir à tentação

O crescimento rápido, fugaz, a qualquer custo, não me atrai. Quando estava lançando meu primeiro fundo, um amigo meu, o Josh Fink, me deu um conselho que sempre orientou a Jus: focar a qualidade do negócio, sem ganância. Não levantar mais capital do que se pode alocar com qualidade. Muitos dizem isso, mas poucos resistem à tentação. A promessa de dinheiro imediato é sedutora.

Me orgulho de poder dizer que segui o conselho à risca. No primeiro fundo pós-spin off, captamos 150 milhões de dólares em poucas semanas. Poderíamos ter captado o dobro, mas preferi seguir um caminho mais sóbrio, valorizando a construção do nome e da reputação da empresa. Alocamos energia e recursos para estruturar nossa operação, contratar um time de qualidade e estabelecer processos operacionais eficientes. O primeiro fundo é um grande sucesso. O capital foi alocado em um período curto e tem potencial de retornar mais de 30% ao ano, multiplicando o capital investido em mais de dez vezes.

Crescemos sem nos deslumbrar e conseguimos atrair investidores como os *endowments* de Harvard, Chicago, Columbia e da Rockefeller Foundation, entre outros. Foi um crescimento baseado em construção de confiança em nível muito elevado, algo de que me orgulho bastante.

Nossa vantagem competitiva advém, antes de mais nada, do fato de que, no decorrer de anos, atuamos praticamente sem concorrência estruturada. Consolidamos o nome da empresa antes de outros players começarem a investir na estratégia de *legal claims*, e logo percebemos que seriam necessários fundos longos, com prazos superiores a dez anos, que nos permitissem investir com calma e desinvestir com segurança.

A partir de 2015, mas sobretudo desde 2017, em razão de uma operação de quase 2 bilhões de reais com a Cosan, o mercado ficou eufórico, por enxergar nos ativos judiciais uma fonte de retornos típicos de *private equity*, mas com risco soberano. Nada mais distante da realidade. Gerir ativos judiciais exige tempo, conhecimento jurídico e tenacidade. São inúmeras as variáveis e intempéries a serem resolvidas no dia a dia.

Em 2020, quando começou a pandemia, estávamos em vias de lançar nosso terceiro fundo discricionário, com alocação que provavelmente chegaria a 240 milhões de dólares. Conversei com cada investidor estrangeiro e suspendi a captação. Os preços crescentes não refletiam o aumento do risco macroeconômico. A pandemia de covid-19 era um evento de proporções globais, com efeitos imponderáveis, mas que certamente tornaria caótica a situação geral de risco de crédito. Nosso time largou a caneta e pisou no freio. Ficamos sem capital para investir. Foi uma decisão dura, mas que precisava ser tomada.

Retomamos a captação em 2021, quando levantamos o Brazilian Legal Claims 3, nosso sexto fundo discricionário, em meio à discussão da chamada emenda do calote (em que o governo federal se propôs a não pagar os precatórios federais). Mesmo com esse revés, conseguimos levantar capital, e o BLC 3 é um case de sucesso.

O diferencial da Jus — e penso que o meu também — está na coragem de tomar decisões difíceis com segurança. Crises temporárias, embora desafiadoras, não comprometem, no longo prazo, a percepção de mercado quanto à solidez e à baixa correlação do nosso segmento.

Governança para mitigar riscos

Um dos meus maiores aprendizados foi o de dar importância à governança. Ao entrar em um investimento, nossa premissa sempre foi garantir que teríamos a governança do ativo, ou seja, o controle sobre como o *legal claim* seria conduzido — desde a estratégia até detalhes como a redação das petições. A ideia é termos a batuta na mão em todas as ocasiões.

Em alguns casos, acabamos entrando em litígios com múltiplos proprietários, os chamados litisconsórcios. Isso nos ensinou que, se não tivermos a governança, o risco aumenta muito. Tivemos problemas em alguns casos, que felizmente foram poucos, mas serviram de lições valiosas. Por esse motivo, hoje a regra é garantir a governança, que procuramos manter de forma justa e amigável para a nossa contraparte. Muitas vezes compartilhamos algumas decisões estratégicas, e não temos problema em fazer isso, mas a governança, o dia a dia e a forma como o negócio será conduzido precisam estar sob nosso controle.

Outro aprendizado tem a ver com o tamanho dos casos e dos investimentos. Acho que subestimamos o quanto influências políticas podem impactar casos muito grandes, daqueles de bilhões de reais. Embora gostemos do nível de sofisticação e estratégia envolvidos nesses casos, o desafio aumenta exponencialmente. As decisões levam em conta não apenas o aspecto jurídico, mas também o midiático, que pressões podem surgir quando o pagador é o Estado, e por aí vai.

Evitamos entrar em casos que achamos que não são justos, independentemente do aspecto jurídico. Por exemplo, se um cheque devolvido de mil reais acaba se transformando em um caso de 1 bilhão de reais, por mais que o *legal claim* seja sólido, se isso não nos parece justo, preferimos não entrar. Além de não acreditar em teses que levem a resultados irracionais, é preciso lembrar que os julgadores são humanos e também levar isso em conta.

Por fim, há o aspecto pessoal. É um clichê, mas também uma grande verdade: "Não existe negócio bom com gente ruim". Nos poucos casos em que tivemos um patamar de contratempos bastante superior ao previsto, o problema não foi a tese, nem o processo, mas a contraparte, as pessoas com quem fizemos negócio. Nossa diligência, nesse aspecto, se tornou ainda mais rígida. Simplesmente não vale a pena fazer negócio, qualquer que seja ele, se as pessoas do outro lado da mesa não forem sérias. É preciso analisar quem está por trás da empresa, quem são as pessoas, com quem fazem negócios, como se comportam etc.

Abordagem artesanal

Como advogado e gestor, sempre tive uma abordagem artesanal, tratando cada processo e cada investimento como algo único, que demanda dedicação e a que eu possa agregar valor. A estratégia da Jus foi desenvolvida com base nessa diretriz — temos apenas duzentos ativos investidos, que somam dezenas de bilhões de reais. São ativos que, em função de seu valor expressivo, possuem nuances e complexidades que demandam atuação sofisticada e sob medida.

Nesse contexto, agregar ferramentas tecnológicas ao trabalho de gestão ganha um contorno muito próprio: o de aprimorar — e não substituir — o viés artesanal que continuará a ser adotado pela Jus. Pelo que vejo, o capital humano continuará a ser fundamental para o sucesso de qualquer estratégia de nicho, que inevitavelmente passa pelo bom senso e pela criatividade. Dito isso, é papel do bom gestor investir e fomentar o desenvolvimento tecnológico, ou correrá o risco de se tornar rapidamente obsoleto.

Além disso, acho que é indispensável colaborar para o progresso da sociedade. Foi com base na certeza de que ocupo um lugar privilegiado que fundei, ao lado da minha esposa, o Instituto Justiça, que tem a missão de atenuar a desigualdade social brasileira e colaborar para um futuro mais sustentável. A atuação do instituto se dá em duas vertentes: fomentar e financiar causas sociais e ambientais de impacto e efetividade comprovados; e colaborar, no futuro, com o setor público, para construir políticas públicas eficazes, implementáveis e escaláveis.

Além de ter me mantido firme nos princípios de dedicação e disciplina que adotei até aqui, também tive sorte. Nada mais justo, nesse contexto, do que dividir parte do que pude alcançar com a coletividade e com aqueles que não tiveram oportunidades semelhantes. Ao relembrar tudo isso, pensando em como minha carreira orientou e moldou minha vida, com um sorriso no rosto, e de certa forma emocionado, anseio pelo que ainda vem pela frente."

SUGESTÕES DE LEITURA

*Zero to One,** Peter Thiel.

"Peter Thiel explora os conceitos de empreendedorismo e inovação, destacando o valor de negócios disruptivos. Criar algo do zero torna o negócio incomparável, sem competição, o que permite maximizar o lucro e o próprio conceito de inovação, no sentido de explorar algo que ainda não foi bem compreendido. O autor também aborda a importância de se construir um time adequado e ter visão de longo prazo. Esses são alguns dos principais conceitos que procurei explorar ao longo da minha vida."

* *De zero a um: O que aprender sobre empreendedorismo com o Vale do Silício*. São Paulo: Objetiva, 2014. Tradução de Ivo Korytowski.

*Atlas Shrugged,** Ayn Rand.

"É um dos livros mais lidos nos Estados Unidos. Valoriza os conceitos de empreendedorismo e produtividade, ao mesmo tempo que critica os que se alavancam no trabalho e na história alheia. Conceitos muito saudáveis. A ética contemplada no romance, ainda que utópica, me atrai profundamente."

INDICAÇÃO DE SÉRIE

Jazz, dirigida por Ken Burns.

"É uma série documental que me lembra bons tempos, quando fazia meu mestrado. Retrata a história do jazz de maneira moderna e envolvente, contada não apenas por grandes historiadores, mas por músicos como Wynton e Branford Marsalis."

* *A revolta de Atlas*. São Paulo: Arqueiro, 2017. Tradução de Paulo Henriques Britto.

CAPÍTULO 8

Marcelo Claure

Investidor

Em quarenta anos de carreira, o boliviano Marcelo Claure já empreendeu, investiu em centenas de negócios e foi executivo. Fundou sua primeira empresa, que comercializava milhas aéreas, quando cursava economia e finanças na Universidade Bentley — o lucro ajudava a custear as despesas da faculdade. Formado, voltou à Bolívia e trabalhou na Federação Boliviana de Futebol entre 1993 e 1994, período em que o país se classificou pela primeira vez para a Copa do Mundo. Decidiu emigrar para os Estados Unidos e, em 1997, fundou a Brightstar, que se tornou líder global na distribuição de celulares e serviços para o setor de telecomunicações. Em 2014, a empresa foi vendida ao Softbank, e Claure se tornou CEO da empresa de telecomunicação Sprint, investida do Softbank. Coordenou um bem-sucedido processo de turnaround e, em seguida, a fusão da Sprint com a T-Mobile. Claure decidiu, então, tornar-se investidor: assim passou a comandar o SoftBank Group International e a gerenciar um portfólio de cerca de quarenta empresas. Em 2019, foi responsável pela criação de um fundo de 8 bilhões de dólares dedicado à América Latina, que investiu em empresas como Nubank, Gympass e Quinto Andar. Em 2022, saiu do Softbank e fundou o Claure Group, gestora que investiu em quase duzentos negócios de diferentes setores e países. Também montou a Bicycle Capital, um fundo voltado a empresas de alto crescimento na América Latina. É vice-presidente da plataforma chinesa de e-commerce Shein e sócio da gestora brasileira eB Capital.

Primeira empresa na faculdade

"Meu pai era diplomata, então minha família viveu em muitos lugares diferentes. Eu nasci na Guatemala e, logo em seguida, nos mudamos para o Marrocos. Também moramos na República Dominicana, na Costa Rica e na Bolívia, onde passei a maior parte da infância e da adolescência. Acho que essa infância itinerante me deu resiliência e uma grande capacidade de adaptação. Também me ensinou a construir relações com pessoas de diferentes perfis, o que se tornou uma parte importante da minha formação.

A educação sempre foi uma prioridade para a minha família. A carreira do meu pai dava muito prestígio, mas não muito dinheiro. Então praticamente todas as economias da família eram gastas para garantir uma educação de qualidade para mim, minha irmã mais velha e meu irmão caçula. Meu pai dizia que, se nos desse dinheiro, nós gastaríamos, mas, se investisse na nossa educação, teríamos um bem para a vida toda. Nós três fizemos faculdade nos Estados Unidos.

Eu tinha interesse em entender os fatores que impulsionam a economia de diferentes países, por isso escolhi estudar economia. Minha afinidade com números me levou a considerar a área financeira. Assim, fiz uma dupla formação, em economia e em finanças. De início, estudei em uma universidade pública, a Universidade de Massachusetts Lowell, porque era a que a minha família conseguia pagar. Depois que minha irmã se formou, sobrou um pouco mais de dinheiro e consegui me transferir para a Universidade Bentley, onde me formei.

Eu trabalhava para ajudar a cobrir minhas despesas enquanto estudava. Meu primeiro emprego foi como entregador de pizza, mas logo percebi que queria entrar no mundo dos negócios. Então, ainda na faculdade, montei minha primeira empresa: a atividade era comprar e vender milhas aéreas. Meu pai viajava com frequência e acumulava um grande volume de milhas. Percebi que havia um mercado para isso e comecei a vender as milhas dele. Um dia ele decidiu usar milhas para uma viagem em família e viu que não tinha mais nenhuma. Tive de recomprá-las por um preço três vezes maior do que havia vendido. Tudo isso me fez enxergar o potencial desse mercado, então decidi criar a Best Travel Consultancy, que começou no meu dormitório e acabou se tornando um negócio altamente lucrativo. Foi o que me permitiu sair de uma situação financeira modesta para me tornar um dos estudantes mais ricos da universidade.

"Quero estar com pessoas que sonham grande"

Quando me formei, por uma exigência do sistema de imigração dos Estados Unidos, precisei voltar para a Bolívia. Tive de encerrar a empresa. O plano era trabalhar em algum negócio da família da minha mãe, que tem fazendas, indústrias e bancos. Mas a vida tinha outros planos para mim. No avião, conheci o então presidente da Federação Boliviana de Futebol, Guido Loayza Mariaca. Acabamos ficando amigos e ele me fez uma oferta de emprego — meu trabalho seria gerenciar as relações internacionais da entidade. A Bolívia nunca tinha se classificado para uma Copa do Mundo, e esse cara tinha um sonho. Ele dizia: "Não apenas vamos para a Copa do Mundo, vamos ganhar a Copa do Mundo". Eu pensei: "Quero estar com pessoas que sonham grande".

Meus pais ficaram muito chateados porque era um cargo sem salário, já que a Federação Boliviana estava falida. Mas achei que seria uma experiência interessante e resolvi arriscar. E foi mais do que isso: sob nossa gestão, a Bolívia conseguiu se classificar para a Copa do Mundo de 1994. Vencemos o Brasil pela primeira vez numa eliminatória e fizemos história. Acho que fizemos um país inteiro acreditar que era possível. Foi a primeira e última vez que a Bolívia se classificou. Não ganhamos a Copa — o Brasil foi campeão —, mas essa experiência me ensinou que somos nós que definimos nossas limitações. Também aprendi que, com dedicação e um plano bem estruturado, é possível atingir objetivos aparentemente inalcançáveis.

Trabalhei na federação entre o começo de 1993 e a Copa, em julho de 1994. Depois disso, decidi voltar aos Estados Unidos, porque nada que eu pudesse fazer na Bolívia seria maior que essa experiência. Fui para Boston porque minha namorada na época, que se tornou minha primeira esposa, morava lá. Consegui uma entrevista de emprego na Merrill Lynch. Contei minha história no futebol boliviano, e a pessoa que me entrevistava ficou tão empolgada que disse: "Você precisa conhecer meu chefe o mais rápido possível, ele vai adorar sua história!".

Então ele pediu meu número de celular. Eu não tinha um, mas menti: disse que não me lembrava do número, mas que ligaria para ele do meu celular. Saí da entrevista, entrei no carro e fui correndo a uma loja comprar um aparelho — estava fechada. Fui a outra — também fechada. Na terceira tentativa, finalmente encontrei uma loja aberta e entrei desesperado para comprar rápido um telefone e mandar logo meu número à pessoa que me entrevistou.

Na loja, conheci um venezuelano muito simpático, mas que estava frustrado por ter que trabalhar naquele dia, pois seus funcionários tinham faltado. Ele me perguntou se eu conhecia alguém interessado em comprar uma loja de celulares. Respondi: "Olha, eu adoraria comprar, mas não tenho dinheiro". Contei minha história no futebol boliviano, e ele gostou de mim. Ao final da conversa, ele basicamente concordou em me vender 50% do negócio por um valor que eu pagaria no futuro — não me lembro exatamente qual era —, desde que eu conseguisse tornar o negócio lucrativo. Bom, nunca liguei de volta para a Merrill Lynch. A vida é cheia desses momentos decisivos.

Resolvemos mudar o modelo de negócio da empresa. Em vez de ter apenas lojas físicas, começamos a entregar celulares na casa dos clientes. Abrimos novas lojas e nos tornamos o maior revendedor do nordeste dos Estados Unidos. O negócio cresceu muito e se tornou incrivelmente lucrativo. Lembro de pensar: "Realizei o sonho americano em pouquíssimo tempo". Em 1996, recebemos uma oferta pela empresa e a vendemos por 5 milhões de dólares. Eu não conseguia acreditar! Esse é o poder dos Estados Unidos: como era possível entrar em uma loja, comprar um negócio a crédito, fazê-lo crescer rapidamente e, em pouco tempo, vendê-lo por 5 milhões de dólares? Para mim, naquela época, isso provava que, naquele país, qualquer coisa era possível.

A negociação com Steve Jobs

Um dos desafios que encontrei ao atuar no setor de telefonia foi a dificuldade de comprar celulares diretamente dos fabricantes, como Motorola e Nokia. Mesmo comprando em quantidade, eu precisava recorrer a distribuidores intermediários, o que encarecia e tornava o processo ineficiente. Havia duas grandes distribuidoras no mercado global, ambas de grande porte e capital aberto, que representavam essas marcas. Além de caro, o serviço que elas prestavam era péssimo. Encontrei uma empresa menor, de Los Angeles, e me candidatei a uma vaga lá, porque queria entender melhor como funcionava o mercado de distribuição. Fui contratado para atuar em operações internacionais. Foi minha primeira experiência como funcionário!

Depois de seis meses, decidi abrir minha própria distribuidora. As duas grandes empresas do setor eram a Bright Point e a Cellstar, então achei que o nome perfeito seria a combinação dos dois, Brightstar. Mudei para Miami e, em outubro de 1997, dei início à Brightstar em um pequeno escritório com um depósito anexo. Nossa tese era a de que como as duas grandes empresas eram muito ruins no atendimento tudo o que precisávamos fazer era comprar os celulares diretamente delas e revendê-los por um preço mais alto, pois as pessoas estariam dispostas a pagar por um serviço melhor.

Deu certo, o negócio começou a crescer em Miami e decidi fazer a mesma coisa na América Latina. Abrimos escritórios no Brasil, na Argentina e na Bolívia. Em cinco anos, atingimos nosso primeiro bilhão em vendas. O passo seguinte foi crescer nos Estados Unidos: em quatro anos, nos tornamos os maiores distribuidores de celulares naquele país. Pensamos: se somos bons nisso, por que não tentar replicar o modelo na Europa? Fomos para a Europa e, em poucos anos, nos tornamos os maiores da região. Em seguida, expandimos para a Índia, a Austrália e países asiáticos, o que nos tornou a maior companhia de distribuição de celulares do mundo.

A operação deu certo porque entendemos que precisávamos fazer algo diferente. Os dois grandes distribuidores da época vendiam principalmente para os Estados Unidos, e notamos que, ao estabelecer operações locais, faturando os celulares diretamente em cada país — em muitos casos, faturando os celulares para o ponto de venda na moeda local —, nos tornaríamos o parceiro mais fácil com que fazer negócios. Isso levou a Motorola a nos procurar e dizer: "Adoramos o que vocês fazem, por que não se tornam nossos distribuidores diretos?". Depois veio a Nokia, a BlackBerry — por volta de 2005, vendíamos um em cada seis celulares comercializados no mundo.

Isso nos levou a construir o que eu considero uma das cadeias de suprimentos mais poderosas já criadas. Então passamos a vender também esse serviço e, depois de um tempo, começamos a gerenciar as cadeias de suprimentos das grandes empresas de telecomunicações, como Verizon e AT&T — no Brasil, naquela época, era a Telesp.

Em seguida, compramos uma empresa de seguros para vender apólices para os donos de celulares. Mas descobri que alguns clientes perdiam ou destruíam seus telefones de propósito para receber um aparelho novo da seguradora. Naquela época, não havia um mercado de celulares usados, então precisávamos enviar um novo quando havia um sinistro. Precisávamos mudar isso, então resolvi mandar um e-mail para o Steve Jobs, que era conhecido por responder rápido. Mandei várias mensagens e ele realmente respondeu rápido: "*No interest*".

Um dia escrevi: "E se eu levar uma proposta para dobrar as vendas da Apple, você me receberia por quinze minutos?". Acho que fui ousado o suficiente, porque ele marcou a reunião. As pessoas assinavam um contrato quando compravam celulares. Minha ideia era convencer a Apple a me deixar comprar telefones usados e dar um crédito ao consumidor para que ele pudesse comprar um aparelho novo. Com isso, a Apple venderia mais e eu poderia pagar os sinistros com celulares usados — acreditava que isso desincentivaria alguém a perder ou a quebrar um telefone de propósito.

Steve concordou, mas colocou uma condição: teríamos de trabalhar numa Apple Store para aperfeiçoar a experiência de comprar um celular de um cliente da Apple. Foi o que fizemos, e a ideia deu muito certo — tão certo que passamos a ter mais aparelhos do que sinistros, o que deu origem ao mercado de telefones usados, incluindo outras empresas de telecomunicação. Hoje, essa é uma indústria multibilionária.

Construímos uma empresa que foi o maior negócio já criado por um hispânico nos Estados Unidos. Para mim, foi incrível poder dizer: "Somos os maiores do mundo nessa indústria". Talvez não seja o setor mais empolgante, mas fizemos nosso trabalho com muito orgulho.

"Não sou inteligente o suficiente"

Em 2013, durante um evento do setor — o Mobile World Congress, organizado pela GSMA em Barcelona —, um dos meus compromissos havia sido cancelado e decidi sair para respirar um pouco. Do lado de fora, conheci um executivo japonês do SoftBank, Ted Matsumoto. Conversamos sobre nossos negócios, ele se interessou pela Brightstar e disse que eu precisava conhecer seu chefe, Masayoshi Son, fundador do SoftBank.* Mantivemos contato, e sempre que eu viajava para a Ásia visitava o escritório do SoftBank. Conheci o Masa, e foi amor à primeira vista.

Em 2012, o SoftBank comprou a Sprint, uma das maiores empresas de telecomunicações do mundo. O Masa me chamou para fazer parte do conselho de administração e adorei a ideia de estar no conselho de uma gigante de capital aberto. Ele estava tentando fazer uma fusão com a T-Mobile, mas não estava conseguindo. Me pediu um conselho e eu disse que ele deveria trocar a gestão da empresa. Então ele me convidou para ser o CEO da Sprint. Eu disse: "Sem chance! Não sou inteligente o suficiente. Isso envolve tecnologia e fusões, e eu sou apenas um comprador e vendedor de produtos, isso é muito maior do que eu". Ele respondeu algo assim: "Acho que você é a única pessoa que pode consertar a Sprint. A Sprint perdeu 5 bilhões de dólares por ano nos últimos oito anos. Se eu trouxer um

* Grupo japonês de telecomunicações fundado em 1981 e que, ao longo dos anos, passou a investir em diferentes setores.

cara normal de Tóquio, ele não vai resolver, mas você é um lutador de rua como eu e vai encontrar uma solução. Serei seu defensor, vou te ensinar a tecnologia e você vai consertar o restante".

Por fim, ele ofereceu comprar a Brightstar para eu poder me dedicar 100% à Sprint. Foi o que me levou a vender minha empresa, algo que eu ainda não havia planejado, e a me tornar CEO de uma companhia que estava na lista *Fortune 500* e que valia mais de 10 bilhões de dólares à época. E eu não tinha ideia de como seria difícil fazer a reestruturação desse negócio. Eu conhecia os números porque estava no conselho, mas só entendi a complexidade da situação quando entrei de fato no dia a dia da operação. Se soubesse antes, nunca teria aceitado — hoje, porém, agradeço por não ter sabido.

A empresa tinha um DNA acostumado a perder. Para eles, era perfeitamente normal perder milhões de clientes para a Verizon e a AT&T. Estavam acostumados a perder 5 bilhões de dólares por ano. A empresa tinha quase 40 bilhões de dólares em dívidas. Minha primeira ligação para o Masa foi para dizer: "Precisamos de dinheiro". E ele respondeu: "Esqueci de te contar que não posso te enviar dinheiro porque meus bancos japoneses não me emprestam mais, então você está por conta própria".

A única maneira que tínhamos de ser lucrativos era controlando os custos. Ao longo da minha carreira, aprendi que é muito difícil controlar sua receita porque você tem concorrentes, e se você se fortalece eles podem te prejudicar. Mas temos controle total sobre nossos custos. Então, naquele momento, fizemos o que provavelmente foi uma das maiores reduções de custos da história corporativa dos Estados Unidos. Baixamos as despesas totais de 31 bilhões para 22 bilhões em poucos anos, um tempo recorde, e foi assim que a Sprint se tornou lucrativa pela primeira vez. Tivemos que demitir dezenas de milhares de pessoas, mas os que ficaram entenderam — bom, a maioria entendeu — que era uma medida necessária para a empresa sobreviver. Com isso, conseguimos voltar a ganhar clientes e crescer.

Mudei a equipe de gestão, trouxe muitos estrangeiros. Era muito difícil trazer americanos porque eles não acreditavam que era possível reverter a situação da Sprint. Foi uma história fascinante de uma grande reviravolta. Levou quatro anos, e foi incrível. Dei ações para toda a empresa, então nos tornamos uma grande família feliz. Evoluímos de uma empresa em que ninguém queria tocar para uma que passou a ser desejável e estava pronta para fusões.

Colocando a América Latina no radar

Depois, enfrentamos uma situação ainda mais complicada, que foi a fusão com a T-Mobile. Essa fusão já havia sido tentada antes e falhado porque o governo não havia permitido. Achei que precisávamos de uma abordagem diferente. Passei um bom tempo em Washington para entender o que era importante para o governo dos Estados Unidos e o que seria necessário para aprovarem a fusão. Trabalhamos muito nisso, chegamos a participar de três audiências no Congresso. Muita gente tem medo de participar de uma audiência no Congresso, mas eu fiquei fascinado com a oportunidade de contar a história de como juntar a Sprint (número 3) e a T-Mobile (número 4) colocaria pressão na Verizon e na AT&T (números 1 e 2), forçando-as a investir e competir mais. Ou seja, a fusão poderia ser melhor para a concorrência.

Nós nos comprometemos a não demitir pessoas — e, em vez disso, contratar — e a oferecer o menor preço do mercado e um serviço de qualidade. Contra todas as probabilidades, o governo dos Estados Unidos acreditou em nós, e a fusão foi aprovada em 2018. Essas duas empresas que estavam lutando para se manter, a Sprint e a T-Mobile, se tornaram uma companhia mais valiosa, com valor de mercado de mais de 300 bilhões de dólares, maior que AT&T, Verizon, Charter e Vodafone.*

E aí eu pedi demissão. Queria voltar a ser empreendedor. O Masa me chamou no seu escritório e disse: "Olha, você foi um bom em-

* Dados da época em que foi feita a entrevista, em maio de 2024.

preendedor, construiu a Brightstar; foi um bom gestor, reestruturou a Sprint; mas você não sabe investir. Por que não se muda para Tóquio e eu te ensino a investir?". Pensei, por que não? Fui aprender o trabalho numa posição extremamente privilegiada, como COO de todos os negócios do SoftBank e também CEO do SoftBank International, o que significava que eu gerenciava todas as companhias operacionais do grupo.

O SoftBank tinha de tudo — empresas de robótica, energia, satélites, gestora de recursos. Gerenciei um dos maiores portfólios do mundo, cujas empresas valiam 350 bilhões de dólares, o que me permitiu aprender sobre negócios que eu nunca tinha imaginado antes. Tive até oportunidade de administrar a WeWork por um tempo e levá-la à bolsa. Foi incrível, mas uma coisa me incomodava. O principal fundo do SoftBank, o Vision Fund, que tinha um patrimônio de 100 bilhões de dólares e investia 1 bilhão por semana em diferentes empresas, nunca aportava recursos em empreendedores da América Latina. Investíamos em americanos, indianos, chineses, mas a América Latina simplesmente não estava no radar. Viajei pela região conversando com empreendedores de diversos países e percebi que o problema não era a falta de talento, mas de capital.

Voltei ao Japão e disse ao Masa: "A América Latina representa de 6% a 7% do PIB mundial. Por que não destinamos 7% do fundo de 100 bilhões para investir na região?". Ele aceitou, e então, além de tudo o que eu já fazia, comecei o SoftBank Latin America Fund em 2019. Meu objetivo era dar aos empreendedores latino-americanos as mesmas oportunidades que outros empresários pelo mundo tinham. Esse foi um dos momentos mais importantes para o crescimento do ecossistema de startups na América Latina, porque finalmente os empreendedores da região tiveram acesso a capital de verdade e foram tratados como os do restante do mundo.

Praticamente todas as grandes empresas de tecnologia da América Latina receberam nossos investimentos — Nubank, Gympass, Quinto Andar, Loggi, Inter, Loft. Analisamos centenas de companhias todos os meses e apostamos em grandes empreendedores que tinham negócios sustentáveis e um mercado-alvo grande, em que pudéssemos ver um potencial de saída no futuro. No total, investimos em 84 empresas em seis anos. No mundo do capital de risco, sempre haverá negócios ótimos, outros bons e outros ainda que não conseguirão se tornar grandes com o capital recebido. O que importa é o portfólio como um todo. Até hoje, o fundo da América Latina continua sendo um dos mais bem-sucedidos dentro do SoftBank.

Algumas pessoas criticam o SoftBank, dizendo que o grupo investiu demais na América Latina e inflou o mercado. Discordo totalmente. Não poderia estar mais orgulhoso do que fizemos, porque a região precisava se equiparar ao restante do mundo. Nós começamos fazendo os investimentos, e outros fundos seguiram. O volume de capital de risco para a região passou de cerca de 1 bilhão para 15 bilhões de dólares de 2017 a 2021. E não é muito. É o valor correto quando se compara com outras partes do planeta. Somos duas vezes o tamanho da Índia em termos de PIB e deveríamos ter o dobro do capital de risco. Hoje temos o mesmo ou perto disso. Por causa do que fizemos, finalmente existe um ecossistema empreendedor vibrante, com comunidades de startups em São Paulo e na Cidade do México. Muitas empresas incríveis foram criadas.

Erro, WeWork e a "depressão" do domingo à noite

O maior erro que cometi foi investir na FTX* em 2021 e 2022. Eu não entendia o modelo de negócios e investi porque não queria ser a única pessoa a ficar de fora, o que chamamos de FOMO.** Depois disso, reforcei duas regras: nunca mais quero investir desse jeito e nunca mais quero investir em algo que não entendo de fato.

Erros fazem parte. É preciso aprender com eles e tomar medidas

* Corretora de criptomoedas que faliu em 2022. Seu fundador e CEO, Sam Bankman-Fried, foi preso e condenado a 25 anos de prisão por crimes como fraude bancária e lavagem de dinheiro. A investigação descobriu que a empresa usava os recursos dos clientes em outros negócios.

** Sigla de *Fear Of Missing Out*, em inglês: fazer algo por medo de perder a oportunidade.

para não repetir os mesmos erros, mas não dá para investir sem se equivocar. Não tenho nenhum arrependimento no SoftBank, nem mesmo quando assumi a WeWork e precisei afastar o fundador — foi a decisão certa. O Masa me pediu para consertar a WeWork e eu me tornei CEO da empresa. Montamos um plano de recuperação, renegociamos centenas de contratos de aluguel. Com isso, a empresa saiu de um prejuízo de 4 bilhões de dólares para o lucro, e ainda abriu o capital. Mas a pandemia estava fora do nosso controle, é claro. Na pandemia, não havia nada que pudéssemos fazer, porque as pessoas simplesmente não podiam ir trabalhar.

É um equívoco achar que o SoftBank teve grandes perdas em seus investimentos. O Vision Fund, que muita gente critica, já retornou todo o capital investido e continua sendo lucrativo. As pessoas adoram focar os investimentos que deram errado, mas sem o SoftBank não existiriam Uber, TikTok e muitas outras empresas inovadoras.

Depois do IPO da WeWork e de todas as outras realizações, não havia mais nada novo a ser feito no SoftBank. Meu critério para medir o entusiasmo pelo trabalho é avaliar minha empolgação no domingo à noite. Se estou ansioso para voltar ao escritório na segunda-feira, então estou no lugar certo. Mas cheguei a um ponto em que sentia que já tinha feito tudo o que era possível no SoftBank e não estava mais apaixonado pelo que restava. Além disso, é de conhecimento público o fato de que tive uma disputa com o Masa sobre o que eu achava que ele me devia e o que ele achava que me devia. Como bons empresários, nos sentamos à mesa, resolvemos a questão e percebi que era hora de sair. O Masa não fez nada de errado em relação a mim, a empresa estava em ótima forma, mas eu simplesmente perdi a paixão.

Queria voltar a ser empreendedor. Lembro de ter lido um livro que ensinava que devemos evoluir de "ser bem-sucedidos" para "ser significativos". Minha nova jornada me permite aplicar tudo o que aprendi nos últimos 32 anos para ajudar outros empreendedores. Chamo isso de efeito exponencial — transmitir meu conhecimento, contatos e capital para ajudar outros a crescerem. Se eu apenas assumisse o cargo de CEO de uma grande empresa ou administrasse um único fundo, estaria limitado.

Da Shein à Spacex

Saí e fundei o Claure Group em 2022. Em quase três anos, até fevereiro de 2025, acumulamos um portfólio de mais de duzentos investimentos em diversos setores de alto crescimento, incluindo tecnologia, inteligência artificial, telecomunicações, transição climática e energética, imóveis, infraestrutura, moda e esportes.

No ano passado, tivemos um retorno de aproximadamente 25%, investindo sobretudo meu próprio patrimônio. Conseguimos ser convidados para participar desses investimentos porque as pessoas conhecem nosso histórico e nossa reputação e sabem o que podemos aportar nos negócios. Além de capital, aportamos tempo, esforço e conexões para ajudar nossos empreendedores a crescer.

As características que um negócio deve ter para atrair nossa atenção variam. No portfólio de *private equity*, gostamos de empresas lucrativas, com modelos de negócio defensáveis e capacidade de fazer aquisições. Em *early stage* (estágio inicial), buscamos fundadores excepcionais que tenham grandes ideias, saibam sonhar grande e queiram ser os melhores do mundo. Quando olhamos para companhias já estabelecidas, como a Shein, procuramos as que tenham a ambição de expandir seu modelo para outras partes do mundo, e nós as ajudamos.

Para citar alguns exemplos, adoro o investimento que fizemos em uma empresa chamada Mottu, no Brasil, que aluga motocicletas para entregadores que, de outra forma, não teriam acesso a uma moto. Se não tivessem essa oportunidade, estariam fazendo serviços de limpeza ou outros trabalhos com baixa remuneração. Mas, com a Mottu, eles alugam uma moto, conseguem um trabalho como entregadores e ganham de cinco a dez vezes o valor que pagam pelo aluguel da moto. Quando investi, eles tinham 10 mil motos, e o plano era chegar a 100 mil no fim de 2025. É um negócio incrivelmente lucrativo, com um fundador ambicioso e, ao mesmo tempo, pé no chão.

Investimos na K Health, que está ajudando médicos a atuar como um "médico de IA", diagnosticando e prescrevendo tratamentos de forma eficiente. Estamos investindo na SpaceX porque vemos um grande potencial no que estão desenvolvendo para fornecer internet via satélite para o resto do mundo. Também aportamos centenas de milhões de dólares em minas de lítio na Argentina para entender melhor esse mercado e, possivelmente, levar um modelo de exploração para a Bolívia.

Há uma escassez de novos prédios de apartamentos e espaços comerciais em lugares como Miami. Fizemos um grande investimento em Wynwood, onde estamos construindo um dos maiores complexos para "trabalhar, viver e se divertir", com apartamentos, varejo e escritórios. A Amazon está instalando seu escritório principal lá, no chamado Wynwood Plaza.

Além disso, investimos na Shein, que tem uma operação única, que consegue ser lucrativa mesmo vendendo produtos bem mais baratos que os da concorrência. Sou apaixonado pela empresa, pelo modelo de negócios, pelo uso de inteligência artificial, pela velocidade, pela ambição, pelo crescimento, por tudo que permite que ela continue na vanguarda do varejo. Dado o tamanho do investimento que fizemos — de algumas centenas de milhões de dólares —, faz sentido que eu tenha um cargo executivo na empresa e possa ajudar sempre que houver um problema. Quando a Shein quis crescer na América Latina, por exemplo, ajudei a expandir no Brasil e no México, que são alguns dos mercados mais importantes do mundo.

Qualquer empresa que seja tão disruptiva e esteja conquistando tanto espaço no mercado global será alvo de acusações de todo tipo. A Shein está presente em 170 países, e é uma das marcas mais queridas pelos consumidores. As controvérsias foram causadas pela concorrência, nunca pelos clientes.

Ao longo dos anos, fui aprendendo a equilibrar melhor minha vida pessoal e minha rotina profissional. Hoje, elas estão muito interligadas. Meus filhos — tenho seis — viajam bastante comigo, e, quando não estou viajando, trabalho em casa com frequência, então eventualmente consigo levá-los à escola ou buscá-los. Dedico meu tempo livre a eles. Acho que os extremos não são bons — não quero ficar apenas em casa e estar sempre com meus filhos, mas também não quero ser um pai ausente."

SUGESTÕES DE LEITURA

Cada vez mais forte: Como encontrar sucesso, felicidade e propósito na segunda metade da vida, Arthur C. Brooks.
"Esse livro me guiou quando passei por transições em capítulos recentes da minha vida. Para aqueles que estão mudando de rumo e já se encontram na segunda metade da vida, a sabedoria e os conselhos do Arthur são valiosíssimos."

Outlive: A arte e a ciência de viver mais e melhor, Peter Attia.
"A saúde deve ser a nossa prioridade. Sem ela, não temos nada. Dr. Attia foca a proatividade e como podemos estender o quanto vamos viver e também como melhorar a qualidade da maneira como vivemos. Sendo pai de seis filhos, quero ter o máximo de qualidade de vida para poder ver minhas filhas e meu filho crescerem — e poder acompanhá-los quando eles próprios tiverem seus filhos."

Quebrando o hábito de ser você mesmo: Como reconstruir sua mente e criar um novo eu, Joe Dispenza.
"Foi o último livro que li. Mostra quão poderosa a mentalidade é e como podemos mudar qualquer hábito para chegarmos à melhor versão de nós mesmos."

The Culture Map: Breaking Through the Invisible Boundaries of Global Business, Erin Meyer.
"Esse livro explica como as diferenças culturais na comunicação, liderança, tomada de decisão e entrega de feedback podem criar

ou quebrar interações. É um recurso incrível para aqueles que fazem parte de uma empresa ou time multicultural e querem entender melhor como podem ser mais efetivos trabalhando juntos."

INDICAÇÃO DE FILME

Air: A história por trás do logo, dirigido por Ben Affleck (2023).

"Conta a história de um dos melhores atletas de todos os tempos — Michael Jordan — e de sua relação com a Nike. Mostra como, juntos, eles revolucionaram a marca Nike e também a marca Jordan, numa das parcerias mais icônicas da história."

INDICAÇÃO DE SÉRIE

Churchill em guerra (2024).

"Winston Churchill foi um verdadeiro líder, tendo um papel fundamental em pôr um fim definitivo à Segunda Guerra Mundial. Sua forma de pensar estrategicamente e sua perspectiva acerca da vida são inspiradoras para qualquer um que almeje se tornar um líder."

CAPÍTULO 9

Octávio Magalhães

Sócio fundador da Guepardo Investimentos

Octávio Magalhães acredita que não existe investimento melhor que a bolsa — em qualquer país. Ele começou a investir em ações na adolescência, sob a orientação de Luiz Alves Paes de Barros, primo de seu pai e um dos maiores investidores da bolsa de valores brasileira. Formou-se em administração de empresas pela Faap — escolheu o curso noturno porque lhe permitia ter tempo para investir. Na faculdade, criou um clube de investimentos que, com bom desempenho, atraiu dezenas de investidores e deu origem à Guepardo, gestora que Magalhães fundou em 2004 e que, vinte anos depois, tinha cerca de 5 bilhões de reais sob gestão. Os fundos da Guepardo — todos de ações — seguem uma estratégia de valor cuja base é escolher empresas de qualidade que estejam baratas.

O "milagre" do investimento em ações

"Quem assistiu à série *The Chosen* vai entender o que digo: ao testemunhar um milagre, é muito mais fácil entender essa experiência. Da mesma forma, ter o Luiz Alves Paes de Barros* — primo do meu pai — como mentor facilitou imensamente minha compreensão do mercado de ações. Tive o privilégio de acompanhá-lo de perto e aprender direto com ele desde cedo.

Por ter crescido nesse ambiente, foi mais natural para mim acreditar que o investimento em ações era a melhor opção do que teria sido para alguém com uma vivência diferente. Enquanto outros viam seus pais investindo em imóveis, fundos ou outras alternativas, eu acompanhava o Luiz Alves, observando os resultados positivos de suas estratégias.

De 1996 a 2006, estive ao lado dele todos os dias, aprendendo com sua experiência. Foram mais de 10 mil horas de aprendizado, muito além do necessário para dominar uma habilidade. Essa imersão me deu uma compreensão profunda do mercado de ações e da mentalidade necessária para investir com sucesso.

Comecei a me interessar por investimentos em ações quando estava no colegial (hoje, ensino médio). Frequentava um cursinho preparatório para o vestibular que ficava perto do escritório do Luiz Alves, mas minha atenção estava voltada para o mercado financeiro. Mal ia às aulas e passava boa parte do meu tempo analisando ações.

Passei no curso de engenharia do Instituto Mauá de Tecnologia, em São Caetano do Sul. A faculdade exigia muito tempo e dedicação, e percebi que não seria naquela área que eu me realizaria. Após seis meses de curso, decidi trancar a matrícula. Desde o início, meu objetivo era claro: investir no mercado financeiro. Antes mesmo de ingressar em uma faculdade, já tinha a convicção de que essa seria minha área de atuação. A graduação seria um complemento. A dúvida era qual curso escolher, mas tinha a certeza de que ele deveria

---

* Luiz Alves Paes de Barros é um dos mais longevos e bem-sucedidos investidores individuais do país. É um dos fundadores da gestora Alaska.

estar relacionado ao mundo dos investimentos — e me deixar tempo livre para investir.

Escolhi estudar administração de empresas na Faap: era um curso noturno que me permitia trabalhar durante o dia e dedicar mais tempo aos meus estudos sobre ações.

A primeira pancada e o investimento em boi

Apesar das lições do Luiz Alves, cheguei a perder tudo o que tinha, por causa da alavancagem. Eu não fazia ideia do que era e fui operar alavancado sem entender direito. Aí tive de enfrentar a crise da Rússia, em 1998. Tomei uma pancada grande, perdi todo o dinheiro que tinha juntado até então.* Tudo que economizei na minha juventude, até os dezenove anos, foi embora: dinheiro que tinha recebido de presente de aniversário, Natal, de avô, avó, tio, padrinho... Quando as pessoas me perguntavam "O que você quer de presente?", eu respondia: "Dinheiro". Eu juntava tudo e investia em ações. Mas, em agosto de 1998, perdi tudo. Tive que começar do zero novamente e aprendi a lição, nunca mais operei alavancado. Nunca mais utilizei derivativos, opções, nada disso.

Depois disso, comecei a explorar o mercado de boi, que não era arbitrado. Como não havia investidores institucionais ou profissionais operando nesse mercado, pensei: "Se eu estudar, posso ter uma vantagem". Não havia entrega física, apenas liquidação financeira, o que era uma grande vantagem — muitos mercados agrícolas exigem entrega física, o que envolve altos riscos. A segunda vantagem era que o mercado de boi era tipicamente interno, pouco dependente do exterior, ao contrário, por exemplo, do café.

---

* Para alavancar, o investidor opera no mercado futuro. Ele aplica apenas parte do dinheiro necessário para comprar um contrato futuro, e geralmente seus ganhos e perdas ficam dentro dessa margem. Mas, quando acontece uma crise, o valor dos contratos oscila muito e pode acontecer de o investidor perder toda a margem que aplicou e precisar colocar ainda mais dinheiro.

Comecei a montar uma rede de contatos em todos os estados com atividade pecuária — corretores de boi, fazendeiros, confinadores. Viajava muito pelo interior, visitando confinamentos e frigoríficos. Com isso, conseguia informações valiosas, como o preço que pagavam, a escala dos frigoríficos, a oferta e a demanda, entre outros dados. Eu sabia se faltava boi ou não e comecei a arbitrar muito esse mercado.

Além disso, aproveitava a curva sazonal do boi, que todo ano tem uma variação significativa, e conseguia arbitrar essa curva. Às vezes comprava na entressafra por um preço menor do que na safra, e vice-versa. Como tinha acesso a informação muito mais rápido, conseguia antecipar os movimentos do mercado. Isso me permitiu ganhar muito dinheiro. E todo o dinheiro que eu ganhava com boi eu investia em ações.

No time B. ainda bem

Na faculdade, o desejo de muitos jovens que queriam seguir carreira no mercado financeiro era trabalhar em um dos três grandes bancos de investimento: Garantia, Pactual ou Matrix. Como eu estava na Faap, não pude participar dos processos seletivos dessas instituições, que priorizavam candidatos de escolas de mais prestígio.

Em retrospecto, essa limitação acabou sendo um ponto positivo. Por não ter conseguido uma vaga nesses grandes bancos, fui empurrado para um caminho diferente, o de empreendedor. Não sei como minha carreira teria evoluído se eu tivesse sido contratado por uma dessas instituições, mas acho que a experiência de empreender foi fundamental para o meu crescimento profissional.

Montei um clube de investimentos durante a faculdade, quando descobri que desse modo poderia postergar o pagamento do imposto sobre os ganhos de ações. A ideia inicial não era montar uma gestora, e sim apenas evitar pagar o imposto de renda imediatamente. Comprando como pessoa física, toda vez que negociava uma ação precisava recolher o Documento de Arrecadação de Receitas Federais, o Darf, e pagar o imposto, o que era bastante inconveniente. Com o clube, seria possível diferir esse pagamento para o momento do resgate das cotas.

Criei o clube Mega Investidor, de início sem grandes pretensões. O clube teve um bom desempenho, e rapidamente atingiu o limite para esse tipo de estrutura, de 150 investidores, todos pessoas físicas. Esses investidores chegaram ao clube sobretudo por indicação. Minha família, de perfil mais conservador, nunca demonstrou grande interesse por investimentos em ações. Mas eu e meu irmão sempre fomos apaixonados por esse mercado. Essa paixão se espalhou pelo círculo de amigos, colegas de faculdade e conhecidos, que foram se juntando ao clube. A demanda era tão grande que, em pouco tempo, tínhamos uma lista de espera.

Além da oportunidade de trabalhar com o Luiz Alves, também tive o privilégio de ter um pai que pôde pagar uma faculdade particular para mim. Muita gente não tem essa chance e precisa estudar em escola pública ou lidar com outras dificuldades. Na época, eu disse ao meu pai: "Pai, você pode me dar o dinheiro da faculdade à vista para que eu possa investir em ações e montar meu clube de investimentos? Já que você vai pagar de qualquer jeito, por que não desconta a uma taxa que ache justa, traz ao valor presente e me dá o dinheiro à vista?".

Ele respondeu: "Mas a faculdade dura quatro anos e, se você pegar uma DP ou reprovar, vai custar mais caro. Você está disposto a correr esse risco? Se pegar DP, vai pagar do seu bolso?". Eu disse: "Pago, sem problema". Então assumi o risco de enfrentar sozinho qualquer imprevisto em troca de receber o dinheiro antecipado para montar meu clube de investimentos. Foi uma ótima decisão, sem dúvida.

Além disso, na faculdade, quem fazia monitoria para ajudar os alunos com dificuldades recebia um desconto na mensalidade. Eu chegava uma hora mais cedo, ajudava os colegas e, com isso, ganhava esse desconto. Isso foi excelente, porque eu tinha o dinheiro antecipado e ainda pagava menos na faculdade, o que me deixava com mais dinheiro disponível para investir. Meu pai confiou em mim — claro que dar o dinheiro antecipado envolvia risco, pois eu poderia perder tudo e ainda ficar sem faculdade. Imagina seu filho sem faculdade e ainda perdendo todo o dinheiro!

Vendo o sucesso do clube de investimentos, decidi dar um passo adiante e fundar, em janeiro de 2004, uma gestora de investimentos, a Guepardo. A nova empresa não teria as mesmas restrições do clube — por exemplo, permite a entrada de pessoas jurídicas e investidores institucionais como clientes.

O nome "Guepardo" foi escolhido para simbolizar a agilidade e a força do fundo. O clube original foi convertido em um fundo de investimento em ações (FIA), mantendo a letra "C" em sua denominação (Guepardo C FIC FIA) como forma de lembrar a trajetória e os primeiros investidores que acreditaram no projeto.

O fundo permanece ativo até hoje, mas com as aplicações suspensas. A peculiaridade do resgate D+1 (ou seja, em apenas um dia) é uma herança da época em que era um clube de investimentos, quando a liquidez imediata era uma característica fundamental. Ao transformar o clube em fundo, mantivemos essa modalidade de resgate, mesmo com a possibilidade de adotar prazos mais longos.

Só comprar barato não adianta

Nosso fundo é *long only* puro (ou seja, opera comprando ações). Não fazemos *short*,* porque já é difícil acertar no *long*, imagine no *short*, que é ainda mais complicado. Montamos posições e as mantemos até que o mercado reconheça que aquela empresa está barata, como percebemos antes, e a precifique corretamente, permitindo que possamos vender e obter o lucro.

O desafio é conseguir comprar uma ação barata de uma empresa boa — com excelentes gestão, governança, cultura e estratégia — e esperar que o mercado perceba isso rápido e reprecifique a ação para o valor justo. Quanto mais rápido você conseguir realizar esse movi-

* Estratégia em que o gestor opera vendido numa ação, buscando lucrar quando seu preço cai.

mento, maior será o resultado do fundo. No final, tudo é matemática. Para evitar comprar uma empresa que permaneça dez anos barata, é essencial focar companhias com potencial de reprecificação mais rápida. Se você mantiver uma ação que continua barata por muito tempo, sua rentabilidade será inferior e o fundo será prejudicado.

Criamos um modelo qualitativo muito forte e robusto, com processos claros e definidos, além de questionários com perguntas e respostas eliminatórias, que filtram as empresas. Focamos apenas as companhias realmente boas, e só depois analisamos o *valuation* e os aspectos quantitativos. Dessa forma, evitamos as armadilhas de valor, as *value traps*. Inicialmente, analisamos cerca de quinhentas empresas de capital aberto, levando em consideração setores, gestão, estratégia e cultura. Filtramos esse universo até chegar às setenta empresas aprovadas que monitoramos atualmente.

Esse número não é fixo. Hoje, são cerca de setenta empresas consideradas investíveis, em que me aprofundo na análise quantitativa. Não queremos empresas ruins, independentemente do preço. Se uma empresa tem problemas de governança, gestão, estratégia ou atua em um setor ruim, não importa quão barata esteja — eu não compro.

Esse foi o grande aprendizado quando percebemos que todos os erros passados tinham sido qualitativos. Sempre que comprávamos uma empresa muito barata e a ação não subia, o problema era qualitativo. A ação não subia porque a governança era péssima, a estratégia estava errada, a alocação de capital era malfeita, ou a empresa não tinha vantagem competitiva e o setor era fraco. Então, em vez de a ação atingir o preço-alvo, era o preço-alvo que acabava caindo para o valor da ação.

Às vezes, acontecia de a empresa ficar barata pelo resto da vida. E não conseguirmos vender para comprar outra. O grande segredo é a rotatividade da carteira. Embora seja considerado um investidor de longo prazo, eu gostaria mesmo é de ser um investidor de curtíssimo prazo. Estamos preparados para o longo prazo, é diferente: quando compramos uma empresa, estamos prontos para ficar com ela durante cinco, oito, dez ou até vinte anos, se necessário. Mas o que realmente queremos é ficar apenas um mês ou seis meses.

Quanto mais rápido o mercado perceber que a empresa está barata e reprecificá-la corretamente melhor, porque vendemos e partimos para a próxima.

Por que disciplina é fundamental

No meu fundo mais antigo — o Guepardo C FIC FIA (o antigo clube), que teve início em maio de 2001 —, a rentabilidade líquida, já descontadas as taxas de administração e performance, foi de 21,5% ao ano até setembro de 2024. No primeiro fundo, o Guepardo FIC FIA, o retorno líquido foi de 20,3% ao ano de janeiro de 2004 a setembro de 2024. Isso significa que geramos em torno de 24% a 25% brutos.

Agora, como encontrar um investimento que gere de 25% a 28% ao ano? É difícil. O que fazemos é comprar várias empresas que podem dar 18%, 19% ao ano e vender quando elas começam a dar 13% de retorno. Essa agilidade na compra e venda é fundamental. Quanto mais vezes e mais rápido fizermos isso, maior a rentabilidade do fundo. Esse é o nosso grande diferencial.

Nossa disciplina em seguir essa filosofia é extremamente rígida. Não nos deixamos levar por narrativas ou sonhos. Somos muito focados. Nossa filosofia de investimentos é essa e a seguimos com muito rigor. Atualizamos nossas projeções conforme as condições mudam, semana a semana, dia a dia, para todas as empresas. Quando a companhia fica cara, liquidamos a posição e partimos para outra. Não podemos ter apego emocional a nenhuma posição.

Há três maneiras de eu liquidar uma posição. A primeira é quando a empresa atinge o *target*. Nesse caso, preferimos vendê-la e colocar o dinheiro na renda fixa até encontrar uma nova oportunidade de compra. A segunda é quando encontramos outra empresa com um desconto muito maior. Nesse cenário, vendemos uma que está menos barata para comprar a que tem um desconto maior, pois o dinheiro é limitado. Às vezes, durante uma crise forte, tudo fica barato e queremos comprar uma empresa com 50% de desconto. Então vendemos uma com 10% de desconto para fazer isso.

A terceira forma é quando erramos no qualitativo. Nossa análise mostrava que a empresa tinha boa estratégia, gestão, cultura e governança, mas então descobrimos que não era bem assim. Quando percebemos o erro, liquidamos a posição, mesmo que a empresa ainda esteja barata, e vamos buscar outra companhia barata, mas com qualidade.

Não faz sentido perder tempo com um negócio que, apesar de barato, está cheio de enroscos qualitativos. Simplesmente liquidamos a posição, tiramos a empresa do universo das setenta investíveis e revisitamos nosso questionário para entender onde erramos. Às vezes, percebemos que faltava uma pergunta que poderia ter evitado o erro. Melhoramos o questionário para evitar problemas futuros e seguimos para outra empresa barata.

É claro que não é fácil reconhecer o erro. Você se pergunta: "Será que estou sendo precipitado?". Mas, ao longo dos anos, aprendi que insistir em uma posição apenas por teimosia pode ser muito prejudicial. O segredo é ser o mais racional possível e não se apaixonar pela tese. Nossa disciplina é fundamental nesse aspecto.

Já cometemos o erro de segurar a posição por tempo demais, acreditando que o mercado iria reconhecer o valor da empresa. Mas aprendemos que isso pode ser uma armadilha perigosa. Quando algo não vai bem no qualitativo, é melhor agir com rapidez e partir para a próxima oportunidade.

Um "parque de diversões" financeiro

É preciso ter em mente que a bolsa de valores é volátil e nem todos estão preparados para lidar com essa oscilação. Investir 100% do patrimônio em ações exige uma fé inabalável e um estômago forte. Ainda mais no Brasil, a decisão de investir envolve uma segunda crença fundamental: acreditar no país.

E por que investir em ações aqui e não em mercados desenvolvidos? Porque o risco-Brasil pode ajudar. É inegável que as empresas brasileiras, em geral, são negociadas a valores mais atrativos do que suas equivalentes nos Estados Unidos ou em outros países desenvolvidos. Essa desvalorização representa uma oportunidade de obter retornos mais elevados. Para quem entende, o Brasil pode ser um verdadeiro "parque de diversões" no mercado financeiro, porque oferece retornos maiores. Mas é preciso saber administrar o risco, que também é alto.

A principal preocupação é a possibilidade de eventos extremos, como a instauração de um regime político radical ou a adoção de políticas econômicas que desvalorizem drasticamente os ativos. Mas existem gradações. Se o país se transformar em uma Venezuela, acabou, não há como operar nesse ambiente — e isso vale para todos os ativos, não só para a bolsa. Não adianta ter CDB, NTN-B, imóveis, títulos isentos ou ações. Em um cenário extremo como esse, o dinheiro deixa de ter valor.

Se o Brasil se tornar uma Venezuela, sua fazenda pode ser estatizada ou invadida, e você não terá para quem vender sua produção. A soja seria confiscada pelo governo. Não adianta achar que imóveis ou fazendas são uma proteção. Se algo assim acontecer em São Paulo, quem vai comprar seu apartamento? Você realmente acha que o metro quadrado continuará valendo 20 mil, 30 mil ou 50 mil reais? Claro que não — o valor chegará a zero e não haverá compradores.

Se você acredita que o Brasil vai virar uma Venezuela, é melhor investir nos Estados Unidos — em ações. Renda fixa, fazendas ou imóveis, em qualquer lugar, eu não vejo como boas alternativas.

Mas esse é um cenário extremo. Já na Argentina, apesar da crise, o mercado continuou funcionando. Se o Brasil seguir o caminho da Argentina no passado recente, e as coisas continuarem funcionando, o.k., fica mais difícil, é preciso fazer ajustes, mas dá para operar nesse ambiente. E é por isso que digo que investir em ações é a melhor opção. Se você comprar uma fazenda ou um imóvel, vai enfrentar o mesmo risco, mas com um retorno menor.

Só que muitos investidores não pensam assim — e, por esse motivo, não operam aqui ou exigem um retorno altíssimo. É o que explica termos tantas oportunidades. Enquanto o mercado estiver aberto, as perspectivas de ganho são mais atrativas, justamente pela aversão de muitos investidores, especialmente estrangeiros, ao risco. Quem se aventura nesse mercado — e sabe o que está fazendo — costuma ser recompensado com retornos mais elevados.

Controle de risco

A macroeconomia não tem influência nos nossos investimentos. O que de fato importa é a margem de segurança no momento da compra. O risco é medido pelo desconto que se consegue ao adquirir a empresa, e não pelas variações macroeconômicas. Por exemplo, se uma empresa tem um valor intrínseco de 10 bilhões e você a compra por 5 bilhões, o risco está muito bem calibrado. Mesmo que sua avaliação do valor da empresa varie entre 9,5 bilhões e 10,5 bilhões, o desconto de 50% na compra oferece uma grande margem de segurança. Isso é o que realmente importa.

Esse tipo de controle de risco — baseado em comprar com desconto significativo — é o único que funciona de verdade. Outros controles de risco, em especial os baseados em variáveis macroeconômicas, acabam sendo pouco eficientes ou irrelevantes para nossa estratégia de investimento.

Nosso fundo e a NTN-B* têm uma dinâmica semelhante. Quando o preço unitário (PU) da NTN-B cai, meu fundo segue a mesma direção. A grande confusão é pensar que NTN-B é renda fixa. Não é; ela oscila. O certo é manter o dinheiro na LFT,** renda fixa ou CDB com liquidez diária. Quando tudo despenca — NTN-B, bolsa, imóveis —, você aproveita para comprar ações, que têm um retorno maior. Depois que as ações atingem o *target*, você volta para a LTF e aguarda a próxima oportunidade. Nunca comprei NTN-B porque quando ela parece atrativa pagando inflação mais 6,30% eu encontro ações de shopping centers, por exemplo, que oferecem IPCA mais 10%. Prefiro ter um shopping pagando IPCA mais 10% a um título do governo a 6,30%.

---

* Título público atrelado à inflação.

** Título público pós-fixado, que oscila de acordo com a Selic.

Se você precisa do dinheiro para cobrir despesas do dia a dia, então não deve ter NTN-B. Deve optar por CDB ou LFT. Quem tem menos dinheiro e precisa usá-lo deve escolher algo mais seguro. Quem tem mais dinheiro pode viver dos dividendos das ações. Se você monta uma carteira que paga entre 6% e 7% ao ano em dividendos, pode viver com isso. Um dia, quando os dividendos forem suficientes para cobrir todas as suas despesas, você pode parar de trabalhar. Essa é a fórmula para alcançar a independência financeira.

É como eu disse antes, ao citar *The Chosen*, sobre os discípulos que viam Jesus multiplicar os pães e realizar milagres. Eles tinham fé porque viam tudo acontecer diante dos seus olhos. No caso do mercado, com o Luiz Alves, eu também via a "mágica" acontecer: comprar ações baratas, ver os dividendos entrando na conta, ver as ações subirem até o *target*. Não funciona sempre, obviamente. Mas eu testemunhei empresas acertarem e outras errarem, o que me deu uma fé inabalável no processo. Quando a bolsa cai 7% em uma semana, isso não significa que as empresas em que invisto estão ganhando 7% menos dinheiro. Pelo contrário: é uma oportunidade para comprar mais ações.

Parei de investir em boi em 2010. É um mercado muito pequeno, e o tamanho dos ganhos que eu conseguia com boi começou a ficar insignificante em comparação com o que eu podia ganhar no mercado de ações. Além disso, era um negócio que me dava muito trabalho. Eu perdia muito tempo para ganhar uma quantia que já não fazia diferença.

Imagine o seguinte: com um fundo de 100 milhões de reais, ganhar 10 milhões de reais é ótimo, são 10%. Mas com um fundo de 1 bilhão de reais, os mesmos 10 milhões são apenas 1%. E isso acaba atrapalhando o dia a dia para ganhar um valor que não é mais relevante. Hoje, o fundo tem 4,5 bilhões de reais, então é difícil conseguir ganhar algo próximo de 500 milhões ou 600 milhões de reais, um valor que justificaria eu continuar a me dedicar ao boi. Por isso, parei de investir nesse mercado. Fechei o fundo e devolvi o dinheiro dos investidores.

Esse fundo exclusivo para boi nunca teve desempenho negativo —

rendeu cerca de 270% do CDI no período em que ficou aberto. Quando decidi fechar, alguns cotistas não queriam sacar o dinheiro e diziam: "Não quero o dinheiro de volta". Mas eu disse: "Vocês precisam pegar o dinheiro de volta, porque não vou mais operar com boi. O dinheiro vai ficar na renda fixa, no CDI, e isso não é vantajoso para vocês". O pessoal ficou meio triste, mas sugeri: "Mudem para o meu fundo de ações, e garanto que vou conseguir gerar mais retorno com ações". A grande maioria acabou migrando para o meu fundo de ações.

O jeito Guepardo de atuar

O pior momento da Guepardo foi quando tínhamos 23 pessoas trabalhando. Foi o período em que menos geramos alfa* para os investidores, então resolvi reduzir a equipe para o que era antes: treze pessoas. A Guepardo precisava funcionar de maneira enxuta, porque não sou CEO, sou gestor de fundo.

Gerenciar pessoas dá muito trabalho, e você acaba perdendo o foco. É como pegar o Cristiano Ronaldo e dizer que agora ele vai ser o presidente do Real Madrid e cuidar de salários, folha de pagamento, segurança... Não dá. É preciso focar o que cada um sabe fazer. E o que eu sei fazer é gerir fundos. Preciso estar na mesa, analisando empresas, comprando e vendendo.

Quando eu tinha muitas pessoas para gerenciar, perdia muito tempo com feedback, metas, desdobramento de metas, avaliações 360 graus e mais uma série de coisas. Eu passava o dia inteiro pensando em como motivar as pessoas, e a Guepardo começou a desandar.

A partir de 2018, tomamos uma série de providências: reduzimos a equipe, mudamos para um escritório menor e eu voltei a operar. Dos treze profissionais da gestora, nove são sócios. Ou seja, não fomos lá e cortamos apenas. Mantivemos e contratamos pessoas seniores, que se autogerenciam, para liberar o tempo de todos os

* Retorno acima de um *benchmark* definido.

envolvidos para gerar valor para os clientes. O resultado foi que o fundo decolou: atingiu recordes de rentabilidade, patrimônio e número de investidores.

Na Guepardo, ter cultura de dono é fundamental. A pessoa precisa se sentir dona da empresa, ser sócia. Quando contratamos alguém, já pensamos que essa pessoa tem que se tornar sócia. Se percebemos que ela não tem o perfil para isso, tomamos a decisão de desligá-la rapidamente. Tentamos evitar contratar quem não se encaixa, mas, se isso acontece, procuramos demitir dentro de seis meses a um ano, para não perdermos nosso tempo, nem a pessoa o dela.

Uma coisa que não fazemos é dar bônus. O sócio tem uma participação nos lucros, e o que muda são as participações a cada semestre. Se alguém não está entregando, ou está se tornando mais ou menos relevante, ajustamos essa participação. Se alguém é muito bom, aumentamos a participação para reequilibrar. A cada semestre, vamos ajustando as participações de acordo com o desempenho de cada um.

Temos poucas ações no portfólio — no máximo catorze empresas ao mesmo tempo.

Os grandes erros — e como sair deles

Um dos nossos erros foi investir na BRF. Embora não tenhamos tido prejuízo, a rentabilidade foi péssima. Mesmo para quem entrou no começo, o retorno foi menor que o CDI, o que destruiu valor. Eu acreditava que a BRF seria como a fusão da Brahma com a Antarctica, que explodiu as margens quando uniram as operações. Eu tinha certeza de que seria a nova Ambev.

Quando a Sadia e a Perdigão se fundiram, elas dominavam o mercado, e a Seara era uma marca pequena, insignificante. Nunca imaginei que a Seara se tornaria o que é hoje, um gigante. Um erro da BRF foi terem demitido todos os funcionários da Sadia e deixado o pessoal da Perdigão no comando. No quesito operacional, a equipe da Sadia era melhor, e os irmãos Batista, da Seara, foram inteligentes e contrataram essas pessoas. Isso melhorou muito a Seara em termos de qualidade e logística, e eles começaram a ganhar *market share*, o que incomodou a Perdigão e a Sadia.

Meu grande erro foi subestimar a concorrência e o impacto dessas demissões. A primeira demissão em massa foi um grande erro que não percebi na época. Depois, quando o Cláudio Galeazzi entrou, houve outra "limpa", e o conhecimento operacional foi se perdendo ao longo do tempo.

Outro erro de avaliação foi achar que o negócio de proteína era tão simples quanto o de cerveja, em que se pode ganhar margem facilmente. A competição entre a Sadia e a Perdigão ao longo de quarenta ou cinquenta anos no Brasil gerou ganhos de produtividade que eram transferidos ao consumidor final, mas não traziam lucro real para as empresas. Quando a fusão aconteceu, pensei: "Agora o consumidor vai parar de ganhar, e as empresas vão subir os preços". Só que a Seara entrou e destruiu essa lógica.

Além disso, minha avaliação, e a de muitos outros investidores, foi prejudicada no início em razão de um ciclo de commodities favorável. A BRF se beneficiou de grãos baratos e preços altos no mercado, o que aumentou as margens e mascarou os problemas estruturais da empresa. Quando o ciclo virou, tudo começou a desmoronar.

O negócio de proteína é cíclico. Não adianta o CEO achar que está fazendo uma mágica e que o sucesso é resultado das suas decisões. Não tenho problema em investir em negócios cíclicos, desde que a empresa tenha boas pessoas, entenda o que está fazendo e seja *low cost*. Por exemplo, posso investir na Suzano Celulose, porque é a melhor do mundo. Se o mercado inteiro quebrar, ela será a última a quebrar; é a vencedora. Posso investir na Klabin e na Gerdau também. Se a empresa for a melhor, *low cost*, líder ou algo assim, eu invisto. Agora, uma empresa que não tem controle de nada — nem de custo nem de receita —, como a BRF, e ainda enfrenta uma concorrência acirrada, vira uma confusão enorme.

Cometemos outros sete erros grandes ao longo da nossa trajetória. Graças a Deus, os acertos foram muito maiores. Mas, desses sete erros grandes, quatro se deram com empresas que entraram em recuperação judicial quatro, cinco, seis anos depois de eu ter vendido a posição. Ou seja, errei ao investir nelas, mas acertei no desinvestimento. Depois que saí, as ações dessas empresas caíram 99%. Foi o caso da atual Veste, que na época era Restoque, da Triunfo, da Klabin-Segall e da Springs Global.

Essas empresas viraram pó. Algumas tinham problemas de estratégia, outras, de alocação de capital, outras estavam em setores ruins, e algumas ainda tinham problemas de governança. Em alguns casos, havia até oito problemas na mesma empresa, e eu pensava: "Como é que comprei isso?".

Com esses erros, fomos aprimorando nossos questionários. Essas experiências me ensinaram que não é difícil desinvestir quando você tem convicção de que essa é a decisão certa. Depois que vendo as ações, o que me interessa é saber se acertei no desinvestimento. E, nos sete desinvestimentos que fiz, acertei em todos. Nunca vendi uma empresa que depois explodiu em valor e me fez pensar: "Nossa, que erro eu cometi!". Meus erros sempre foram no investimento inicial.

Weg: a oportunidade perdida

Para ter sucesso, você precisa contar com pessoas disciplinadas, que realmente entendam o que estão fazendo e tenham uma filosofia sólida e uma fé inabalável no processo. E o mais importante: sem FOMO. Se alguém começa a comprar só porque os concorrentes estão comprando ou porque ouviu falar de uma possível aquisição, está cometendo um erro. Você só deve investir quando está convicto de que o ativo é bom — com alocação de capital eficiente, vantagem competitiva, um setor favorável, gestão competente, estratégia clara e pessoas qualificadas.

Além disso, é crucial que a alavancagem da empresa esteja sob controle. Tudo na operação precisa funcionar de forma precisa como um relógio, com um fluxo de caixa futuro no qual você confie plenamente, sem riscos de fraude nos balanços. Se você tem convicção de que a empresa vale 10 bilhões, mas está sendo negociada a 5 bilhões na bolsa, então é hora de comprar. Agora, se está a 9,3 bilhões, não vale a pena, é melhor ficar em casa, colocar o dinheiro na renda fixa e esperar o momento certo.

O problema é que, às vezes, algo que parece caro fica ainda mais caro. É o caso da Weg, uma das melhores empresas da bolsa. Acompanho a Weg há mais de vinte anos, e ela sempre esteve entre as minhas setenta empresas qualitativas — com gestão, estratégia, cultura e todos os demais fatores excelentes. Talvez seja a melhor empresa da bolsa. Mas nunca comprei ações dela, pois sempre achei caras. Pensava: "Por que comprar algo para ganhar menos que a renda fixa?". A Weg, no entanto, sempre entregou mais do que eu projetava. As aquisições, o Capex,* o crescimento — tudo executado com maestria. Empresas boas tendem a surpreender positivamente.

Alguns dos meus concorrentes mantêm as ações mesmo quando elas atingem o *target*, porque sabem que coisas boas podem acontecer além do esperado. No caso da Weg, foi exatamente o que aconteceu — tantas surpresas positivas ocorreram nos últimos vinte ou trinta anos que a empresa se transformou nesse gigante. Isso também representa um erro: não conseguir projetar todo o potencial da empresa. Ao mesmo tempo, talvez eu não merecesse ganhar esse dinheiro, porque o sucesso da Weg não era algo que pudesse ser projetado com disciplina. Para quem comprou ações da Weg dou meus parabéns, mas apostaram em um sonho, não em uma certeza como a que buscamos.

Sou mais realista, preciso ver resultados concretos. Prefiro comprar o que já existe, e não aquilo que depende do futuro. Por isso, é muito mais difícil para mim comprar uma Weg, e você nunca vai me ver comprando uma empresa cara. Claro, acabo perdendo oportunidades, mas é preciso ter foco. A Weg foi a única empresa do índice Bovespa que superou a Guepardo nos últimos 23 anos. Ou seja, se a Guepardo fosse uma empresa listada, teria sido a segunda melhor da bolsa, atrás apenas da Weg nesse período. Mesmo sem a Weg,

* Sigla para Capital Expenditure, ou "despesa de capital": são os investimentos que uma empresa faz em ativos físicos para manter ou aumentar sua capacidade produtiva.

consegui vencer as outras comprando barato e vendendo caro, entrando e saindo na hora certa.

O acerto com a Vulcabras

Depois da pandemia, fizemos dois grandes investimentos: na Vulcabras e no Grupo Ultra. Ambos trouxeram retornos significativos. O Grupo Ultra deu retorno rápido, em dois ou três anos, e ainda está no nosso portfólio. Já a Vulcabras levou mais tempo.

A Vulcabras foi um investimento muito interessante. Era uma empresa pequena, com baixa liquidez e pouco conhecida no mercado. O qualitativo não era tão bom, mas identificamos que as pessoas que estavam lá eram muito competentes e sabiam o que precisavam fazer para melhorar. A estratégia estava correta, só precisava ser implementada.

Eles decidiram encerrar as operações da Azaleia e licenciaram a marca para a Grendene, eliminando a Azaleia da operação. Agora recebem apenas royalties da Grendene, e assim transformaram um negócio problemático, que tomava tempo e não gerava valor, em algo muito mais eficiente. Os funcionários que antes fabricavam Azaleia na fábrica da Bahia passaram a produzir Olympikus. Não precisaram demitir ninguém. Eles trocaram o pneu com o carro andando — imagine matar a Azaleia em uma fábrica com milhares de funcionários e colocar Olympikus no lugar, trocando maquinário e ajustando a equipe. Foi fantástico o que fizeram.

Além disso, conseguiram as licenças da Under Armour, uma marca americana, e da japonesa Mizuno. A Alpargatas tinha a licença da Mizuno, mas decidiu não a manter, e a Vulcabras aproveitou a oportunidade.

O e-commerce da Vulcabras, no início, era um desastre. Os produtos vinham do Ceará para o Sudeste, demoravam catorze dias para chegar, muitas vezes vinham errados, e com uma tributação terrível. Cada venda de tênis no e-commerce aumentava o prejuízo da Vulcabras. Eles perceberam isso e compraram uma operação de e-commerce em Extrema (MG), que começou a dar lucro em maio de 2021. Ao mesmo tempo, integraram as operações da Mizuno, da Under Armour e da Olympikus.

A Vulcabras é hoje a maior vendedora de tênis do Brasil, muito maior do que a Nike e a Adidas. A Olympikus é a maior marca de tênis do país, e o melhor é que eles não pagam royalties por ela, já que é uma marca própria. Quando reposicionaram a Mizuno, melhoraram a tecnologia e dobraram o tamanho da marca, tanto em volume de pares quanto em receita, sem precisar de grandes investimentos em marketing. A Under Armour patrocinava três times de futebol (São Paulo, Fluminense e Sport). Esses contratos foram imediatamente cancelados, porque geravam prejuízo. Assim, a operação da Under Armour no Brasil, que era deficitária, passou a dar lucro.

Na Vulcabras, o ego é zero. A companhia é eficiente, quer ganhar dinheiro, quer ser a líder de mercado, ser a maior e a melhor, mas sem arrogância. Várias marcas de tênis batem à porta da Vulcabras, querendo que a companhia distribua essas marcas no Brasil. Por que ela não pega todas as marcas? Porque muitos desses contratos são ruins. Às vezes, a marca exige que eles abram uma loja grande e deficitária ou impõe royalties astronômicos. Não faz sentido, então a Vulcabras diz: "Não, obrigada".

Essa é uma das perguntas que está no nosso questionário qualitativo: a empresa sabe o que fazer e, mais importante, o que não fazer? Grandes erros estratégicos, como os da Natura e da Alpargatas, ocorreram justamente porque elas não souberam o que não fazer. As empresas querem abraçar o mundo, fazer de tudo, e acabam se perdendo, batendo de frente com problemas. A Vulcabras sabe exatamente o que quer fazer e como quer fazer. Se precisar esperar três ou cinco anos para conseguir implementar algo corretamente, ela espera.

Veja que a Vulcabras ainda não tem lojas. Por quê? Porque ainda não encontrou as pessoas certas para abrir e operar as lojas. A empresa fala sobre abrir lojas há anos, mas, enquanto não encontrar profissionais que entendam de gerenciamento de ponto de venda, que saibam treinar gerentes e vendedores adequadamente, que compreendam o mix de produtos e a construção de marca, ela não vai dar esse passo.

O mais interessante é a paciência da Vulcabras. Ela não tem aquele FOMO, aquela ansiedade do tipo "preciso abrir loja agora" ou "preciso fazer isso", que é o pior erro. Eu vejo isso em qualquer profissão, inclusive na minha. Qual é o maior erro dos meus concorrentes gestores de ações? O FOMO. Eles pensam: "Eu preciso ter essa ação que todo mundo está comprando". Mas é o contrário: se todo mundo já tem, provavelmente está cara ou, no mínimo, corretamente precificada. Se todo mundo está comprando, a festa já acabou.

Quando investimos na Vulcabras, ela não tinha nenhuma liquidez. Na época, 70% das ações estavam com o dono, a família, e 30% no mercado. Compramos 14,7% da Vulcabras, quase metade de tudo que estava no mercado. Foi uma grande compra na época, e conseguimos essa fatia significativa. O Pedro Grendene, controlador da empresa, acabou me convidando para fazer parte do conselho.

Surpresas positivas

Quando a pandemia começou, em 2020, a fábrica fechou por 72 dias. As ações despencaram, porque o mercado achava que eles iam sofrer muito com a folha de pagamento de 15 mil, 16 mil funcionários e a fábrica fechada. O pessoal pensava: "Imagina o prejuízo no trimestre". Mas eu raciocinei: o prejuízo seria em um trimestre, no máximo dois. Quantos dias a fábrica ficaria fechada? Noventa dias, que são um trimestre. No fim, ela ficou fechada por 72 dias, então talvez afetasse um pouco o trimestre seguinte, mas não seria algo duradouro.

Mesmo com a pandemia, as pessoas ainda precisariam de tênis, e, uma hora, tudo voltaria ao normal. Quando isso acontecesse, a Vulcabras voltaria a lucrar. Então, fizemos as contas de quanto a empresa perderia naquele período, colocamos no modelo, projetamos a volta à normalidade, calculamos o fluxo de caixa e chegamos ao valor da empresa. Estava muito barata, então compramos.

Naquele momento, ainda não sabíamos sobre a licença da Mizuno, nem que o e-commerce daria tão certo, mas compramos com base no que já existia, e já estava muito barato. No decorrer do tempo, quando a equipe é boa e o negócio é sólido, você começa a ter surpresas positivas. Essa é uma das grandes vantagens de comprar empresas boas: as surpresas são sempre positivas. No meio do caminho, apareceu a licença da Mizuno, teve o início da operação de um centro de distribuição em Extrema e o e-commerce explodiu. A participação do e-commerce na receita passou de 2% para 9%, e a operação começou a gerar lucro.

A licença da Mizuno, comprada da Alpargatas por um valor irrisório, se transformou em um gigante. Hoje, a Mizuno representa quase metade do tamanho da Vulcabras inteira. O controlador até brincava: "Se aparecer outra Mizuno, eu adoraria comprar". E eu disse: "Isso só acontece uma vez na vida!". Ele soube aproveitar bem a oportunidade, e eu vi tudo isso acontecer enquanto a ação não subia. Não dava para acreditar.

Como a ação não tinha mais liquidez, fomos comprando mais. Nenhum analista de bancos fazia cobertura, e estava dando tudo certo dentro da empresa. Eu via isso acontecer, mas ninguém comprava, nem mesmo os controladores faziam recompra de ações. Acho que foi um erro eles não terem feito recompra, poderiam ter aproveitado a oportunidade. Mas argumentavam que a liquidez já era pequena, que eu havia comprado metade do *free-float*, e perguntavam: "Vamos tirar toda a liquidez?". Eu disse: "Está barato, tira! Depois faz outro IPO, não dá para deixar esse dinheiro na mesa".

Então a ação começou a subir ao longo de 2023. A empresa já tinha acumulado cerca de dez trimestres consecutivos de recordes — de margem, lucro bruto, receita, EBITDA, lucro líquido, dividendos distribuídos, tudo. Todo trimestre era um recorde. Com isso, a ação foi sendo reprecificada, e o que havíamos comprado por um preço muito baixo se transformou em algo de grande valor.

Em 2024 tínhamos 8,5% da Vulcabras — para ser mais exato, 9,99%. O que restou é praticamente só lucro. Já colocamos no caixa muito mais do que investimos, e ainda temos essa parte de "brinde". Investimos cerca de 200 milhões de reais, retiramos aproximadamente 300 milhões, e o que restou vale em torno de 400 milhões de reais.*

Se vou continuar com a Vulcabras? Enquanto a ação não atingir meu *target*, não saio. Mas, se isso acontecer amanhã, vendo e vou atrás de outra oportunidade barata."

SUGESTÕES DE LEITURA

Entendendo Michael Porter, de Joan Magretta.

"Os trabalhos de Michael Porter ajudam a entender o que torna um setor mais competitivo que outro por meio do conceito das cinco forças — e ele acrescenta uma sexta, que é a interferência governamental. Esse livro explica de forma clara as ideias de Porter. É uma leitura muito interessante."

INDICAÇÃO DE SÉRIE

The Chosen (*Os escolhidos*, 2017-), série de TV criada e dirigida por Dallas Jenkins.

"Esta é uma série que recomendo porque ajuda a entender o conceito de 'ver o milagre acontecer'. Ela mostra como os discípulos de Jesus se tornaram defensores inabaláveis de suas crenças, a ponto de morrer por elas. De forma semelhante, tenho uma fé inabalável no mercado de ações e defendo essa crença com convicção. Ninguém me convencerá a investir em imóveis ou fazendas, pois acredito profundamente no potencial do mercado de ações. Quando você vê e entende, é difícil não acreditar."

* Números de outubro de 2024.

CAPÍTULO 10

Paulo Guedes

Economista e investidor

Paulo Guedes nasceu em uma família simples no Rio de Janeiro. Sua mãe era funcionária pública e seu pai, um vendedor de livros e material escolar que valorizava a educação. Ainda criança, mudou-se com os pais para Belo Horizonte, onde cresceu gostando de futebol, música, de estar com amigos e namorar. Curioso e com prazer em estudar, desde a infância fez do conhecimento o eixo de sua vida. No início de sua carreira profissional, foi professor, mas a aplicação do conhecimento o conduziu a outros caminhos. Ao longo de cinquenta anos, foi também ministro da Economia, banqueiro, investidor e colunista de economia e negócios. Formado em economia pela Universidade Federal de Minas Gerais e com ph.D. pela Universidade de Chicago, Guedes lecionou na FGV, na PUC e no Instituto de Matemática Pura e Aplicada (IMPA), no Rio de Janeiro. Fundou as Faculdades Ibmec no Rio de Janeiro, em São Paulo e em Belo Horizonte (depois cindidas em Insper em São Paulo e Yduqs). Na instituição, criou os primeiros MBAs executivos do mundo, uma década antes de cursos de mesmo formato surgirem nas grandes universidades americanas. Já no setor financeiro, cofundou o Pactual, que se tornou um dos maiores bancos de investimento do país. Ali permaneceu por quinze anos como head de renda fixa, área que chegou a ser responsável por 95% dos resultados do banco no período. Foi um dos criadores da gestora de recursos JGP. Fundou uma gestora de fundos de private equity *especializada em educação, a BR Investimentos (hoje Crescera), além de desenvolver empresas como a Abril Educação, atuando no ensino fundamental (hoje incorporada à Cogna) e criar a Afya, uma rede de escolas de medicina e healthtechs que se tornaria a maior empresa educacional brasileira. Após o período como ministro do governo Bolsonaro, Guedes voltou a ser investidor, aportando recursos nas teses em que acredita que o Brasil tem potencial para exercer protagonismo global. Rumo a um futuro verde e digital, a YvY Capital investe em segurança alimentar sustentável, economia de baixo carbono e transição energética. A convite do Nobel de literatura Mario Vargas Llosa, fundou a Fundação Internacional para a Liberdade (Fil Dialogues Brasil).*

A descoberta da economia

"Adorei os primeiros passos em economia, foi paixão total. Eu gostava de questionar tudo, e o estudo de economia me ajudava a entender como funcionava o mundo. O filósofo Karl Popper dizia que é preciso primeiro dominar o próprio campo de atuação e, em seguida, dominar os campos adjacentes. Por isso, quem quer compreender o mundo precisa buscar o conhecimento integrado.

As ciências econômicas são decisivas para melhorar a condição humana. A matemática como linguagem das ciências, e a estatística como ferramenta para testes empíricos. História, biologia evolucionária, sociologia e política como estudos de dimensões relevantes na evolução das instituições sociais.

O pensamento da economia como um ecossistema vivo, complexo e integrado tinha tudo a ver comigo, porque me interessavam as diversas áreas do conhecimento. Em 1968, ganhei uma bolsa para estudar em tempo integral na Universidade Federal de Minas Gerais, por ter ingressado na Faculdade de Economia entre os primeiros lugares. Eu tinha uma sala própria, com mesa de estudos, estante para livros, enfim, um espaço só meu para pensar. Aulas pela manhã, leituras à tarde.

Ao longo do curso, nós, bolsistas, seguíamos um caminho para aprofundar nossos conhecimentos no exterior. A ideia era beber nas fontes originais, tendo contato com os autores que líamos. O caminho recomendável para fazer doutorado no exterior era cursar o mestrado na FGV-Rio — onde estavam Mário Henrique Simonsen e Carlos Langoni — ou na USP — com Antônio Delfim Netto e Affonso Celso Pastore.

Em 1972, novamente estive entre os primeiros colocados no concurso da Associação Nacional dos Cursos de Pós-Graduação em Economia. Podíamos escolher onde faríamos mestrado com bolsa de estudos em tempo integral, e me decidi pela FGV-Rio. Na sequência, após um ano e meio no mestrado, em reconhecimento ao meu desempenho no curso, recebi uma bolsa de estudos para fazer o doutorado no exterior.

Fui para a Universidade de Chicago, onde mestrados estrangeiros não garantem acesso ao programa de doutorado. Do último trimestre de 1973 ao último trimestre de 1974, cursei uma sequência de disciplinas ao estilo da famosa "Escola de Chicago" e passei no exigente exame de admissão do doutorado.

Lembro-me das primeiras aulas de Milton Friedman e Gary Becker, que viriam a ganhar o prêmio Nobel. A ênfase de suas abordagens, abrangente e sofisticada, não era apenas um exercício intelectual, mas sim o comportamento humano, as expectativas — e seus efeitos no mundo real. Em contraste com a elegância desapaixonada das formulações matemáticas estritamente técnicas, a ênfase estava na aplicação do conhecimento para solucionar problemas concretos e melhorar a condição humana. Essa visão me marcou profundamente.

Friedman era um dos expoentes de Chicago à época. Na verdade, ele ganhou o prêmio Nobel justamente por ter liderado uma contrarrevolução keynesiana, mostrando que o resultado das políticas ativistas do governo era mais inflação, menos crescimento e mais desemprego.

Mas, em minhas áreas de especialização, havia uma turma de jovens — como Robert Lucas e Thomas Sargent, que também se tornariam ganhadores do Nobel, e Robert Barro — que fazia uma revolução muito mais profunda na macroeconomia, relacionada não apenas ao ativismo de governo buscando estimular a economia. Era uma revolução completa nos métodos, introduzindo modelos matemáticos mais avançados, como a teoria de otimização e programação dinâmicas. Ao mesmo tempo, na área de finanças, havia Eugene Fama, com "mercados eficientes"; na economia do trabalho, James Hackman. Havia um prêmio Nobel em cada sala! Foi uma coincidência incrível, cheguei lá no exato momento em que essa transformação acontecia. Eu ficava correndo de uma sala para outra, era um negócio espetacular.

Vi que os métodos do passado estavam superados, e fiz o que pude para aproveitar ao máximo minha estada. Desde a UFMG, fazia mais de uma década que eu recebia bolsa para estudar em tempo integral. No final dos anos 1970, porém, quando voltei ao Brasil, percebi que aquela revolução ainda era praticamente desconhecida aqui, e havia pouco interesse pelo conhecimento que eu trazia de Chicago.

Acabei lecionando em várias instituições do Rio de Janeiro ao mesmo tempo. Dava aula de matemática no mestrado da PUC, de macroeconomia na pós-graduação da FGV e de crescimento econômico no Impa.

Em uma tentativa de reviver o entusiasmo pela vida acadêmica que experimentara em Chicago, aceitei um convite para lecionar na Universidade do Chile no início dos anos 1980. Parecia a oportunidade que sempre desejara: lecionar e me dedicar a leituras, escrever artigos, elaborar modelos e pesquisar. Ou seja, tempo integral na universidade com excelente salário. Mas, quando minha esposa ficou grávida e enfrentamos um terremoto, decidimos que era hora de voltar. Fiquei menos de um ano no Chile.

A turbulência econômica

Ao retornar definitivamente ao Brasil, eu estava bem menos entusiasmado com a academia e já prestava consultoria para instituições financeiras, entre elas o Bank of America e o Citibank. Naquele início de década, o Brasil estava entrando em um período de turbulência que duraria cerca de quinze anos. O país era um laboratório, estava tudo muito controlado, pude ver a aplicação instantânea das teorias que aprendera em Chicago.

Normalmente, os modelos econômicos são representações abstratas de fenômenos altamente complexos da realidade. Você entra com hipóteses, e leva tempo até corroborar ou refutar as premissas. Só que o Brasil estava caminhando em direção a dois surtos de hiperinflação, as reações eram aceleradas. As maiores fontes de perturbação eram políticas macroeconômicas equivocadas.

Os economistas estavam mais interessados em política do que em economia, e os políticos estavam mais interessados em populismo econômico do que na boa política. Então era muito fácil antecipar até os erros que cometeriam. Eles atacavam sintomas, com congelamento de preços, tabelamento de juros, manipulação cambial, enquanto mantinham o excesso de gastos do Estado. Você previa o que ia acontecer, e as coisas aconteciam muito rápido.

Foi assim que participei da fundação do Pactual, em 1983. Nos primeiros dois anos do banco, eu era uma espécie de economista--chefe. Depois virei o head de renda fixa, que era a área mais rentável no tempo da turbulência macroeconômica. Nosso time chegou a ser responsável por 95% dos ganhos do banco no período.

A primeira grande lição é que o conhecimento é decisivo. O estilo mais eficiente de investimento depende do momento que estamos vivendo. Existem diversas filosofias bem-sucedidas de investimento. Mas, assim como na biologia evolucionária, há muito mais formas de dar errado do que de dar certo. Dependendo do ambiente e da natureza dos choques, há estilos que melhor se adaptam e são mais bem-sucedidos.

Quando as fontes de turbulência são políticas macroeconômicas equivocadas, a maior criação de valor está justamente nos fundamentos macroeconômicos. Quem trabalhava com hipóteses dessa forma naquela época era o George Soros, que previu o colapso da moeda inglesa. Ficou bilionário fazendo um ataque que, aos leigos, pareceu oportunista e especulativo, mas que na verdade era uma estratégia que gerou ganhos com base em fundamentos macroeconômicos.

Em meados da década de 1980, captei 12 milhões de dólares do *hedge fund* de Soros, pelo seu estilo de investimento semelhante ao do Pactual. Multiplicamos esse capital por cinco em um ano e meio e devolvemos o dinheiro. Ele gostou do desempenho obviamente, mas não do fato de termos devolvido os recursos. Buscava um parceiro de longo prazo, e nosso foco era mais especulativo no momento. Outro investidor que trabalha assim com modelos é Ray Dalio, para citar um exemplo mais recente.

Com o tempo, fui aprendendo a aplicar no mundo real as ferramentas teóricas de economia e finanças. No Brasil, em particular, o contexto macroeconômico era tão volátil que, na prática, determinava o comportamento do mercado. A inflação, as taxas de juro, as bolsas, a taxa de câmbio, todas essas variáveis dançavam ao som de acertos ou desacertos na condução de políticas macroeconômicas. Não adiantava selecionar empresas excelentes em um cenário de descontrole macroeconômico rumo à hiperinflação.

Os mercados não são perfeitos nem estão em equilíbrio, como as formidáveis construções teóricas postulam. São sistemas dinâmicos, organismos institucionais em permanente evolução, bombardeados por ondas sucessivas de choques e perturbações. Na era das comunicações instantâneas, ainda mais importante do que a assimetria das informações é a assimetria das formações, ou seja, a educação como capital humano dos agentes investidores que tomam decisões.

A segunda grande lição, essencial ao sucesso do Pactual, foi a montagem de equipes com boa formação educacional e complementaridade de talentos. Fundado à imagem do banco de investimentos Goldman Sachs como estratégia empresarial, precisávamos de especialistas que desempenhassem diferentes funções: formulação de estratégias macroeconômicas, controle de riscos, análise de empresas, execução de operações, pesquisas, área comercial, fusões e aquisições (área *corporate*) etc. As empresas existem porque reduzem custos de transação entre talentos especializados.

Experimentamos um crescimento extraordinário praticando os diferentes estilos de investimento mais adequados a cada ambiente macroeconômico. Evoluímos de fundos de hedge para a indústria convencional de gestão de ativos, e chegamos ao nosso primeiro fundo de *private equity*. Foi durante o meu último ato no Pactual, no final dos anos 1990.

Nos anos 1980, fui também CEO do Ibmec, onde inovei criando os MBAs executivos, uma década antes das grandes universidades americanas. O novo curso foi um sucesso em diversas cidades, como Rio de Janeiro, São Paulo, Belo Horizonte, Recife e Fortaleza. Tratava-se de uma ferramenta para decisões críticas em ambiente de crescente desordem inflacionária. Disseminamos o conhecimento de economia e finanças e conquistamos a independência financeira do Ibmec, o que nos permitiu dispensar verbas públicas para manter a liberdade de crítica aos equivocados programas de estabilização que nos arrastavam rumo à hiperinflação.

Naquela época de grande turbulência, iniciei a colaboração com órgãos da grande imprensa, para interpretar aos leitores os fatos econômicos que mais afetavam a vida do cidadão, à luz da perspectiva liberal na economia e democrática na política. Durante os 35 anos decorridos entre 1983 e 2018, publiquei mais de mil artigos nos jornais *O Globo* e *Folha de S.Paulo* e nas revistas *Exame* e *Época*.

Um período de transição

A partir de meados da década de 1990, a economia entrou em uma longa fase de transição da turbulência para a estabilização. Uma economia em transição começa a pedir diferentes veículos de investimento. Para obter retornos maiores, é preciso ampliar os volumes de operações e partir para horizontes de investimento mais longos. Os desequilíbrios macroeconômicos escasseiam, reduzindo o alcance da estratégia baseada em fundamentos macroeconômicos (ao estilo de George Soros) e melhorando o desempenho baseado em fundamentos microeconômicos (ao estilo de Warren Buffett).

Nessa longa transição de um ambiente de turbulência macroeconômica para um regime de estabilidade com sólidos fundamentos fiscais, eu começava também uma transição pessoal, rumo a veículos de investimento mais bem adaptados ao futuro. Quando o Pactual ensaiou um desvio de rota, de banco de investimentos para uma estratégia corporativa de banco comercial por aquisição, decidi sair.

Eu sabia que os estilos de investimento mais rentáveis e os veículos adequados haviam mudado. Mais para a frente, eu teria de criar um veículo para fazer investimentos em empresas emergentes no setor real, com captação de recursos em maiores volumes e horizontes mais longos. Mas sabia também que a transição seria longa, com períodos de turbulência financeira, porque não atacávamos vigorosamente o front fiscal. Sem sólidos fundamentos fiscais, não teríamos paz.

Ao sair do Pactual, eu precisaria também me adaptar a essa mudança gradual do ambiente de investimentos. Precisaria me aperfeiçoar, aprimorar a disciplina, adequar tamanhos de operação à volatilidade dos ativos e a meus limites emocionais, corrigir deficiências, experimentar *market timing* e controle de riscos com recursos próprios em mercados líquidos.

Investi também tempo e recursos próprios em um experimento de *quant trading*, uma tentativa de gerar alfa via algoritmo ao decompor gaps em "sinal" e "barulho" — esses gaps seriam produzidos por novas informações em meio à baixa liquidez entre fechamento e abertura dos mercados.

Com sócios também recém-saídos do Pactual, fundei a JGP (*hedge fund* onde permaneci por cinco anos)* e me associei ao Fidúcia (*asset management* onde fiquei por dois anos). Minhas teses macroeconômicas continuavam relevantes para o excelente desempenho dos fundos. Meus sócios mais próximos sugeriram que eu mantivesse o foco no macro (minha maior força) e interrompesse meu "programa de aperfeiçoamento pessoal" (correção de deficiências), lastimando minha insistência. Foram anos de muito aprendizado sobre os mercados e sobre mim mesmo. Uma experiência valiosa, embora demasiado longa e custosa.

Um ambiente mais equilibrado

Ainda no Pactual, comecei a introduzir a filosofia de Warren Buffett na alocação de recursos próprios e no *asset management*.** Mas, com episódios ainda frequentes de turbulência macroeconômica e com fundos de ações resgatáveis em prazos curtos, os investimentos eram necessariamente em ativos líquidos, ou seja, títulos do Tesouro e ações de empresas já listadas em bolsa, ativos de renda fixa ou de renda variável com liquidez.

---

* A sigla JGP refere-se a Jakurski e Guedes Partners. André Jakurski é um dos fundadores do Pactual.

** Área responsável pela gestão de fundos.

No ambiente mais estável e no mercado financeiro mais amadurecido, eu precisava de um veículo diferente para poder aplicar uma visão com horizonte mais longo. Os autores que me inspiravam nessa fase eram Buffett, Philip Fisher, Benjamin Graham, Peter Lynch e Michael Porter. É sempre o conhecimento e uma busca de veículos para você fazer o que gosta.

Eu queria fazer a fusão de dois estilos de investimento. O de Buffett, em ações de empresas listadas, e o de Michael Milken, em títulos *high yield** de renda fixa, na verdade dívidas de companhias emergentes. Identifiquei empresas emergentes que se tornariam vencedoras em longo prazo, como Localiza e Natura.

Decidi, por fim, montar a BR Investimentos para fazer *private equity*. Entre 2006 e 2007, organizei tudo: filosofia de investimento, estratégia, sócios, captação, estrutura. Em 2008, estávamos prontos para lançar o primeiro fundo. Começamos do zero, com 100% das ações sob meu controle. Posteriormente, distribuí participações para sócios seniores e permiti que cada um deles trouxesse outros profissionais. Assim diluímos as participações de forma estratégica.

Nossas teses de investimento tinham quatro camadas de ganhos potenciais:

- Arbitragem entre empresas listadas e não listadas em bolsa. Naquela época, havia uma enorme diferença de *valuation* entre esses dois universos.
- Foco no setor de educação em todas as suas dimensões. Isso proporcionaria um ritmo de crescimento muito superior ao da economia.
- Estruturação de parcerias (*partners of choice*). Preferíamos colaborar com os melhores especialistas em busca das consolidações de cada segmento, exigindo desconto no valor do investimento inicial (*margin of safety*), em vez de pagar prêmios de controle.
- Estratégias de captação de recursos dos fundos e estrutura financeira das empresas investidas.

* Papéis *high yield* embutem um maior risco de crédito, mas também maior potencial de retorno.

O avanço das redes sociais acabaria por derrubar a rentabilidade da mídia convencional e ampliaria o alcance da educação executiva. Grandes operadores da mídia tradicional se interessaram pela tese. O grupo alemão Bertelsmann se tornou primeiro um grande investidor em meus fundos, depois controlador de uma das empresas investidas — a Afya, que liderou a consolidação das escolas de medicina e se tornou o maior grupo educacional do país.

Também na área de mídia, atraímos grupos nacionais, como O Globo e *RBS*, para a aquisição da HSM — empresa líder em educação executiva de qualidade à época — e o apoio à distribuição de conteúdo de qualidade.

Desenvolvemos ainda a Abril Educação (hoje se chama Somos Educação, incorporada à Cogna), que se tornou uma das maiores redes educacionais de ensino básico, por ter consolidado redes locais (por exemplo, Anglo-SP e PH-Rio). Promovemos diferenciais, tais como educação bilíngue, programas de *soft skills* e ensino digital, em um modelo de negócios escalável, com produtos diversificados e alcance nacional.

Quanto à captação dos fundos, a opção estratégica era por investidores institucionais e grandes fortunas em moeda local, durante um período de oito anos, que poderia ser ampliado para dez anos. Devido à grosseira sobrevalorização da moeda nacional no início do fundo, era fundamental evitar que desvalorizações cambiais ocorridas antes do desinvestimento derrubassem a taxa de retorno em dólares para o investidor estrangeiro.

Da mesma forma, eram decisivos o timing da alavancagem, a abertura de capital e o desinvestimento das empresas investidas como agentes das consolidações de redes educacionais.

Ministro da Economia

Fui sondado algumas vezes para integrar equipes de governo. No início dos anos 1980, minhas opiniões começaram a ganhar destaque na mídia. A inflação se acelerava rumo aos três dígitos, e o desequilíbrio das contas externas se agravava. As missões do Fundo Monetário Internacional (FMI) que vinham ao Brasil buscavam minha análise técnica, com grande repercussão na imprensa.

Primeiro fui convidado para integrar o Banco Central. O Delfim Netto e o Affonso Celso Pastore me procuraram pela propagação de minhas opiniões. Na primeira conversa, Delfim passou quase duas horas falando, justificando o que estava dando errado na economia, com a inflação subindo de 50% para 70%, depois para 100%, 150% ao ano. No final, disse: "Venha para o Banco Central. Já falei com o Pastore; você será nosso diretor". Fiquei surpreso, mas também entusiasmado com a possibilidade.

Mas o Pastore me disse uma coisa que mudou minha percepção: "Você esteve recentemente em Salvador, não esteve? Substituiu o Simonsen em uma palestra e criticou a política econômica em vários pontos". Eu confirmei, e ele continuou: "O Delfim ouviu a gravação. Você não mencionou nomes, mas detonou toda a política cambial, a política de crédito e a gestão do orçamento monetário. Depois de ouvir tudo, ele disse: 'Conhece esse cara? Vou chamá-lo para ser diretor do Banco Central porque, se vamos afundar, ele vai afundar com a gente. Não podemos deixar esse cara falando isso por aí'". Agradeci pela generosidade da revelação. No final do meu doutorado, Pastore fez um sabático em Chicago, onde ficamos amigos. Rimos muito, pois recusei de imediato o convite.

Mais tarde, em 1985, com a abertura democrática e a eleição do Tancredo Neves, fui sondado novamente. Na época, o ministro da Fazenda, Francisco Dornelles, contou-me pessoalmente que havia pedido ao Delfim e ao Mário Henrique Simonsen três indicações para o Banco Central. Meu nome fora o único a aparecer nas duas listas. Dornelles me disse: "Pelas indicações, você seria meu presidente do Banco Central, mas é muito jovem. Vou escolher alguém mais experiente e quero você na diretoria". Não aceitei.

Na época, o próprio ex-ministro Simonsen me aconselhou sobre uma eventual participação no governo: "No primeiro terço da vida, você já se dedicou à sua educação; no segundo, adquira sua independência financeira; e, no último, compartilhe sua experiência com o país. Muitos fazem o contrário: experimentam com o país antes, tornam-se conhecidos, para depois ganharem dinheiro no mercado".

No final dos anos 1980, com a inflação anual já em quatro dígitos, fui sondado por dois interlocutores credenciados sobre a possibilidade de substituir o então ministro da Fazenda, Maílson da Nóbrega. A ideia era que eu pudesse antecipar um programa econômico de mudanças dos regimes fiscal, monetário e cambial, que eu preparava para Guilherme Afif, candidato liberal às primeiras eleições diretas, em 1989.

A mudança simultânea dos regimes era o fundamento para o fim das hiperinflações: um programa fulminante, rápido e indolor. A proposta era defendida pelos economistas Robert Lucas e Thomas Sargent, meus professores em Chicago que receberiam o prêmio Nobel por seus estudos em um futuro próximo. Eu trouxera ambos ao Brasil quando o país mergulhou rumo à hiperinflação após o colapso do Plano Cruzado.

A legitimidade política dessas reformas, bem como a capacidade de sua implementação, seria assegurada pelas eleições diretas. Por essas razões, descartei a possibilidade de antecipar o choque liberal em duas breves conversas com os interlocutores credenciados.

Após tentar construir uma candidatura de centro para evitar a polarização política, em 2018 decidi aceitar o convite do candidato e depois presidente eleito Jair Bolsonaro para formular seu programa econômico, em uma aliança de centro-direita, de conservadores na política e liberais na economia.

Futuro verde e digital

O mundo atravessa hoje um período de reconfiguração das cadeias produtivas. Os fatores mais importantes são geopolíticos, regulatórios, ambientais e de inovação. Passaram-se oito décadas de predomínio das democracias liberais promovendo progresso material, cultural e espiritual. Mas a exaustão do processo de integração econômica pela globalização e o choque geopolítico entre as sociedades abertas e o autoritarismo dirigista inauguram uma fase de desordem mundial.

Os embates geopolíticos, as questões ambientais, as inovações tecnológicas e as novas regulamentações são os vetores dos investimentos futuros. O mundo segue em direção a um futuro verde e digital.

Verde porque, na linguagem dos economistas, a preservação ambiental entrou na função utilidade. Tanto os consumidores quanto os agentes que conduzem as políticas públicas valorizam cada vez mais a pauta verde. O que, por sua vez, ainda nessa linguagem, significa que a transição energética entrou na função de produção das empresas. Toda a engrenagem econômica se reorienta para investimentos em segurança alimentar sustentável, economia de baixo carbono e transição energética.

O futuro é também digital. Pois mesmo a transição energética requer inovações para ser financeiramente sustentável. Eficiência ambiental exige inovações lucrativas: maiores lucros com menos poluição.

Esses são os temas de investimento da YvY Capital, da qual participo como sócio sênior e chairman do conselho. Investimos, por exemplo, em empresas de agrotech que economizam até 90% no uso de pesticidas com o emprego de robôs em substituição às nuvens de defensivos lançadas por aviões. Também utilizam aplicativos de geolocalização, um Waze dos tratores, para economizar até 40% no uso de diesel.

A reconfiguração das cadeias produtivas é transversal. Atravessa o agronegócio, a indústria, a infraestrutura e os serviços. Da mesma forma que um MBA executivo em finanças transformava engenheiros em banqueiros, é necessário agora capacitar profissionais para a transição energética em todas as suas dimensões. É o que faço na Vivens Business School, uma escola voltada para a transição energética com base digital.

Na área de edutech, a medicina robótica é outro exemplo da eficiência das inovações tecnológicas à disposição do capital humano especializado. Diagnósticos com base em dados de exames processados por inteligência artificial, formulação de "gêmeos digitais" para simulação de uma sequência de cirurgias virtuais, com vistas ao software da cirurgia "perfeita" para aquele paciente. A medicina robótica preserva vidas ao aumentar a precisão da cirurgia e a produtividade do médico, e proporciona maior acesso devido à derrubada dos custos."

CAPÍTULO 11

Ralph Gustavo Rosenberg

CIO e gestor dos fundos de infraestrutura da Perfin Investimentos

Formado em administração de empresas, com especializações em finanças e energia elétrica, Ralph Gustavo Rosenberg sempre quis atuar no mercado financeiro — mais especificamente com ações. Começou a carreira em 2001, trabalhou nos bancos Santander e Safra e teve passagens por gestoras independentes. Em 2007, fundou com alguns sócios, entre eles José Roberto Ermírio de Moraes Filho, a Perfin Investimentos, de início especializada em fundos de ações. Depois de um período, foi criada a área de wealth management *da empresa. Em 2016, Rosenberg estruturou, junto com o time e os sócios, os estratégicos e bem-sucedidos investimentos em infraestrutura feitos pela Perfin Infra, que mudaram o perfil da gestora. Em 2024, o grupo Perfin tinha cerca de 14 bilhões de reais em fundos de infraestrutura, 1 bilhão de reais em fundos de ações e 22 bilhões de reais em* wealth management.

Movido pela necessidade

"Meu avô veio da Alemanha, fugindo da Segunda Guerra Mundial. Ele chegou ao Brasil sem nada, sem falar português, e montou uma holding que atuava no setor petroquímico, a Cevekol. Na Alemanha, detinha uma autorização que lhe permitia operar na bolsa, então também trouxe essa experiência para o Brasil e passou a investir em ações aqui. A Cevekol chegou a ser uma das maiores petroquímicas do país, mas faliu depois que meu avô morreu, em 1986. Minha mãe, que assumiu a empresa, não conseguiu mantê-la funcionando, por diversos motivos. Eu tinha oito anos quando a companhia entrou em concordata, que depois evoluiu para uma falência, então acompanhei todo esse processo difícil.

Do ponto de vista profissional, um grande aprendizado que essa experiência gerou foi entender que um negócio pode ficar insolvente mesmo se tiver ativos. Liquidez é fundamental. E uma dívida cara é a que não existe. No campo pessoal, entendi o valor da resiliência, da perseverança e do trabalho duro — tanto do lado do meu avô quanto do da minha mãe. Também observei minha mãe lidando com essa situação dificílima com muita seriedade e honestidade, embora cometendo alguns erros. Tudo isso serviu como uma enorme base de aprendizado para me tornar o ser humano que sou hoje.

Sempre tive vontade de começar a trabalhar logo e me desligar da dependência familiar. Esse era um dogma importante para mim. Também queria uma carreira que me permitisse mudar de área caso não gostasse da minha escolha inicial. Por isso, decidi estudar administração: parecia flexível o suficiente. Na faculdade, descobri minhas afinidades e fui me especializando no que já gostava: finanças — especialmente ações, com seu link para a economia real. Não sei dizer de onde vem a minha atração por bolsa com link na economia real e não apenas por cotação em si. Talvez seja herança do meu avô, que também investia em ações e tinha paixão por elas.

Já no primeiro semestre da faculdade, eu sabia que queria seguir carreira em investimentos — e sempre trabalhei com isso. Comecei estagiando em uma corretora, a Novinvest, em 2001. Trabalhei também em gestoras de recursos independentes e nos bancos Safra e Santander, sempre na área de investimentos e com foco em ações.

Depois disso, em 2004, eu e mais quatro amigos criamos um clube de investimentos. Era um "family and friends", com apenas 100 mil reais. Eu gerenciava o fundo na parte de ações, e os outros sócios captavam recursos e ajudavam com inputs eventuais. Era algo informal, sem fins lucrativos. O objetivo era investir nosso próprio dinheiro, que, no meu caso, era quase nada.

Mas o grupo cresceu e, em 2007, já tínhamos mais de 50 milhões de reais, apenas com amigos e conhecidos. Não ganhávamos nada com isso, só que o fundo tinha boa performance e foi crescendo até atingir o limite de 150 cotistas. Diante disso, decidimos profissionalizá-lo. Pegamos a estrutura de uma gestora que já existia, a Perfin, e transferimos o clube para ela.

No passado, a Perfin era gerida por dois sócios: o Leonardo Corrêa, que mais tarde deixou a gestora para trabalhar na MRV, tornando-se uma pessoa de confiança do Rubens Menin,* e o Luis Perego, que acumula passagens por bancos como Votorantim, BMC e Fibra. Não lembro como meu currículo chegou até eles, mas fui chamado para uma entrevista e me identifiquei com a proposta. Sempre preferi ambientes menos formais e hierárquicos, e a Perfin me proporcionava isso. Trabalhei diretamente com o Leo na área de ações, enquanto o Luís era responsável por renda fixa e moedas. Foi uma experiência positiva, em um ambiente de trabalho descontraído e com uma equipe bastante qualificada.

Fiquei na Perfin por um ano e meio, até 2006. Com o convite para estruturar o IPO da MRV, o Leo saiu da empresa, e eu decidi me mudar para o Rio de Janeiro. Aceitei um cargo em uma gestora chamada Queluz/Avanti, que administrava um fundo multimercado de aproximadamente 500 milhões de reais, um valor significativo na época. Minhas responsabilidades incluíam a gestão da carteira de ações do fundo, que era dividida em duas estratégias: *long and short* e direcional.

* Fundador da MRV.

Enquanto isso, o clube de investimentos continuou crescendo, ainda que com algumas dificuldades. Além disso, não me adaptei à vida no Rio e queria voltar para São Paulo. Foi quando conversamos com o Luis Perego sobre a possibilidade de assumirmos a Perfin. Ele topou, e foi assim que, em 2007, demos início ao grupo Perfin como o conhecemos hoje. A Perfin passou por uma grande evolução ao longo dos anos, é claro, mas tudo começou com um clube de investimentos em 2004.

Não foi fácil virar dono do próprio negócio de ações, mas acho que a necessidade nos impele a fazer as coisas. Sempre tivemos na Perfin uma mentalidade de negócios. Saber como empreender e ser executivo ao mesmo tempo não é simples, principalmente quando não se tem um grande tutor, mas perseverança, resiliência, cabeça de sociedade e honestidade intelectual nos ajudaram muito.

Quando o todo importa mais que o individual

Ao montarmos a gestora, sabíamos que lidar com ações no Brasil seria difícil e volátil. Por isso, queríamos ter uma empresa que não dependesse só da bolsa e, já em 2008, montamos a área de *wealth management*.

Precisávamos de pessoas diferentes para tocar cada área, não só por questões de compliance, mas também de foco e expertise. Buscamos pessoas com veia empreendedora, porque montar um negócio exige mais do que competência básica. É preciso ter estômago, inteligência emocional, vontade de construir algo e saber lidar com as adversidades, que sempre vão acontecer.

Tivemos a sorte de encontrar dois sócios, o Gaspar Gasparian Neto e o Daniel Chaves, que estão conosco até hoje. Eles tocam a parte de *wealth* com o restante do time que entrou em 2008. O Beto sempre ajudou com a abertura de portas, ideias novas e captação de recursos. Hoje, a parte de *wealth management* tem mais de 22 bilhões de reais sob gestão.

O *wealth* sempre operou de forma totalmente separada do restante da empresa. Essa é uma diretriz importante para os sócios. Entendemos que cada um deve tocar sua área com independência. Claro, discutimos no comitê executivo questões relacionadas à empresa, sobretudo a estratégia, e às vezes discordamos. Mas o tempo mostrou que essa forma de gestão tem funcionado bem — e também que temos uma partnership forte e resiliente.

O comitê executivo é formado por seis pessoas: Gaspar Gasparian Neto, Daniel Chaves, José Roberto Ermírio de Moraes Filho (Beto), Alexandre Sabanai e Carolina Rocha (Carol). Desse grupo, eu só conhecia o Beto quando montamos o negócio.

Não é fácil ter uma parceria duradoura que lide com negócios distintos. Se uma pessoa for muito ambiciosa e quiser ficar com tudo quando sua área estiver em alta, irá afastar o restante do negócio. É preciso ter bom senso para pensar se o todo não é mais importante do que o individual — em muitos casos, é. Faz parte do papel do empreendedor e empresário com visão de longo prazo construir algo que tenha uma proposta de valor boa para todos os stakeholders.

Algumas pessoas preferem não pensar no futuro. Querem apenas fazer o que gostam, fechar o negócio e receber por isso. Acho que não há certo ou errado nesse ponto, mas é importante que esteja claro para todos quais são o objetivo da empresa e sua cultura. Nosso intuito sempre foi o de criar uma empresa, um negócio em cada gestora do grupo, que dure além do nosso período, mas que ao mesmo tempo possa perpetuar essa cultura empreendedora, resiliente, perseverante e especializada em investimentos. Queremos que a empresa continue funcionando mesmo quando o Gaspar, o Daniel, o Beto, o Sabanai, a Carol, eu e os outros sócios de hoje não estivermos mais aqui.

O susto de 2008

Quando chegou a crise de 2008, já tínhamos o negócio de *wealth management* funcionando, ainda pequeno, mas contribuindo para diversificar a empresa. Mesmo assim, foi um período muito difícil.

Estávamos começando a Perfin e enfrentando todas as dificuldades que isso implica, como captar recursos. Além disso, éramos jovens e tínhamos as contas da empresa e as de casa a pagar. Eu também ajudava com as despesas da minha mãe. Foi bem complicado, mas, como grupo, soubemos superar as adversidades. O apoio mútuo foi vital.

Por outro lado, se é que podemos tirar algo positivo disso, a experiência foi muito válida e a crise foi relativamente rápida. Se tivesse durado mais tempo, talvez não tivéssemos sobrevivido. A união e a vontade de empreender, de construir um negócio, além do bom senso dos sócios, foram pontos fundamentais para superarmos não só essa crise, mas as outras que vieram depois — e as que continuarão vindo.

Na parte de ações, a gente se diferenciava pela proximidade com as empresas, e isso nos deu um conforto, mesmo em 2008, para continuar investindo e manter e/ou aumentar posições-chave. Não quer dizer que não cometemos erros. Houve vezes em que essa proximidade e a confiança no nosso trabalho e nas teses nos atrapalharam, e em que acabamos subestimando um pouco os problemas, conjunturais ou estruturais. Mas esses erros valeram para ajustar processos, de forma a evitar novos problemas no futuro.

Tivemos dois grandes erros nas teses de ações. Um foi em uma empresa de construção de rodovia, a Arteris, que teve um fechamento de capital complexo. É um grupo sério, mas até hoje está com dificuldades. O outro foi com a Tecnisa. Nesse caso, não foi uma questão relacionada à empresa em si; todo o setor estava muito mal. Isso aconteceu entre 2013 e 2015. De 2016 em diante, adaptamos o portfólio.

Foram bons aprendizados, que nos ensinaram a não subestimar problemas estruturais de empresas, tais como estrutura de capital, comprometimento de capital com *duration* alta e retornos duvidosos, baixa margem de segurança, ciclicidade junto com impactos macro no ciclo de investimento, falta de processo, alinhamento de acionistas, executivos, entre outros. Tudo isso é uma bagagem que levamos para montar a área de infraestrutura. Não quer dizer que não vamos errar de novo; com certeza vamos, mas não podemos cometer os mesmos erros.

"Viciados" em infraestrutura

O Brasil tem um ambiente bastante positivo para investimentos em infraestrutura. É um país continental, com mais de 200 milhões de habitantes, muitos recursos naturais, com uma completa falta de capacidade de investimento por parte do Estado e uma regulação que, apesar dos sustos eventuais, tem uma evolução constante e é respeitada no Judiciário em muitos casos. O setor oferece ainda proteção contra a inflação, capacidade de alavancagem, demanda resiliente, margens altas e acesso constante ao mercado de crédito.

Em 2016, ao analisarmos o setor de energia, que sempre nos atraiu por sua resiliência e capacidade de repassar a inflação em um país cíclico e volátil como o Brasil, percebemos uma oportunidade única. Como não somos especialistas em *market timing*, buscamos oportunidades estruturais em setores e empresas que consideramos bons, mas que em determinado momento passam por uma situação de má compreensão do mercado.

Naquele ano, o mercado de transmissão de energia estava muito abandonado na bolsa. Havia muita coisa acontecendo: pré-impeachment da presidente Dilma Rousseff, recessão. Além disso, poucos players tinham capacidade de investir: as estatais estavam alavancadas e sem condições de participar de leilões; as empresas privadas estavam em dificuldades na estrutura de capital. Ao mesmo tempo, após sucessivos equívocos, o governo estava ajustando a regulação para atrair investimentos de novos players.

Passamos a analisar a Alupar, uma das maiores empresas privadas de transmissão da América Latina. Havia um certo dogma de que a companhia não conseguiria crescer, mas nossa análise mostrava o contrário.

Decidimos conversar com os acionistas, e consegui marcar uma reunião com o José Luiz de Godoy Pereira, presidente do conselho e CFO da Alupar. Queríamos conhecer melhor a empresa, que parecia ter preço baixo. Modelamos as linhas de transmissão e a geração de energia, e identificamos que a companhia era muito boa em linhas de transmissão.

Gostamos da transparência e da receptividade do José Luiz, do Paulo Roberto de Godoy Pereira (presidente e um dos grandes acionistas da empresa) e dos demais acionistas. Os funcionários, que estão lá há muito tempo, também foram muito transparentes. Responderam a todas as nossas dúvidas e questionamentos sem pestanejar. Construímos um excelente relacionamento com eles, algo fundamental para o negócio de infraestrutura, e que dura até hoje.

Naquela época, liguei para o Itaú e o Santander, bancos de referência da Alupar. Ambos disseram que gostavam do grupo e trabalhavam com eles. Isso também foi muito importante para a construção da tese de investimento, por se tratar de uma empresa de capital intensivo, em que o crédito com mercado de capitais é fundamental.

Com tudo isso, em meados de 2016, a Alupar anunciou um aumento de capital privado. Subscrevemos metade do capital a que o controlador teria direito, e o mercado e controladores subscreveram o restante. Para isso, montamos um fundo, dividindo o investimento entre o nosso fundo normal de ações e um novo, com uma tese específica de infraestrutura de quatro anos na Alupar.

Esse foi o início do negócio que culminou na Perfin Infra. Gosto de dizer que a Alupar e os investidores que acreditaram e continuam acreditando desde então na tese de infra foram peças fundamentais para que, oito anos depois, chegássemos ao estágio atual.

Os controladores foram muito fiéis ao acordo. Embora o preço tenha subido entre o anúncio da oferta (tinha preço fixo) e a liquidação, eles honraram o compromisso conosco, mesmo com uma diferença de 25 milhões de reais. Essa atitude foi mais uma prova da seriedade da família e de que estávamos no caminho certo.

Capital é commodity

Depois de finalizarmos o investimento nas ações da Alupar, um leilão de transmissão que aconteceria em agosto foi adiado para outubro de 2016. Vimos ali uma oportunidade: como o negócio era interessante e a empresa ainda tinha uma alavancagem relativamente alta, propusemos participar do leilão em parceria. A companhia gostou da ideia e montamos o nosso primeiro FIP de infraestrutura. Não tínhamos experiência nesse setor, mas sabíamos que eles eram os melhores em linhas de transmissão e operação.

Montamos o fundo com uma boa governança, em que cada um contribuiu com o que mais sabia, com acordo de acionistas justo, mecanismos de proteção caso algo desse errado e solução para a estrutura de capital do projeto, e fomos participar do leilão. Ganhamos dois lotes, com um investimento total de 2 bilhões de reais e retornos muito acima do que esperávamos originalmente. Foi uma dose de adrenalina que viciou.

A parceria com a Alupar foi muito bem recebida por ambos os lados, e desde então participamos de mais de dezessete leilões juntos, tanto no Brasil quanto no exterior. Também ganhamos mais ativos, compramos ativos juntos e olhamos outras oportunidades em conjunto. Gostamos muito do grupo e da nossa sociedade.

A experiência com essa parceria vale mais do que qualquer curso ou mestrado. Não nos colocamos apenas como um player financeiro, que fornece capital. Afinal, capital é commodity, pode ficar mais caro ou mais barato. Buscamos oferecer mais do que isso em nossas sociedades, e sempre respeitando a governança e o espaço de cada um.

Soubemos replicar esse modelo em outros segmentos com outros grupos de primeira no Brasil, como Casa dos Ventos, Solatio, Comerc, Equipav, Aegea e Vibra. Acho que isso é parte importante do sucesso que tivemos nos nossos investimentos até aqui.

Apostando em vento, rodovias, saneamento

A especialização é muito importante para nós. A partir da parceria com a Alupar, nos aprofundamos nas questões regulatórias, financeiras e de governança do setor de energia e, posteriormente, de infraestrutura. Também tentamos ser criativos dentro da estrutura, adaptando-nos às necessidades de cada parceiro. Nunca chegamos a uma reunião com a intenção de impor nosso modelo. Queremos saber o que a outra parte precisa e o que faz sentido para ela.

Montamos uma estrutura que funciona para os dois lados, com foco no longo prazo. Não adianta pensar em sair da sociedade em três anos. Esse tipo de investimento exige um horizonte de longo prazo. Se um lado pensa em cinco anos e o outro em quinze, mesmo que ambos sejam boas pessoas, pode haver conflito. Isso deve ser evitado ao máximo.

Hoje, temos cerca de 14 bilhões de reais de gestão em infraestrutura; 98% desse valor vem de grandes famílias que investem conosco desde o início. A confiança desse grupo de investidores foi conquistada com transparência, estruturações de transações justas para todos os stakeholders e visão oportunista nos setores-alvo, focada em retornos nos investimentos, e compromisso sério com as obrigações assumidas. Na estruturação, sempre pensamos no *downside* e no *upside* de qualquer investimento. No entanto, não basta olhar só o potencial de retorno ou só a proteção do capital. É preciso buscar um equilíbrio entre os dois, e esse ponto sempre está presente no que buscamos fazer.

Continuamos a investir em transmissão, mas, no segundo semestre de 2017, percebemos que o setor estava saturado. Procuramos então a Casa dos Ventos para explorarmos a área de geração de energia eólica. O Beto conhecia o Lucas Araripe, filho do Mário Araripe, fundador da Casa dos Ventos, e a empatia entre as partes foi fundamental para a criação de uma estrutura similar à da Alupar, agora para investimentos em energia eólica no mercado livre.

Evoluímos dentro da cadeia do setor elétrico: em 2018, investimos em geração distribuída e, em 2020, montamos nosso primeiro fundo multissetorial, que pode investir em diversos segmentos do setor de energia, além de rodovias e saneamento. Fizemos o investimento na Comerc, que até então tinha grande foco e liderança na gestão e trading de energia. Esse investimento, junto com nossos ativos de energia ex-transmissão, culminou em uma das maiores empresas de soluções energéticas do Brasil. A Vibra adquiriu 50% do capital antes do IPO.

Em parceria com a Equipav, criamos a plataforma de investimentos em concessões de rodovias e mobilidade EPR, que hoje tem cinco concessões e cerca de 25 bilhões de reais em investimentos. Investimos também com a Aegea, que é controlada por Equipav, Itaúsa e GIC (o fundo soberano de Cingapura), na privatização da Corsan, e a transformamos em uma plataforma de saneamento dos acionistas para a região Sul do Brasil. Além disso, continuamos a parceria com a Alupar adquirindo dois projetos de transmissão em leilões distintos e investimos em mais um parque solar na Bahia com contratos em dólar.

Um fundo para a Poli

Em 2020, o Luis Soares (Núcleo Capital), o Luis Stuhlberger (Verde) e o Luiz Guerra (Pragma) nos procuraram. Eles queriam saber se a gente tinha interesse em montar um fundo de *utilities* nos setores de infraestrutura em que atuamos apenas com empresas listadas na bolsa. A intenção era alocar uma parte pequena do capital do *endowment* da Poli. Ficamos muito honrados e, por coincidência, estávamos discutindo essa mesma ideia internamente.

Acreditamos que há muita complementaridade entre investir em empresas listadas e não listadas, e meu sonho seria ter um fundo híbrido que pudesse aplicar em ambos para aproveitar melhor as oportunidades que surgem com a volatilidade. Os ativos listados podem estar caros enquanto os privados estão baratos, e vice-versa. Operar bem nessa dinâmica é um diferencial importante.

Esse fundo tem cerca de três anos e está indo muito bem, com o Marcelo Sandri como gestor e eu como CIO. Além disso, a equipe conta com duas pessoas que monitoram os investimentos em energia, saneamento e rodovias, setores que acompanhamos na área de infraestrutura, fora todo o suporte do time de ilíquidos de infra.

Conforme fui me especializando em infraestrutura, a gestão da parte de ações, que totaliza cerca de 1 bilhão de reais, ficou sob responsabilidade do Sabanai junto com o Paulo Ghedini. Isso aconteceu no início da pandemia. Antes, o Sabanai era cogestor comigo, mas já vinha assumindo a liderança das operações, pois era impossível eu coordenar ambas as áreas.

O BTG comprou uma participação minoritária na nossa empresa, em 2021. E por quê? Não acredito que o negócio de gestão de recursos no Brasil deva ser listado na bolsa — ainda mais no caso de uma empresa com time de gestão ainda relativamente novo e com décadas pela frente, como é o nosso caso. Ter capital aberto consome tempo, exige atenção e, para um negócio *asset light*, pequeno ou médio, não vejo muito potencial de ganho. Faz mais sentido ter bons sócios que ajudem a desenvolver, aprimorar processos e institucionalizar a empresa.

"Se o projeto for bom, o dinheiro aparece"

Gostamos de investir em ativos com demanda reprimida e que operem em ambientes regulatórios favoráveis. Buscamos capturar oportunidades em mercados em desenvolvimento, como foi o caso de geração distribuída, autoprodução por equiparação no mercado livre, entre outras. O Brasil gera esse tipo de oportunidade, mas exige agilidade, pois nosso custo de capital é mais alto que o de outros players.

Vejo boas oportunidades de médio prazo nos setores de rodovias e saneamento. Há uma enorme demanda reprimida e poucos players capitalizados e organizados para fazer investimentos. Gostamos muito de montar plataformas, porque depois podemos criar novos players. Não quer dizer que não existam opções boas em outros setores, como energia, portos e logística, apenas acho que existe uma oferta maior de projetos nesses outros segmentos.

Em 2016 e 2017, foi a vez de investirmos em transmissão; depois, foi a vez de focar geração centralizada eólica e solar com autoprodução e geração distribuída — até que, em 2024, chegamos a rodovias e saneamento. Precisamos ficar atentos à melhor relação risco-retorno e, acima de tudo, entender por que essas oportunidades estão surgindo.

Quando falo em plataforma, me refiro a uma nova empresa que é criada ou transformada para investir em um segmento específico. Para ter sucesso, o projeto precisa ser bem estruturado e a plataforma precisa ser bem montada.

A grande vantagem de uma plataforma é que ela não é um ativo em si. Por exemplo, em vez de investir em uma linha de transmissão específica, é possível investir em uma plataforma que pode originar novos projetos e crescer por conta própria. Isso facilita a criação de liquidez, pois, quando há um único ativo (*single asset*), o público potencial de compradores é mais restrito, principalmente se você não tem controle da empresa.

Já temos plataformas nessas áreas. A EPR é nossa plataforma de rodovias, e a Corsan é nossa plataforma em saneamento para a região Sul do Brasil. O marco regulatório do saneamento ajuda, e o mercado ainda tem poucos players, o que evita a concorrência excessiva. As empresas que já estão no mercado estão com estrutura de capital perto do limite, com balanços apertados e muitos projetos para tocar, abrindo assim espaço para novos entrantes e/ou players financeiros.

As rodadas dois e três de concessões de rodovias também estão gerando problemas, com necessidade de reequilíbrio dos contratos. Isso significa que há investimento adicional para ser feito nesses projetos. Acreditamos que, se o projeto for bom, o dinheiro aparece. O problema é investir em projetos ruins. Um exemplo foi o leilão da BR-381, em Minas Gerais, que não recebeu nenhuma proposta. Analisamos e concluímos que os riscos geológicos e de desapropriação não estavam bem equacionados, o que tornava o negócio muito arriscado.

A infraestrutura do mundo precisa ser refeita

As regras do setor de infraestrutura no Brasil funcionam bem. Apesar de sempre haver espaço para melhorias, a regulação não é catastrófica. Existe um consenso entre esquerda e direita de que o modelo de concessões é necessário. As Parcerias Público-Privadas (PPPs) e concessões são aceitas por ambos os lados.

Quando as agências reguladoras não sofrem muita interferência política, elas evoluem. Claro, sempre há interferência, mas ela precisa ficar em um nível aceitável. A Agência Nacional de Transportes Terrestres (ANTT), por exemplo, evoluiu muito na regulação das rodadas quatro e cinco de concessões: matriz de risco, arbitragem, verificador independente, proteção no tráfego e riscos extraordinários, tudo isso foi aprimorado.

Quando olhamos globalmente, existem muitas oportunidades no setor de infraestrutura em diferentes países. Se compararmos os níveis de investimento no setor entre 2012 e 2016 com os de hoje, veremos um aumento significativo. A questão energética é apenas um dos fatores. A infraestrutura do mundo precisa ser refeita. Isso significa que estamos competindo com grandes volumes de capital.

O fato de o Brasil não ser membro da Organização para Cooperação e Desenvolvimento Econômico (OCDE) dificulta o acesso ao capital. A OCDE está para investimentos em infraestrutura o que o grau de investimento está para a dívida.* É verdade que, se o Brasil se tornar membro da OCDE, a competição vai aumentar, mas também haverá mais capital disponível e ele será menos cíclico.

Em comparação com outros países da América Latina, o grande diferencial do Brasil é o seu tamanho. Países como Peru, Chile e Colômbia, apesar de terem algumas vantagens, são muito pequenos para que um investidor possa montar uma plataforma de grande escala. O Brasil tem potencial para se tornar um hub para investimentos, assim como o México está se tornando para os Estados Unidos.

Mas isso depende de políticas públicas adequadas. O foco deve ser atender a demanda reprimida que já existe, como no caso de saneamento e rodovias. O déficit no saneamento é enorme, e a população precisa de água e esgoto tratados.

* Grau de investimento (ou *investment grade*) é uma classificação dada pelas agências de análise de risco, como Moody's, S&P e Fitch. Indica baixo risco de não pagamento das dívidas.

As rodovias brasileiras estão em péssimo estado, o que impacta negativamente a produtividade. Um exemplo disso é a BR-381, que liga Governador Valadares a Belo Horizonte. Fizemos o trajeto para ver a situação e gastamos sete horas para percorrer trezentos quilômetros. É inaceitável.

Pagar pouco faz diferença

Ao analisar os retornos dos investimentos em infraestrutura, levamos em consideração todo o ciclo de vida do projeto. Cerca de 50% a 60% do valor gerado em um investimento está na entrada. Portanto, o timing da entrada e o preço pago são cruciais para o sucesso do investimento. O restante do valor gerado é dividido entre a execução do projeto e a venda do ativo.

Para minimizar os riscos, buscamos parcerias com empresas experientes que possuem cultura, processo e alinhamento de sócios. Isso nos permite ter acesso a um time entrosado e com expertise na execução e escalabilidade do negócio.

Os investimentos em infraestrutura no Brasil podem ser bastante atrativos, com retornos nominais entre 20% e 25% em reais. Em dólar, esses retornos podem ser de 15% a 20%. Ao antecipar a venda do ativo, podemos gerar ganhos ainda maiores. Nosso primeiro fundo, por exemplo, teve um retorno de dezessete vezes o capital investido.

Em resumo, os retornos dos investimentos em infraestrutura podem ser bastante elevados, mas dependem de uma série de fatores, como timing da entrada, execução do projeto e evento de liquidez. Em geral, o retorno com infraestrutura tem sido superior ao que obtemos com ações.

Certa vez, minha mãe me contou uma história interessante. Ela foi jogar no cassino com um dinheirinho que meu avô tinha lhe dado para se divertir. Acabou ganhando, e meu avô fez o seguinte comentário: “Que droga que você ganhou, porque agora vai achar que vai ganhar sempre!”. Felizmente ela aprendeu a lição e nunca mais jogou.

Essa história ilustra um problema comum na área de investimentos: a falsa sensação de segurança após um resultado positivo. Para quem quer começar a investir, a principal regra é buscar ajuda especializada de profissionais com experiência. É importante também ter cuidado com aqueles que não estão no mesmo alinhamento que você, mesmo que sejam gestores ou assessores.

Na Perfin, acreditamos que a zona de conforto é inimiga do sucesso. Nossa equipe de especialistas em infraestrutura, composta de engenheiros, gestores de investimento, equipe jurídica e de risco, está sempre procurando formas de aprimorar o que fazemos. Isso nos permite identificar oportunidades e levar soluções para as empresas. O crescimento traz responsabilidades, e nos cobramos constantemente para evoluir."

SUGESTÕES DE LEITURA

The Last Kings of Shanghai: The Rival Jewish Dynasties that Helped Create Modern China, de Jonathan Kaufman.
"Gosto muito de ler biografias, e esse livro me foi recomendado por um investidor. Conta a história de duas famílias judias que migraram do Iraque para a China no século XIX, fugindo de perseguições antissemitas. Pela leitura, podemos entender melhor o contexto histórico da China nesse período, inclusive quanto à Guerra do Ópio, à colonização e à Segunda Guerra Mundial. O livro também dá insights sobre o comportamento do Império Britânico com o governo chinês e as relações entre o Oriente e o Ocidente. É uma leitura fascinante que nos ajuda a entender como a China se tornou o país que é hoje."

CEO Excellence: The Six Mindsets that Distinguish the Best Leaders from the Rest, de Carolyn Dewar, Scott Keller e Vikram Malhotra.
"Mesmo não sendo CEO, foi uma leitura muito útil para mim. Compreender a visão desses executivos sobre a relação com o conselho e como é possível interagir de forma mais eficaz com

o conselho e a diretoria foi um dos pontos mais enriquecedores da leitura. Ao entendermos os desafios que eles identificam, podemos oferecer um suporte mais direcionado à gestão executiva da holding."

CAPÍTULO 12

Sara Delfim

Sócia fundadora da Dahlia Capital

Formada em economia pela FEA-USP, Sara tem uma trajetória pouco comum no mercado financeiro. Foi analista de empresas por duas décadas e se tornou referência na cobertura do setor de infraestrutura e transportes. Passou pelos bancos Votorantim, Indosuez, Bear Stearns — que foi absorvido pelo JPMorgan na crise de 2008 — e Merrill Lynch, incorporado pelo Bank of America na mesma época. Em 2017, resolveu que era hora de mudar. Pediu demissão e, depois de alguns meses de reflexão — e investindo o próprio dinheiro —, decidiu partir para o mercado de gestão de recursos. Em 2018, fundou, com sócios, a Dahlia Capital. O nome, inspirado na flor dália, simboliza a resiliência e a aspiração de longo prazo da empresa.

Brasil, uma viagem sem volta

"Nasci em Portugal. Na época do fim da ditadura de António Salazar (1933-74) e da transição para a democracia, meus pais passaram por um ano caótico. Meu pai trabalhava na TAP, a companhia aérea portuguesa. Um dia, ele chegou ao trabalho, foi parado no portão e teve o carro tomado pelos trabalhadores da empresa. Havia se instaurado em Portugal, até a eleição de um líder, uma espécie de autogestão dos trabalhadores. Diante disso, meus pais decidiram: "Para onde vamos? Vamos para o Brasil, pois lá fala-se português". Isso já facilitava o recomeço. E vieram para cá, com a ideia de que seria algo temporário. Mas não foi.

A vida no Brasil se tornou permanente. Sempre moramos em São Paulo. Meu pai continuou no mercado de aviação, até que a última empresa na qual trabalhou, a Vasp, quebrou no final da década de 1990. Logo depois, ele faleceu. Ficamos somente eu, minha irmã e minha mãe aqui no Brasil. Eu morria de inveja dos meus amigos de escola, porque eles passavam o dia na casa da avó comendo bolo caseiro e sendo mimados. Eu não tinha avós nem primos por perto, minha infância e minha adolescência foram carentes de família ao redor. Por outro lado, sou muito próxima da minha irmã e da minha mãe.

Medicina era o que eu realmente gostaria de estudar, mas fiz as contas e vi que levaria muitos anos para me formar e começar a ganhar dinheiro. Então escolhi economia, que unia meu interesse pelo assunto ao lado prático de poder começar a trabalhar já no início do curso, fazendo estágios. Decidi estudar economia por um motivo bem racional, sem idealismo. Não tinha nenhuma referência familiar na área — meu pai era engenheiro e minha mãe, dona de casa —, mas me interessava muito pelo assunto, principalmente por inflação. Lembro bem de, numa manhã, ir a uma loja de carros com meu pai e o preço ser um. Após o almoço, quando ele havia decidido pela compra, o preço já era outro. Como podia? O que tinha acontecido?

Estudei muito para passar no vestibular porque não havia estudado numa escola com foco no exame. Consegui entrar na FEA e foi lá que descobri o mercado financeiro. Alguns colegas de curso eram filhos de banqueiros ou já faziam estágio em bancos, e muitos professores também atuavam no mercado financeiro.

No início da faculdade, levei um choque. Ler Keynes, Marx e Adam Smith em inglês? Tive que correr atrás e trabalhei dois anos na escola de inglês Alumni para ter acesso à bolsa de estudos de um dos melhores cursos do Brasil, pelo menos na época. Então fazia faculdade pela manhã, trabalhava à tarde na Alumni e, à noite, fazia o curso de inglês quatro vezes por semana. Lembro de receber holerite em URV (Unidade Real de Valor), era a época do Plano Real.

Depois desses dois anos e com o inglês bem afiado, entrei no departamento de economia do Chase Manhattan. Era uma época turbulenta, com o início da crise nos países emergentes, e os Estados Unidos já haviam começado o ciclo de subida dos juros. Também tive minha primeira experiência com fusão de bancos. Com a fusão do Chase Manhattan com o JPMorgan, acabei não sendo efetivada. Depois disso, me candidatei para um programa de trainee no Banco Votorantim, que foi meu primeiro emprego de verdade. Fiquei lá por três anos no total e rodei por todas as áreas. No processo, acabei optando por me especializar em *equity research*, área pela qual me apaixonei.

No começo, eu cobria empresas de setores diversos que não se encaixavam em uma categoria específica: Pirelli, White Martins, Embraer, Multibrás, Cofap etc. Depois, quando uma analista saiu e foi para o UBS, assumi o setor de papel e celulose. A casa de análise do Banco Votorantim era pequena, sem muito reconhecimento interno e externo. Atendíamos principalmente fundações e investidores institucionais locais, com pouca ou nenhuma exposição a clientes internacionais. Isso me deixava desconfortável e inquieta, eu queria mais. Tinha, e ainda tenho, um lado muito competitivo. Era hora de buscar oportunidades em bancos gringos.

Em 2000, fui para o Banco Indosuez, onde fiquei um ano cobrindo siderurgia, papel e celulose. Comecei como assistente (analista júnior) do time, mas pouco tempo depois o analista sênior saiu e eu assumi a liderança da equipe. O banco havia sido comprado pelo Credit Agricole em 1996, e em 2000 havia dúvidas se as operações na

América Latina seriam mantidas. Com essa incerteza, aliada à baixa relevância do banco no mercado de ações no Brasil, tomei a decisão de procurar outra oportunidade. Decidi buscar uma casa global em que eu pudesse ter contato com esses setores em uma perspectiva internacional, interagir com investidores estrangeiros, uma casa que também tivesse a cultura de participar do ranking anual da Institutional Investor, que avalia os melhores analistas de cada setor. Esse ranking não deixava de ser uma forma de meritocracia.

Um passo atrás, três à frente

Quando saí do Indosuez, já era analista sênior, assinava relatórios de recomendação de investimentos e falava com diversos investidores locais e estrangeiros. O Bear Stearns me ofereceu uma posição de analista júnior. Seria um passo atrás na carreira, mas encarei como uma oportunidade de dar três passos à frente. Era um banco de investimentos com uma equipe de *equity research* excepcional, com todos os analistas ranqueados na Institutional Investor. Então aceitei a proposta. O analista sênior era um estrangeiro, uma pessoa muito agradável de trabalhar junto. Diferente de outros chefes que eu havia tido até então, ele equilibrava trabalho e vida pessoal, não gostava de ficar até tarde no escritório. Eu o admirava muito, mas não era o que eu queria naquele momento. Estava com energia total.

Fiquei como analista júnior dele de 2001 até meados de 2006, cobrindo papel e celulose e algumas empresas de bens de capital, como a Embraer. Foi nesse período que o mercado de capitais no Brasil começou a decolar e começaram os IPOs de empresas de transporte e infraestrutura na América Latina, com os aeroportos mexicanos entre 2000 e 2003, CCR em 2002, Gol em 2004. Começou a nascer ali o setor de transportes e infraestrutura. Passamos a cobrir esse setor, inclusive no México, pois o Bear Stearns tinha abrangência em toda a América Latina.

O Bear Stearns tinha um escritório muito pequeno no Brasil, com apenas três ou quatro analistas, incluindo meu chefe direto, e duas pessoas de suporte. O coração do banco e as pessoas-chave ficavam em Nova York. Obviamente isso me deixou inquieta. Como vão ver o meu trabalho? Outra adaptação importante foi aprender a lidar com um compliance extremamente rigoroso e um Chinese Wall* implacável. E-mails eram fiscalizados, relatórios eram lidos e revisados, o que não acontecia nos bancos locais ou menores pelos quais eu havia passado. Cheguei a ver um analista ser demitido por compartilhar por e-mail sua opinião sobre uma empresa: o compliance avaliou que aquela opinião diferia da que fora publicada no seu último relatório de investimento, ou seja, o analista estava privilegiando um investidor com uma nova opinião que não havia sido "*publicly disseminated*" (ou seja, divulgada).

Mas, no final, foi uma grande escola. Observei como os outros membros da equipe agregavam valor, como faziam as análises, quais eram os aspectos mais importantes do trabalho. Na estratégia comercial, também aprendi muito. Qual era o segredo para 100% do time ser ranqueado, sendo que 70% dos analistas eram número um ou dois? Havia uma ciência naquilo. O II Season, ou seja, o período em que os investidores avaliavam e votavam nos melhores analistas para o ranking da Institutional Investor, era como uma operação de guerra. Trabalhávamos como loucos, longas horas, reuniões, viagens. A diferença que percebi era que os outros bancos começavam a campanha algumas semanas antes do período de votação. No Bear Stearns, o foco e a dedicação começavam três a quatro meses antes. Ninguém podia tirar férias naquele período.

A rotina militar do analista

O trabalho do analista *sell-side* é escrever relatórios com recomendações de investimentos. Mas, para ser bem avaliado, não bastava escrever: era preciso vender a sua ideia. A rotina consistia em publicar

* É o nome dado a um conjunto de medidas que visa impedir a troca de informações que possam gerar conflitos de interesse.

relatórios durante a noite e, no dia seguinte, pela manhã, ligar para o maior número de clientes possível. Eram mais de cem ligações diárias, inclusive mensagens de voz. E tudo era inserido num sistema. Se você estivesse abaixo da média, era questão de tempo até receber uma ligação do head da área.

Além de escrever relatórios com muita frequência e ligar para os clientes, também fazíamos roadshows mundo afora para visitar investidores. A cada semestre, era obrigatório passar uma semana nos Estados Unidos, outra semana na Europa e alguns dias no México, no Chile e na Argentina visitando investidores. A partir de 2008 ou 2009, começamos a ir também para a Ásia — Cingapura, Hong Kong. Essa era a frequência normal. Além disso, com frequência também levava o CEO ou o CFO das empresas que cobria para visitar os investidores no exterior.

Mas o pesadelo mesmo era quando havia um IPO. A rotina de trabalho e viagens era insana. Era um tal de tomar café da manhã em Londres, almoçar no avião para Paris e jantar num avião para Frankfurt. Parece glamouroso, mas não era. Era bem exaustivo. Fazíamos oito reuniões por dia. Não havia tempo para curtir as viagens. Uma reunião cancelada era a melhor notícia do dia! (*risos*) À noite, no hotel, continuava produzindo: escrevia relatórios e respondia e-mails. É uma rotina militar: produzir, ligar, viajar. Fazendo as contas, enquanto analista sênior, acho que fui sessenta vezes a Londres, Paris, Nova York, Boston, Frankfurt e Edimburgo, e pelo menos vinte vezes ao México e ao Chile, e graças a Deus apenas três vezes à Ásia! (*risos*)

Mas também havia viagens muito bacanas. A melhor de todas era a conferência de *emerging markets* da Merril Lynch em Laguna Niguel, na Califórnia. A conferência era no Hotel Ritz, à beira-mar. As reuniões iam até as três horas da tarde; depois havia atividades (pedalar, ioga, golfe, passeios, futebol etc.) e o jantar. Nesse período de atividades aproveitávamos para interagir com os investidores e com os executivos das empresas. Era muito bacana, e o mercado acabou me trazendo muitas amizades, fortalecendo relacionamentos com clientes e empresas. Nesse tipo de conferência, o quarto do hotel vira uma sala de reuniões entre empresas e investidores. Os investidores faziam uma reunião de cinquenta minutos com uma empresa e depois mudavam de quarto/reunião para falar com outra. Chuto que nessa conferência havia cem empresas e uns quinhentos investidores de *emerging markets*, mais todo o time de *research*, *sales* e trading.

"Você é jovem, solteira e mulher" — temos um problema

No início da minha carreira, como analista júnior, eu fazia todo o trabalho pesado: as análises no Excel, a maior parte do relatório e das apresentações de roadshow. Mas quem assinava o relatório e tinha exposição com os investidores era o meu analista sênior, ou seja, eu carregava o piano e ele o tocava. Na prática, eu era a responsável pelo trabalho, mas estava ok com isso. Éramos um time, nosso ranking não era brilhante, mas estávamos lá.

Em junho de 2006, ele teve problemas pessoais e fez um acordo para sair. Pensei: "Já estou aqui há cinco anos, essa é a minha chance!". Mas aí veio um balde de água fria. No Brasil, como disse anteriormente, a equipe era pequena: as pessoas-chave ficavam em Nova York. Então, nosso head de *research* não tinha a menor ideia de quem fazia o quê: se era eu, se era o meu chefe, se eu ficava doze ou seis horas no escritório. Para ele, eu era apenas a analista júnior do time que cobria papel e celulose, transportes e infraestrutura.

Quando meu chefe saiu, liguei para o chefe dele e perguntei se poderia continuar o trabalho. Ele disse que o banco abriria um processo seletivo e que os finalistas teriam de ir para Nova York para a entrevista final. Fiquei chocada. "Mas já estou aqui, faço isso há tanto tempo!", protestei. Ele me respondeu com muita gentileza: "Sara, você tem feito um excelente trabalho, mas você é muito jovem, ainda solteira e mulher". Sim, tive de ouvir isso! Pensei: "Mas eu achava que o problema seria ser casada e com filhos", pois existia — e ainda existe — a visão de que a maternidade atrapalha. Disse a ele o seguinte: "Mas ser solteira é bom porque eu posso trabalhar vinte horas por dia, não tenho ninguém me esperando em casa". E ele respondeu: "Uma pessoa casada é uma pessoa emocionalmente madura e equilibrada". Fiquei chocada.

Acabei combinando que, enquanto eles entrevistavam candidatos, eu continuaria trabalhando duro para que o negócio não parasse. A campanha para o II Season começaria em breve: naquela época, a votação ocorreria entre o final e o começo de ano e o resultado sairia em fevereiro de 2007. Lembro que passei o Carnaval de 2007 em roadshow na Europa por conta própria, pois, como analista júnior não viajava, não havia uma política de despesas e reembolso. E tudo bem, eu pensava no longo prazo.

Em meio a tudo isso, contei para o meu namorado na época (que hoje é meu marido) o que estava acontecendo: "Você acredita que ouvi que eu não poderia ser promovida a analista sênior porque sou jovem e solteira?". Bom, em menos de seis meses estava casada (*risos*). Meu marido brinca que foi um golpe. Organizamos tudo em duas semanas. Essa foi uma época muito intensa de trabalho para ele também e eu estava com foco total no banco, em busca da promoção. Não houve tempo para fazer convites físicos, então enviamos um convite supercharmoso por e-mail. Algumas pessoas se sentiram ofendidas, pois acharam que haviam sido lembradas em cima da hora.

A sequência foi esta: meu chefe saiu em junho de 2006, fui publicando enquanto as entrevistas rolavam, me casei em dezembro daquele ano e, em fevereiro de 2007, saiu o ranking da Institutional Investor. Fiquei em terceiro lugar. Para os gringos, foi um choque. Eles não acreditavam que eu tinha ranqueado, já que nem mesmo eles dentro do banco me conheciam bem. Mas, a partir daí, tudo mudou. Resolveram me dar a chance. Trabalhei freneticamente. No ano seguinte, fiquei em segundo lugar no ranking e continuei evoluindo. De 2006 a 2017, meu último ano como *sell-side*, fui ranqueada todos os anos e me tornei uma analista de referência no setor de transportes e infraestrutura na América Latina.

No início da minha carreira como analista sênior, eu tinha um *comp* (remuneração total anual) bem menor do que o dos demais seniores do banco — eles haviam me dado uma chance, mas ainda estavam desconfiados. Mesmo em relação ao mercado, meu *comp* era abaixo da média. Eu era a única analista sênior mulher no time de América Latina. Não sei se isso também explicava a menor remuneração, acho que não, mas de qualquer modo eu não tinha nem tempo nem cabeça para pensar nisso, só queria que me deixassem trabalhar.

No final de 2007, recebi uma proposta do Itaú, que me ofereceu um *comp* bem maior. Fui para Nova York em roadshow e aproveitei para falar com meu chefe sobre a proposta. Disse que me sentia mal remunerada, e ele concordou. O Bear Stearns não só equiparou meu salário como me deu um pouco mais, mas em dólar. Foi o primeiro ano em que me senti profissionalmente realizada. Eu era reconhecida pelo meu trabalho, estava bem ranqueada e era bem remunerada.

É importante mencionar aqui uma pessoa que me ajudou, me inspirou e me influenciou muito nesse processo de crescimento no Bear Stearns: Emy Shayo. Ela era estrategista de América Latina, baseada em Nova York, mas voltou ao Brasil pouco antes de o meu cargo sênior sair. A Emy é uma pessoa extremamente gentil e generosa, mas ao mesmo tempo forte e assertiva. Com ela não tinha bom pela metade, resolvido pela metade. Ela exigia, com seu jeito "barulhento", e as pessoas simplesmente atendiam ao pedido dela. Eu ia lá meiga pedir as coisas e... nada. Com ela, aprendi o tal "quem tem boca vai a Roma" ou "quem não chora não mama".

O "fim" dos bancos

No começo de 2008, eu já estava no Bear Stearns fazia sete anos. Começaram a surgir rumores de que o banco estava com problemas de liquidez por causa da bolha imobiliária e de outros problemas. Eu estava num roadshow nos Estados Unidos e aproveitei para falar com os chefes sobre a real situação do banco. Me disseram que era só especulação, que estava tudo bem e que o banco ia inclusive aumentar o *comp* de diversas áreas como sinal de confiança. Não havia motivo para preocupação, foi o que ouvi.

Mas o Bear Stearns quebrou logo depois. O que levou a isso foi a especulação. Começaram a circular rumores no mercado de que não teríamos dinheiro para honrar os depósitos, e as pessoas passaram a sacar seus investimentos. Com a retirada de dinheiro, o banco precisou vender ativos para ter liquidez, o que gerou uma crise de confiança. A salvação proposta pelo Fed (banco central americano) foi o casamento com o JPMorgan. Num domingo, dia 16 de março, o head de *research* ligou e disse: "Olha, amanhã, quando você chegar para trabalhar, não será mais como sempre foi". Eu mal dormi. Cheguei lá às seis da manhã, e então ficamos sabendo que o Fed havia feito a intervenção no banco e o JPMorgan assumiria os ativos, as pessoas e tudo o mais.

As ações do Bear Stearns estavam na casa dos oitenta a noventa dólares. A oferta do JPMorgan pelo quinto maior banco de investimento americano, com 85 anos de história, foi de apenas dois dólares por ação, ou 236 milhões de dólares.* No auditório em Nova York, estavam reunidos todos os líderes das áreas para ouvir a proposta. Era um clima de frustração, porque aqueles dois dólares não pagariam sequer o prédio que o banco havia acabado de construir no número 383 da Madison Street. Uma curiosidade sobre esse prédio é que ele tem o formato octogonal. Por quê? Porque se costumava medir o reconhecimento da importância de uma pessoa se ela tinha um *corner office* ou não. Então o prédio tinha oito pontas para acomodar mais pessoas importantes. A grande maioria dos analistas seniores tinha um *corner office*, e os assistentes sentavam em baias no meio do andar.

Uma boa parte do bônus era paga em ações. Quanto mais tempo de casa e mais sênior a pessoa fosse, maior era a porcentagem da remuneração variável que vinha em ações: a fatia podia chegar a 80% do total. Então muita gente ficou apavorada: "Vou perder o emprego e, além disso, vou perder a maior parte da minha reserva financeira".

* O JPMorgan comprou o Bear Stearns por 236 milhões de dólares em 16 de março de 2008. Foi o último grande resgate organizado pelo Federal Reserve antes da quebra do Lehman Brothers, em setembro de 2008.

Houve até um caso de suicídio por causa disso. Foi terrível, mas, enfim, não havia outra saída a não ser aceitar a proposta do JPMorgan.

No Brasil, enquanto isso, era "*business as usual*". A gente continuava trabalhando, mas não podia publicar nada porque o nome Bear Stearns não era mais válido. A incerteza era grande. Bear Stearns e JPM tinham um excelente time de *research* cobrindo a América Latina, ninguém sabia quem ficaria e quem sairia. Foram alguns meses de indefinição, e só nos restava continuar estudando as empresas para não perder o ritmo, mas era proibido escrever, mandar e-mail ou ligar para qualquer cliente ou investidor.

Entre março e junho, recebi uma proposta da Merrill Lynch. Eles estavam buscando analistas experientes e, vendo a situação do Bear Stearns, resolveram sondar o pessoal da casa. Analisei a proposta e gostei. O único ponto negativo era que a Merrill não poderia me levar no mesmo cargo que eu tinha no Bear (MD, Managing Director), mas resolvi isso facilmente dizendo: "Se vocês me pagarem como MD, tudo bem". Outra diferença era que a Merrill Lynch tinha um time maior de *research* e *sales* no Brasil e, é claro, não havia um processo de fusão acontecendo, em que alguns ficariam e outros sairiam. Eu gosto do que é claro e certo. Então, fui para a Merrill Lynch. O head de *research* na época era o Pedro Martins, uma pessoa que admiro muito até hoje, tanto profissional quanto pessoalmente. Assim como a Emy, são amigos que o mercado me deu.

Aceitei o convite da Merrill Lynch. Liguei para o head de *research* do JPMorgan para informá-lo da minha decisão, e ele ficou surpreso. Disse que eu nem sequer havia conversado com eles sobre a proposta, e que eles certamente me pagariam o mesmo ou mais que a Merrill Lynch. Expliquei que a minha decisão não era apenas por razões financeiras, que envolvia timing, time e pessoas. Sei lá quanto tempo demoraria para a fusão ser finalizada e eu poder voltar a trabalhar em paz.

Assim acabou meu ciclo no Bear Stearns. O lugar onde mais aprendi a fazer *research*, a vender *research*, a ser competitiva. Conheci pessoas incríveis que até hoje são amigos queridos. Fui muito feliz e muito realizada. Eu realmente amava fazer aquilo.

Na Merrill Lynch, bom, foi mais caótico do que eu imaginava. Fui para lá em junho de 2008. Em setembro, a instituição foi comprada pelo Bank of America, por 50 bilhões de dólares, numa transação de troca de ações. Veja só, o Bear Stearns vendido por 236 milhões, e a Merrill Lynch por 50 bilhões. Incrível. Obviamente, muita gente perdeu dinheiro com o preço da ação, inclusive eu, que havia acabado de assinar um contrato com boa parte do meu *comp* em ações do banco. Então, numa janela de seis meses, o Bear Stearns quebrou, virei JPMorgan, fui para a Merrill Lynch e, três meses depois, para o Bank of America.

Hora de ser mãe

Em 2011, já fazia três anos que eu trabalhava na Merrill Lynch. Havia conquistado as pessoas internamente, mantive o ranking da Institutional Investor, me sentia amadurecida profissionalmente; tinha conseguido reconhecimento e construído um patrimônio. Qual seria o próximo passo? Era hora da maternidade. Pensava que seria fácil, uma vez tomada a decisão, pronto, seria mãe. Mas o processo foi bem difícil. Tentei engravidar naturalmente várias vezes, sem sucesso. Comecei a ficar deprimida e, depois de relutar muito, decidi procurar ajuda com a fertilização in vitro (FIV). Achava que a ciência e a tecnologia resolveriam o problema de forma simples e rápida, mas não foi assim. Foram oito ou nove FIVs ao longo de dois anos.

Foi um período muito difícil, e a primeira vez que senti a necessidade de equilibrar trabalho e vida pessoal, sem deixar um atrapalhar o outro. O difícil desse equilíbrio era conciliar as viagens. Aconteceu de eu saber que teria uma semana importante da FIV, mas me chamavam para um IPO no México. Pois lá ia eu. Não sabia dizer não, e mais um ciclo de FIV era interrompido.

Meu médico falava: "Sara, você precisa estar aqui na próxima semana, provavelmente vai ser uma semana crítica para você na fertilização". Eu respondia: "Mas, doutor, tenho uma viagem marcada". Aí cancelava a consulta e ia viajar, deprimida. No mês seguinte, a mesma coisa: "Sara, você precisa estar aqui depois de amanhã". E eu: "Doutor, sério? Tenho um evento no Rio, não posso cancelar, sou eu que vou fazer a apresentação". Foi aí que o meu médico disse: "Você tem que decidir o que quer da vida: ter um filho ou continuar trabalhando feito uma louca".

A gota d'água foi a ligação inesperada de um *banker* que cuidava do setor de infraestrutura, dizendo que no dia seguinte eu precisava embarcar para a Índia, para o IPO de uma empresa com vários ativos de infraestrutura. Eu nunca havia falado tanto palavrão junto como naquela ligação.

Finalmente, decidi contar tudo para o Pedro Martins. "Olha, sei que meu comportamento está estranho, mas é por causa disso". Ele me disse: "Meu Deus, Sara, por que não me contou antes? Outra pessoa poderia viajar no seu lugar, temos um time grande. Você poderia ter ido para o México na semana seguinte, não tinha uma data precisa. Você precisa aprender a dizer não". Ele me deu muito apoio e proteção.

Eu sempre dei muita autonomia e exposição aos meus juniores, que eram muito competentes e inteligentes. Queria dar a eles tudo que eu não havia tido quando comecei: visibilidade, exposição. Então comecei a passar oportunidades de viagens para eles, e fizemos uma lista segmentada de clientes: eu cuidaria dos mais importantes, e eles dividiriam os demais. O efeito disso foi que, em vez de eu ligar para cinquenta investidores num dia, ligávamos juntos para 150. A decisão de delegar era a certa, teve um efeito multiplicador.

Quando finalmente relaxei, deleguei e aprendi a dizer não, a adrenalina baixou e consegui engravidar. Eu já estava tão desesperada que disse para o médico: "Coloca cinco embriões de uma vez, porque não aguento mais esperar". Ele me respondeu: "Calma, minha filha! Cinco embriões podem virar cinco bebês". No final, ele colocou dois embriões, e nasceram os gêmeos Bruno e Catarina, meus amores mais desejados e esperados.

Foi a primeira vez na Merrill Lynch América Latina que uma analista sênior engravidou, já que a equipe era jovem e formada principalmente por homens. Quando cheguei à 29ª semana de gestação, tive que entrar em repouso absoluto. O médico disse que eu precisava ficar deitada ou os bebês nasceriam muito antes do tempo.

Comecei a trabalhar de casa, em repouso. A equipe de TI conectou tudo e liberou acessos para que eu pudesse acessar todo o sistema do banco remotamente. Foi a primeira experiência do banco com trabalho remoto, e funcionou muito bem. A produtividade, o fluxo de ideias e as interações com clientes até melhoraram. Acho que a tal hora do cafezinho na copa atrapalhava e eu nem sabia. Pensei: "Vou tentar fazer algo legal, para que outras analistas, quando passarem por essa experiência, tenham a seu favor um precedente positivo de trabalho remoto".

Foi mais ou menos nesse período que o banco criou um comitê de diversidade, em âmbitos global e local. Essa iniciativa impulsionou o movimento de valorização da diversidade, resultando na presença de mais mulheres na empresa e também em mais diversidade em cadeiras de liderança. Eu sempre me envolvi com esse tema no banco e sigo engajada nessa frente até hoje.

Tirei seis meses de licença-maternidade. Eu me esforçava para me manter atualizada, mas em seis meses muita coisa acontece. Além disso, esse período em casa com dois bebês foi muito mais intenso do que um processo de IPO. Quando retornei ao trabalho, o banco disse: "Você ficou nove meses sem viajar e sem visitar os clientes estrangeiros. Agora que voltou, precisa retomar essas atividades e falar com todo mundo de novo". Aceitei o desafio, mas confesso que foi difícil, e o coração apertou ao pensar em deixar dois bebês em casa.

Cerca de um mês depois, viajei. Fui com o coração apertado e chorando, pensando em como meus filhos sobreviveriam sem mim por uma semana. Mas, para minha surpresa, adorei a experiência! Pude dormir seis horas seguidas, assistir filme, ler um livro. Foi como se um novo mundo se abrisse para mim. Percebi que era possível. Me fez bem ter uma semana no meu ritmo, com meus horários, fazendo as coisas de que eu gostava.

Continuei assim, viajando com a frequência que era necessária para o business. E meus filhos ficaram ótimos. Tive a certeza de que a babá que eu havia escolhido era a pessoa certa. No final, a experiência que parecia dramática trouxe a certeza de que tudo estava bem e no lugar. Acho que isso também fez bem a eles. Sempre foram crianças sociáveis, doces, mas independentes, e me veem como uma supermãe e mulher, pelo menos é o que desenham na escola (*risos*).

Fiquei no Bank of America de 2008 até o final de 2017, sempre cobrindo os setores de infraestrutura e transportes na América Latina. Foi um período de muito aprendizado, crescimento profissional e pessoal. Fui muito feliz.

Experiência × viés

Acompanhei o desenvolvimento do setor de infraestrutura, transporte e aéreo desde o início, desde a listagem das empresas na bolsa. Minha equipe chegou a ter três analistas e um estagiário para acompanhar cerca de 25 empresas. Isso nos permitia ir a fundo nas análises e ter uma visão completa da situação de cada uma.

Conhecer o CEO ou o CFO por dez, quinze, vinte anos tem um valor imenso na cobertura de uma empresa. Você começa a ter discussões mais estratégicas sobre seus erros e acertos. Por exemplo, levei o CFO da CCR para visitar investidores nos Estados Unidos e Londres dezenas de vezes. Você passa tanto tempo com a pessoa, no aeroporto, nas reuniões, que naturalmente a relação vira uma amizade, e a pessoa passa a confiar mais em você. Não que ela vá passar informações privilegiadas, claro que não, mas a discussão fica mais estratégica.

Esse acesso com certeza me ajudou a fazer análises melhores. Quando um CFO ou CEO passa a confiar em você, ele abre acesso ao diretor de novos negócios, de operações, RH e por aí vai. O modelo técnico e financeiro, por si só, não é suficiente para fazer uma boa análise. Depois de anos convivendo e conhecendo os executivos da empresa, você também aprende a ler a *body language* deles, e muitas vezes o que diziam não coincidia com o que a *body language* mostrava. O risco do relacionamento ao longo do tempo é passar a gostar da empresa de uma forma mais emocional, o que pode levar a colocar um viés positivo na análise.

Uma das minhas experiências mais marcantes nesse sentido foi com a ALL, uma concessionária de ferrovias que hoje se chama Rumo Logística O IPO aconteceu em 2004, e o cenário macro era muito favorável: o Brasil era (e ainda é) o maior exportador de alimentos do mundo, e a ALL detinha a concessão da ferrovia que liga o Centro-Oeste, a maior região produtora de grãos do país, ao porto de Santos, o maior porto da América do Sul. Era um negócio óbvio: o Brasil precisava exportar alimentos, e a ALL possuía a infraestrutura ideal para isso. O IPO foi um grande sucesso, a empresa entregou resultados. Enfim, a história era perfeita.

Em 2006, a ALL comprou a Brasil Ferrovias, que era uma estatal complementar à sua operação. A aquisição fazia sentido, pois adicionava ativos ferroviários complementares, clientes e mais volumes. A Brasil Ferrovias ainda tinha muito mato alto para cortar, custos e despesas seriam otimizados, a operação ficaria mais eficiente e a geração de caixa seria possível em dois ou três anos. Mas havia pedras no caminho: pontes que desabaram, chuvas que interromperam o sistema, diferentes problemas operacionais. Além, claro, dos ciclos: anos de safra boa e anos de safra ruim. A necessidade de investimentos era crescente, e até hoje ainda não há geração de caixa consistente.

A ALL enfrentou diversos desafios ao longo do tempo. Um dos mais marcantes foi um contrato de transporte de açúcar que praticamente quebrou a empresa em 2014. O contrato era mal elaborado e exigia que a ALL prestasse uma ampla gama de serviços, sob pena de multa bilionária. Na época, se não me engano, a multa era de 2 bilhões de reais, um valor exorbitante para uma empresa endividada e sem geração de caixa. O cumprimento das obrigações contratuais era inviável. Em 2014, a companhia foi comprada pelo grupo Cosan, que era dono do tal contrato de açúcar.

Passei alguns bons anos recomendando a compra das ações da ALL; afinal, o que poderia dar errado numa empresa que detém o monopólio natural do transporte de grãos por ferrovia? Mas, algum tempo antes da compra da empresa pela Cosan, eu havia jogado a toalha, não dava mais para esperar pela geração de caixa. Foi um momento muito difícil. Na época, o mercado estava dividido em relação à ALL. A maioria dos analistas recomendava a compra das ações, alguns poucos tinham recomendação neutra, e nenhum indicava vender. Sabemos que o "neutro" é uma recomendação tímida de compra ou de venda. Eu de fato conhecia a empresa a fundo, visitava as instalações, andava de trem com os funcionários, conversava com os operadores, ia para o Mato Grosso. Amava o business em si, e sempre falei muito bem da companhia. Construí um histórico de recomendação positiva. Os investidores sabiam o quanto eu conhecia o setor e a empresa. Quando finalmente rebaixei a recomendação, foi um choque para todos.

Os investidores, principalmente os estrangeiros, ficaram intrigados. Na reunião matinal com o time de vendas, todos ficaram em polvorosa. A ação abriu caindo 8%. Apesar de ver a reação do mercado a partir da minha recomendação, não fiquei nada feliz. Fiquei deprimida. Sentia como se tivesse levado um soco. O pessoal da área até comprou um bolo para ver se eu me animava. Depois de uns dias, recebi um quadro desenhado por um cartunista, em que há um trem da ALL e os gêmeos e eu na janela. Tenho esse quadro até hoje na minha mesa.

A conclusão é que, às vezes, a gente se envolve com a empresa e cria um elo emocional que pode atrapalhar o julgamento.

Não quero me tornar um mau exemplo

Fui muito feliz no Bank of America. Até aquele momento, de 1997 a 2017, foram vinte anos fazendo basicamente a mesma coisa: analisando empresas, escrevendo relatórios de recomendação, mantendo contato com investidores no Brasil e no exterior e acumulando boas posições no ranking da Institutional Investor.

No fim de 2017, não sei por quê, me peguei pensando no futuro. Eu ainda tinha muita energia, mas o trabalho já não me desafiava tanto. Todos os anos eu era ranqueada, era querida no banco, me tornei uma referência, meus juniores eram excelentes, estavam sendo promovidos, me envolvi com o comitê de diversidade. Mas e agora? Cobrir outro setor? Não, não era o que eu queria. Morar em Nova York? Não, meus filhos estão aqui, meu marido está aqui, minha mãe está aqui. Minha família já é minúscula no Brasil e a gente ainda vai se separar? Não. O que o banco poderia me oferecer para me manter motivada e gastar toda aquela energia que eu ainda tinha?

Era um momento de grandes mudanças no Brasil. Em 2016, tivemos o impeachment da presidente Dilma Rousseff, e o Michel Temer assumiu falando em reformas. Acho que a principal delas, a que me deu um estalo, foi o anúncio do fim da TJLP (taxa de juro de longo prazo) e a criação da TLP (taxa de longo prazo). Não era apenas uma mudança de nome: o impacto era colossal. Vamos fazer um paralelo com o cinema. Se alguém tem o benefício da meia-entrada, outra pessoa terá que pagar mais caro para que o cinema arrecade o suficiente para arcar com seus custos. Pois bem, se o BNDES emprestava dinheiro a TJLP (taxa de juros extremamente subsidiada), alguém (mercado e governo) tinha que pagar taxas mais altas. Logo, o fim da TJLP abria espaço para que o juro no Brasil fosse estruturalmente mais baixo.

Conclusão: otimismo nos mercados. O mercado de capitais voltou a ficar aquecido, e já havia uma fila de trinta empresas para fazer IPO. Quando entendi a situação, meu coração disparou. Meu Deus, IPOs?! Viagens e mais viagens, será que eu aguentaria esse ciclo de novo? Algo me dizia que não. E eu também sabia de uma coisa: se houvesse um *bull market* naquele momento, não seria no *sell side* que eu ganharia dinheiro, e sim no *buy side*.*

Só um parêntese aqui nesse ponto. Os profissionais da área de *research* (ou seja, os analistas) têm acesso a informações e publicam relatórios com opiniões que podem alterar o valor de uma ação.

---

* *Bull market* é uma expressão que se refere a um mercado em alta e com tendência de valorização. O *buy side* busca as melhores opções de compra de ativos, como ações e títulos.

Logo, as instituições costumam ter políticas que impedem os analistas de investir diretamente em ações.* Se eu pensasse em fazer isso, haveria uma burocracia tão grande com o compliance que me dava até desânimo. Podíamos investir em fundos de ações, mas desde que fossem previamente aprovados pelo compliance. Então, naquele *bull market* que se iniciava, eu não poderia otimizar meus investimentos pessoais.

Com tudo isso na cabeça, procurei meu então chefe, que hoje é meu sócio na Dahlia, o Maurício Fernandes, e que na época havia substituído o Pedro Martins como head de *research* no Bank of America. Eu disse: "São vinte anos de estrada, já dei o meu melhor aqui, não me sinto mais motivada e desafiada. Não quero me tornar um mau exemplo e ficar empurrando o lápis com a barriga. A equipe aqui é excelente e todos merecem ser promovidos. Quero fazer minha transição para sair".

O Maurício ficou surpreso e disse: "Caramba, que coincidência! O Felipe Hirai também pediu demissão". Perguntei quando, e ele respondeu: "Duas semanas atrás". O banco tinha um programa pelo qual oferecia um pacote de saída a quem era Managing Director (MD), o cargo mais alto em bancos de investimento. Apesar da alta expectativa de que o Brasil pudesse melhorar em 2017, vínhamos de três anos péssimos, com a recessão durante o governo Dilma, sem IPOs, sem *follow-ons*,** com a receita do banco caindo. Havia uma necessidade de reduzir equipes e, principalmente, a quantidade de pessoas com salários mais altos.

Pensei: "Que japonês filho da...! Ele é MD, pediu demissão e, obviamente, vai receber o pacote de saída. E eu não vou receber nada?". O Maurício me acalmou e disse: "Fique tranquila. Precisamos cortar mais custos. Você vai entrar no programa de saída". Fiquei aliviada e passei cerca de dois meses preparando meu time para a minha saída. O Felipe Hirai saiu primeiro, e eu fiquei mais um mês. Depois

---

* Para que eles não se beneficiem do acesso antecipado a informações que podem mexer com os preços de ativos.

** Ofertas de ações de empresas já listadas.

disso, pedi demissão oficialmente. E hoje o Hirai também é meu sócio. O mundo dá voltas...

Não posso deixar de mencionar o time que trabalhou comigo na Merrill: Renato Mimica, Roberto Otero e Murilo Freiberger, este último também meu sócio hoje. Foram anos puxados, muito trabalho e também muita diversão. Tivemos viagens com voos cancelados, noites dormidas em aeroporto, sola de sapato que se soltou na neve de Chicago... Temos muita história para contar. Sou muito grata a eles e sinto saudade de cada um.

Vinte anos depois, reinventar-se

Saí do Bank of America sem saber o que fazer em seguida. Comecei a receber convites para fazer parte do conselho de administração de empresas que eu cobria e conhecia bem. Mas eu ainda tinha muita energia e achava que um assento no conselho, embora desafiador, seria tranquilo demais para o meu estilo. Eu queria me reinventar.

Um dia liguei para o Hirai para perguntar o que ele estava fazendo, e ele disse: "Não estou fazendo nada, está tudo chato". Ele contou que a única coisa boa era que podia comprar e vender ações. Começamos a conversar com mais frequência, trocando ideias sobre ações. Até que um dia concluímos: "Bom, a gente passou vinte anos recomendando aos investidores o que comprar e vender, por que não fazemos isso com nossa própria grana? Vamos tocando, e quem sabe isso vira um negócio". Ligamos para o Felipe Leal, que havia sido analista do setor de energia por quinze anos no banco e já tinha saído um ano antes. Contamos a ideia e ele topou na hora.

O destino estava tão a favor da ideia que, por sorte, o Zé Rocha, que tinha sido gestor de renda fixa e variável na Quest e depois se tornou um dos fundadores da Apex, também estava fazendo um sabático havia uns dois meses. Eu o conhecera por meio do banco, porque ele era cliente, um amigo em comum fez a ponte e fomos todos almoçar juntos. Esse amigo então puxou o assunto: "Vocês têm essa ideia, vocês são analistas, o Zé tem carreira de gestão, ele está procurando um time de analistas, então pode dar certo". A conversa fluiu muito bem, havia muita sintonia de ideias, conceitos e filosofia de investimento. O Zé é um cara muito bacana, complementar ao nosso time porque sabe fazer composição de portfólio, gestão de renda fixa e variável. E nós três entendemos muito de ações na América Latina. Era um casamento perfeito.

Mas a gente sabe que o negócio de gestão é um negócio de pessoas. Eu disse: "Olha, antes de pensarmos em produto, nome, o que vamos fazer, temos que pensar nas pessoas. Precisamos pensar com quem gostaríamos de trabalhar pelos próximos vinte anos". E aí veio o óbvio: queríamos as pessoas com quem havíamos trabalhado por anos no Bank of America.

Já tínhamos um bom pedaço de time, eu, o Hirai (especialista em commodities), o Leal (especialista em energia). Precisávamos de alguém que cobrisse bancos, e o Alessandro Arlant, que era analista no Bank of America, topou se juntar a nós. Tínhamos o time certo, o time dos sonhos, pelo menos do meu sonho. A próxima pergunta era: qual produto criaríamos para explorar as habilidades dessas pessoas? Foi assim que começamos a desenhar o nosso negócio e produto. E assim se iniciou uma nova etapa na nossa vida, com a Dahlia Capital.

Generosidade e bom senso

Decidimos conversar com os alocadores de recursos e com pessoas que admirávamos no mercado. Os feedbacks que recebemos dos alocadores eram os mesmos: "Vocês são ótimos analistas, mas não têm experiência em gestão, nunca tomaram risco de verdade. Montem o negócio, mostrem resultados e daqui a seis meses ou um ano conversamos novamente sobre investir no fundo de vocês". Ouvíamos coisas como: "É interessante vocês terem trabalhado juntos por dez anos, vocês se conhecem bem e têm liberdade de discussão. Mas nunca trabalharam com o Zé, pode dar certo, mas pode dar errado.

Sigam essa lista de *must-have*, usem esses fornecedores para TI, sistema de risco etc. e daqui a um ano a gente se fala de novo".

Chegamos à conclusão de que não conseguiríamos dinheiro com ninguém, o tal *seed money** não aconteceria naquele momento. Teríamos que começar o fundo com nosso próprio dinheiro e de alguns family and friends. Começamos a Dahlia com 50 milhões de reais.

Em seguida, buscamos conversar com gestoras a quem admirávamos e que tinham uma longa história de investir no Brasil, o que não é fácil. Procuramos a Dynamo — que tem nota dez no quesito time coeso e praticamente sem rotatividade — e o Luis Stuhlberger, com quem o Hirai havia trabalhado antes de entrar na Merrill Lynch.

O Stuhlberger sobreviveu a todos os ciclos do mercado brasileiro e nos deu dicas sobre como construir uma empresa de sucesso. Essas conversas com a Dynamo e o Stuhlberger nos inspiraram a criar uma empresa com os seguintes valores: processo, disciplina, foco, bom senso e generosidade.

Naquele momento, eu era a única mulher do grupo e disse: "Não sei se vai dar certo, mas tenho três sonhos para a Dahlia, além, é claro, de entregar ótimos resultados para os cotistas. O primeiro é que a empresa tenha um nome feminino; não quero nomes de foguetes, cidades de guerra ou coisa parecida. O segundo é que a Dahlia se torne uma empresa diversa no futuro. Obviamente, agora não temos recursos para contratar mais pessoas, mas, se crescermos, acredito que a diversidade impulsiona a criatividade e traz perspectivas diferentes. Pensar diferente é bom. E o terceiro sonho é, se o negócio der certo, usar o bom senso e a generosidade para fazer filantropia, principalmente em educação básica e educação financeira".

Todos concordaram com as minhas exigências e sonhos e montamos nosso plano de negócio. Achávamos que em dois anos teríamos 300 milhões de reais sob gestão. Mas, para nossa surpresa, em menos de dois anos tínhamos mais de 1 bilhão de reais sob gestão.

---

* *Seed money*, ou capital semente, é um primeiro financiamento dado a uma empresa em estágio inicial, para começar as operações.

Brincamos que não sabemos fazer modelos financeiros. Mas é isso, conservadorismo não mata ninguém.

A Dahlia é fruto de muito trabalho, discussões e sonhos. O processo de criação da nossa logomarca foi interessante. Ficamos brincando com várias ideias, desde "D" de Dahlia até "C" de Capital. No fim, a logomarca que escolhemos permite várias leituras. Meus filhos enxergaram nela uma formiga, enquanto outras pessoas a associaram com o símbolo do infinito. Mas, se você olhar com atenção, vai ver que parece um tourinho. É uma referência ao tourinho da Merril Lynch. Queríamos colocar um pouco da nossa história nela. Acredito que o processo de criação da logomarca reflete muito a nossa filosofia como empresa.

A dália é uma flor que resiste a qualquer tipo de clima, uma flor perene. Essa essência de longevidade e perpetuidade tem tudo a ver com o que queremos para a empresa. Uma coincidência, percebida só depois, é que Dahlia carrega as iniciais dos sócios fundadores — Delfim, Aurino (Zé), Hirai, Leal, Arlant. Legal, né?

A parte final do desenho da empresa foi a governança. O time era bastante experiente, complementar, então como refletir isso na sociedade? De forma igualitária, óbvio! O time de gestão tem uma participação societária praticamente igual, ou seja, cada voz tem o mesmo peso no comitê de investimento. Isso parece um detalhe bobo, mas não é. Se um sócio tem, por exemplo, 60% da empresa, qual é a chance de você discordar de uma ideia de investimento dele num comitê? Esse tipo de diferença societária acaba gerando o *groupthinking* (pensamento de grupo).* A gente queria manter a discussão o mais ativa e sincera possível. Foi o modelo que escolhemos para nós, e que tem dado certo.

Essa cultura de debate e questionamento, baseada na confiança e no respeito mútuo, é fundamental para o nosso sucesso. A sociedade

* Fenômeno que ocorre quando um grupo de pessoas toma decisões ruins ou inadequadas por não dar espaço a análises individuais ou pontos de vista diferentes. A lealdade ao grupo ou o desejo de ser aceito se torna mais importante do que fazer as melhores escolhas.

linear é crucial para estimular a discussão aberta e o confronto de ideias. Quando discordo do Hirai, por exemplo, não é por motivos pessoais ou para mostrar que sou superior, mas porque estamos buscando a melhor ideia para o fundo: se ele acertar, a gente ganha; se errar, a gente perde. Questionamos ideias, testamos convicções e buscamos entender argumentos para tomar a decisão mais consciente possível. Os sócios fundadores têm pelo menos 90% do patrimônio investido nos fundos da casa, então não há melhor alinhamento de interesse com nosso cotista do que esse.

Bolsa com menos volatilidade

Pensamos no tipo de fundo e de produto que nos deixaria confortável em fazer a gestão. Cada um escreveu em um papelzinho as suas preferências. Eu, por exemplo, não gosto de muita volatilidade, de ver o preço subir 20% em uma semana e cair 40% noutra. No final, todos pensavam assim, e buscamos um produto com retorno consistente, replicável ao longo do tempo e com volatilidade moderada.

Nosso time gosta de bolsa, mas não da volatilidade do mercado de ações. Então precisávamos criar um fundo de bolsa, mas com a flexibilidade de atuar em outros ativos, que complementassem ou protegessem nossa exposição à bolsa. Foi assim que criamos o Dahlia Total Return, nosso primeiro fundo, que é o *flagship* da casa. O coração do fundo é a bolsa brasileira, mas podemos adicionar outros ativos — bolsa no exterior, moedas, juros, commodities etc.

A volatilidade da bolsa brasileira é de cerca de 22%. Ao combinarmos esses diferentes ativos, que muitas vezes não se correlacionam, criamos um fundo com volatilidade em torno de 10%. Essa *vol* se encaixa no nosso perfil, é um nível que aguentamos e que é capaz de gerar *alpha*. O primeiro dia de cotação do fundo foi 30 de maio de 2018. Desde então até meados de outubro de 2024, entregamos duas vezes a alta da bolsa com metade do risco. Ou, posto de outro modo, 200% do CPI no período.

Quando mudei do *sell side* para o *buy side*, comecei a ler livros com histórias sobre grandes gestores e pessoas de sucesso. Muitas vezes, o que as atrapalha não é a análise certa ou errada, nem se o Brasil está indo bem ou mal, mas o seu comportamento. Se você se sentir pressionado, se achar que precisa ter uma ideia nova todos os dias, e a bolsa estiver subindo e você não tiver nenhuma ideia, pode se sentir tentado a comprar só porque todo mundo está comprando.

Em todas as biografias que li, encontrei esta mesma nuance: o comportamento e o emocional muitas vezes são mais importantes do que a melhor análise técnica. Afinal, esse é um negócio racional, e você precisa tomar decisões racionais com calma. Nem sempre é preciso seguir a manada.

Temos um comitê de investimento colegiado, no qual debatemos o cenário macro global, contando com a expertise do Zé e do Hirai, principalmente relacionado a China e commodities. Em seguida, analisamos o cenário macrorregional e local (América Latina e Brasil). Por fim, chegamos ao micro, e discutimos quais setores e empresas se beneficiam de tal cenário macro.

É importante ressaltar que não existe uma filosofia ou um método único de investimento. Há diversas maneiras de fazer isso. Alguns gestores se concentram exclusivamente na análise fundamentalista, estudando exaustivamente um setor, as melhores empresas dentro dele e a melhor empresa em geral. Esses gestores geralmente mantêm suas posições por mais tempo. Já outros gestores são mais focados no cenário macro, fundos multimercados, que operam bolsa via índices e fazem na verdade mais juros e moedas. Nós estamos no meio-termo, com um fundo multimercado focado em ações, mas que também investe em renda fixa por meio de juros e moedas, e bolsa no exterior, sobretudo nos Estados Unidos, que é a geografia que mais nos agrada.

Acreditamos que o cenário global, em especial Estados Unidos e China, explica 90% dos movimentos da bolsa brasileira. Por isso, sempre começamos nossa análise pelo cenário macro global. Depois, estudamos as empresas individualmente. É como se combinássemos a filosofia do George Soros, que foca o cenário macro global, com o estilo do Warren Buffett, que se concentra em análise fundamentalista das companhias. Ou, para usar uma analogia brasileira, buscamos juntar a expertise macro do Stuhlberger com a análise fundamentalista impecável da Dynamo. É combinar o cenário macro com o micro assimétrico.

Não existe uma fórmula certa ou errada, mas essa é a maneira que nos sentimos confortáveis em trabalhar, buscando uma volatilidade ideal para nossa personalidade e também para nosso cliente. O brasileiro não é um investidor de risco. A maioria das pessoas não investe na bolsa.

Os juros altos levam as pessoas a saírem da bolsa, geralmente no pior momento, vendendo na baixa e perdendo dinheiro. É interessante observar esse ciclo, que se relaciona muito com o comportamento e a emoção dos investidores. O Peter Lynch, um dos gestores mais conceituados do mundo, que gerenciou o fundo Fidelity Magellan entre 1977 e 1990, obteve um retorno médio anual de 29%. O investidor médio do fundo, porém, perdeu dinheiro. Isso porque as pessoas, movidas por emoção ou pressão, tendem a comprar quando o mercado está subindo e a vender quando ele cai.

Investir nos Estados Unidos é inevitável

Olhando para os últimos cinquenta anos, o índice S&P subiu em 80% do tempo. Isso chama atenção, não? Em 2019, numa reunião de investimentos, nos perguntamos: a bolsa americana só fez subir nestas últimas décadas, é uma economia dinâmica, pujante, por que será? A gente se olhou e concluiu: precisamos de aulas de história.

Convidamos um professor de história dos Estados Unidos para dar cinco aulas na Dahlia. Ele vinha e ficava das seis da tarde às dez da noite e contava sobre a história americana desde a colonização até hoje. Falou sobre as características que fizeram dos Estados Unidos a maior economia do mundo e que provavelmente manterão o país nessa posição. Fizemos um vídeo sobre a PAX Americana, que está no nosso site. Em resumo, basicamente os Estados Unidos têm a melhor geografia, instituições sólidas, a melhor demografia e, por fim, a melhor tecnologia. É importante prestar atenção nisso.

Foi nesse momento que tivemos um estalo: precisamos ter parte da nossa poupança na maior economia do mundo. Às vezes a exposição é maior, às vezes menor, mas sempre temos investimentos na bolsa americana ou em empresas americanas. O Murilo Freiberger, que também foi do Bank of America, é o responsável na Dahlia por olhar as oportunidades lá fora.

Frustração e futuro

A gente sempre acaba falando dos acertos, mas claro que tivemos erros. O importante é gerenciar o tamanho dos erros, sempre. Na Dahlia, minha maior frustração de investimento foi na Embraer, entre 2018 e 2019. Havia uma grande convicção na fusão entre a Embraer e a Boeing. Achávamos que a Boeing pagaria um bom preço pelas ações da Embraer, que seria uma questão de tempo. De fato, a fusão foi anunciada e as ações subiram. Mas, algum tempo depois, inesperadamente, a Boeing desistiu da fusão, que, na nossa visão, seria muito sinérgica.

Pelo aspecto financeiro, a perda para o fundo não foi relevante, pois nossa posição na Embraer não era muito grande naquele momento. Nossa posição era maior na época do início da fusão: o evento aconteceu, botamos o ganho no bolso e reduzimos a posição, ainda mantendo algo na carteira. Então, quando a fusão foi cancelada, nossa exposição já era menor. Mas a decepção foi grande.

Nosso trabalho é prever o futuro, algo que obviamente não é fácil. O passado é claro, o presente é palpável, o futuro é incerto — mas é possível tentar extrair algumas certezas dele. Por exemplo, sabemos que a tecnologia e o progresso continuarão a moldar nossas vidas. E sabemos também que a população está envelhecendo e que pessoas mais velhas têm cabelos brancos e rugas, usam óculos e precisam de remédios. Dá para ganhar dinheiro com isso? Dá. No Brasil menos, mas em outras geografias existem oportunidades para serem estudadas e, quem sabe, nas quais investir.

Olhando para os próximos dez anos, é preciso identificar quais setores e empresas têm potencial para continuar crescendo e ganhando mercado. É claro que elas podem se reinventar, mas isso exigirá investimento. E, como tudo na vida, é um ciclo. Penso muito sobre o futuro de cada empresa, suas fragilidades, em partes que podem ser "disruptadas".

Tornou-se cada vez mais importante, ao analisar empresas, estudar também padrões de consumo, perfil geracional, desejo dos consumidores e novas tecnologias. Quem diria que o BlackBerry seria "disruptado"? O BlackBerry foi uma revolução na minha vida, eu jamais poderia ter vivido sem ele. Será mesmo? Quem diria que a Nokia sumiria do mercado? Lembro que no ano 2000, com o boom da internet, muitos diziam que as empresas de papel e celulose iriam falir. Pois é, nunca se imprimiu tanto texto e conteúdo no mundo! Quando a maior parte do valor de uma empresa está na perpetuidade do seu *cash flow*, é importante prestar mais atenção.

Resta falar agora dos outros sonhos que eu tinha para a Dahlia. Hoje posso dizer que o objetivo de ter uma empresa diversa foi atingido, pois 45% da gestora é representada por mulheres. Com exceção da cadeira de CIO, que é ocupada pelo Zé Rocha, os demais cargos de liderança estão todos com mulheres.

Por fim, o que me traz mais alegria é a filantropia. Ao longo dos anos, fui dedicando mais tempo, energia e recursos para ajudar sobretudo jovens carentes a melhorarem sua empregabilidade e sua educação financeira. De forma recorrente, apoiamos cerca de cinco projetos nessa linha, entre eles o Instituto Ambikira, o PROA e o CEAP. Foram mais de 1,5 milhão de reais direcionados a mais de vinte projetos sociais em cinco anos, além de muitas horas de engajamento do time em ações de voluntariado. Em 2023, fizemos uma parceria com a Bloomberg para o lançamento do novo programa de educação financeira com o Instituto PROA. O programa promove o envolvimento de alunos do ensino médio da rede pública com finanças pessoais e os apresenta a empregos no mercado financeiro.

Hoje posso dizer que a Dahlia é o sonho realizado."

SUGESTÕES DE LEITURA

Prisioneiros da geografia: 10 mapas que explicam tudo o que você precisa saber sobre política global, de Tim Marshall.

"Basicamente explica como a geografia influencia as dinâmicas políticas, econômicas e sociais do mundo. Por que será que Portugal foi a maior potência do mundo em 1400 e 1500 sendo um país minúsculo? Acredite, geografia e tecnologia explicam."

A revolta de Atlas, de Ayn Rand.

"Esse livro foi presente do Salim Mattar, fundador da Localiza. Em uma reunião sobre a empresa, falamos do livro e, dias depois, o recebi em casa. Vim a saber que ele foi um dos financiadores da tradução do livro para o português. O livro é uma defesa do liberalismo, do progresso com inovação e da preservação da liberdade individual."

O novo Iluminismo: Em defesa da razão, da ciência e do humanismo, de Steven Pinker.

"Li esse livro depois de ouvir o Bill Gates comentar que foi um dos melhores livros que ele já havia lido. Trata da importância da razão, da ciência e do humanismo para a busca do progresso como sociedade."

21 lições para o século 21, de Yuval Noah Harari.

"É sobre o futuro, os desafios que teremos que enfrentar, seja a 'disrupção' causada pela tecnologia, seja a mudança climática e suas implicações, desigualdade social, entre outros desafios."

CAPÍTULO 13

Tania Sztamfater Chocolat

Diretora do CPP Investments no Brasil

Tania Chocolat se formou em engenharia na Poli-USP, mas seu objetivo, antes mesmo de começar o curso, era trabalhar no mercado financeiro. Seu primeiro estágio foi na consultoria Gradus e, no último ano da faculdade, ela foi contratada como analista no JPMorgan. Uma frustração a fez sair do banco em 2002, depois de três anos. Em seguida, trabalhou na Orange Advisory — boutique de M&A de Martín Escobari — e foi diretora-geral da Endeavor no Brasil. Em 2004, foi para o Unibanco, inicialmente como analista do setor de consumo e varejo. Assumiu a área de research *em 2006, e no ano seguinte retornou ao* investment banking *como responsável pelos negócios de consumo e varejo. Em 2009, após a fusão do Unibanco com o Itaú, criou e liderou uma nova área no* private bank *da instituição, responsável por aconselhar empresários. Em 2013, recebeu uma proposta para abrir o escritório da gestora Capital Group em São Paulo. Em 2017, foi contratada pelo Canada Pension Plan Investment Board, o CPP Investments, fundo de pensão canadense que tem 700 bilhões de dólares sob gestão. Começou como head de* private equity *e, atualmente, comanda toda a estratégia de ações e também o escritório do fundo em São Paulo.*

Uma decepção logo no início

"Não gosto da abordagem tradicional daquelas narrativas de sucesso, em que parece que o entrevistado sempre soube de tudo e teve uma trajetória linear. Talvez isso tenha acontecido com algumas pessoas, mas não é o que vejo como sendo mais comum — e certamente não é o meu caso. Neste relato, quero destacar, além das conquistas, os desafios e as dificuldades que enfrentei, as idas e vindas e todo o processo que me trouxe até aqui.

Decidi estudar engenharia porque sempre tive facilidade e gostava muito de matemática, física e demais disciplinas da área de exatas. Não me identificava tanto com as ciências humanas — talvez tivesse até um certo preconceito em relação a essa área. Ao longo dos anos, reconheci a importância desse outro lado e hoje acredito que seja uma das minhas fortalezas, mas, naquele momento, eu queria uma formação técnica.

Além disso, meu objetivo era ingressar no mercado financeiro, e, na época, a engenharia era uma formação bastante valorizada nesse setor. Minha escolha foi baseada em três fatores principais: primeiro, eu acreditava que me sairia melhor no vestibular, pois o conteúdo era focado nas disciplinas com as quais eu tinha mais afinidade; segundo, imaginei que a faculdade seria mais prazerosa, já que eu estudaria aquilo de que realmente gostava; e terceiro, considerava que a engenharia me proporcionaria uma formação sólida para o mercado de trabalho.

Fui aprovada em engenharia de produção na Poli e fiquei bastante feliz. Mas o curso foi uma decepção. O ensino era, muitas vezes, mal estruturado, e havia uma cultura que parecia priorizar a dificuldade em detrimento do aprendizado, o que era desmotivador. Claro, nem todos os professores pensavam assim, mas, de forma geral, o ambiente era hostil. Acabei perdendo o prazer por matérias que antes adorava, como física. Se tivesse optado por economia ou administração, acho que teria alcançado os mesmos objetivos, mas com menos sofrimento e uma formação mais ampla. O conteúdo técnico aprendido em disciplinas como mecânica dos fluidos, por exemplo, não teve grande relevância prática para minha carreira.

Meu pai, que também cursou engenharia na Poli, me dizia para não seguir aquele caminho. Ele dizia que eu perderia meus outros interesses, como música e artes plásticas — sou formada pela Escola Pan-Americana de Artes e toco piano desde criança. Mas, no auge dos meus dezoito anos, não levei essa preocupação a sério. Achava que enfrentaria o curso sem dificuldades, mas depois vi que ele tinha razão. Preciso reconhecer, no entanto, que a Poli me ensinou a importância da resiliência. A universidade me fez compreender que a frustração é inevitável e que, para alcançar resultados, é necessário muito esforço.

Hoje, aconselho minhas filhas a pensar de maneira diferente. A mais velha estuda biologia na Universidade de Chicago; a do meio cursa economia no Insper. Esforço é fundamental, mas é possível equilibrar melhor a vida acadêmica — e profissional — com a vida pessoal. Além disso, as habilidades interpessoais, as chamadas *soft skills*, são importantes, especialmente em etapas mais avançadas da carreira.

A consequência de decidir com o fígado

Comecei minha carreira como estagiária na consultoria Gradus, no terceiro ano da faculdade. A Gradus foi fundada pelo Gustavo Pierini, um ex-sócio da McKinsey que também foi da GP Investimentos. Meu trabalho envolvia atuar nos processos de reestruturação e melhorias operacionais das empresas do portfólio da GP, incluindo a Brahma e a Ferrovia Sul Atlântico (atualmente Rumo).

Gostei muito da experiência e fiquei lá por um ano e meio. O Pierini me promoveu a analista de projetos antes mesmo de eu me formar, no quinto ano, pois eu já havia assumido as responsabilidades do cargo. Mas eu ainda queria ir para o mercado financeiro. Pedi demissão e me candidatei para trabalhar no JPMorgan. Naquele período, o banco não tinha um programa estruturado de estágio no Brasil, então fui contratada direto como analista, mesmo ainda estando na faculdade. Comecei em julho de 1999 e me formei em dezembro do mesmo ano.

Trabalhei como analista de *investment banking* no JPMorgan, integrando o pool geral e focando principalmente M&As (fusões e aquisições). A área de *equity capital markets* (mercado de ações) na época era incipiente no Brasil, e víamos mais empresas fechando seu capital do que fazendo ofertas de ações na bolsa local. Eu trabalhava feito uma louca, e foi uma experiência bastante enriquecedora. No primeiro ano, atuei exclusivamente no Brasil, depois fui enviada para Nova York para um período de treinamento.

Enquanto estava nos Estados Unidos, em 2000, ocorreu a fusão entre JPMorgan e Chase. No Brasil, o Chase já havia adquirido o Banco Patrimônio, o que trouxe uma série de mudanças estruturais. O plano era ficar seis meses em Nova York, mas os brasileiros sempre acabavam prolongando a estada. Fiquei cerca de nove meses lá e então voltei para o Brasil. Nesse período, o mercado estava particularmente desafiador — o cenário macro brasileiro estava complicado, havia a integração das instituições compradas. Como consequência, houve um congelamento de promoções no banco.

Três analistas seniores estavam cotados para promoção ao cargo de *associate* — dois oriundos do Chase, e eu, oriunda do JPMorgan. Apesar de ter recebido avaliações excepcionais, fui preterida. Não concordei com o processo e decidi sair do banco em julho de 2002, depois de três anos como analista.

Meus pais ficaram chocados, mas eu estava convencida de que precisava sair. Hoje, olhando em retrospecto, acho que se tivesse ficado provavelmente teria sido promovida no ano seguinte. Antes de eu sair, também me ofereceram um cargo de *associate* no *private bank*, para intermediar o relacionamento com o *investment banking*, algo que eu havia feito no meu último projeto. Os recursos gerados pela venda de uma empresa precisam ser investidos — além disso, às vezes são pagos em fases ou constituem parte de garantias. Por isso, para o banco, é importante que a área que assessora a venda (o *investment banking*) atue de forma integrada com o *private bank*.

Mas acabei tomando minha decisão mais com o fígado do que com a cabeça, sem analisar com critério todos os fatores envolvidos.

Comecei a buscar novas oportunidades e, nesse processo, fiz contato com algumas pessoas da GP, com quem já havia trabalhado no JP e na Gradus. Fui apresentada ao Martín Escobari,* que havia deixado o Submarino e estava estruturando uma boutique de M&A, a Orange Advisory. Ele me convidou para integrar o projeto desde o início, e aceitei. Assim, no segundo semestre de 2002, ingressei na Orange Advisory.

O Martín é um profissional único que admiro muito, e trabalhar com ele foi uma experiência excelente. Apesar de a mudança ter representado um grande risco — inclusive com uma redução significativa de salário —, foi uma oportunidade de aprender com alguém muito experiente, dono de uma inteligência intelectual e emocional completamente fora da curva. Infelizmente o mercado não nos ajudou, e os projetos em que trabalhamos foram limitados.

Fiquei lá por seis meses e fui indicada para uma posição na Endeavor, uma organização que apoia empreendedores de diferentes maneiras. A Marília Rocca, que era diretora-geral da Endeavor na época, estava procurando alguém para sucedê-la. O desafio me atraiu porque eu queria conhecer de perto a vida de um empreendedor. Meus pais, já falecidos, tiveram uma empresa no setor de confecção. Achei que, na Endeavor, conseguiria entender melhor o que é empreender, o que faz uma empresa dar certo ou não, e como resolver os problemas pelo caminho.

Mas descobri que meu trabalho ali era muito mais fazer relações institucionais e *fundraising* (captação de recursos) do que analisar os negócios em profundidade, que era o que eu queria fazer de fato. O papel da Endeavor na época era, essencialmente, selecionar empreendedores de alto potencial utilizando uma rede de voluntários

---

* Martín Escobari é copresidente da General Atlantic e chairman do comitê global de investimentos da gestora. Trabalhou também na Advent e na GP. Em 1999, cofundou o Submarino e foi CFO da empresa, que abriu capital em 2005 e foi vendida para a Americanas.

e conectá-los com investidores, assessores, executivos ou outros empreendedores que pudessem ajudá-los. Os membros da equipe eram responsáveis por fazer essas conexões, e não por realizar o trabalho em si. Fiquei um ano e meio na instituição, e foi um período rico em que conheci muitos empreendedores interessantes. Mas ficou claro que aquele não era o caminho que eu desejava seguir no longo prazo, então resolvi sair.

Assumindo o fato de que os meus últimos movimentos profissionais não haviam sido os melhores, ainda que eu houvesse aprendido e tirado lições deles, entrei em contato com profissionais com quem eu havia trabalhado no JPMorgan e disse que queria voltar para o mercado financeiro. Mas as minhas constantes movimentações de carreira deixaram alguns potenciais empregadores em dúvida. Isso teve um impacto negativo no meu currículo por um período — por isso, sempre aconselho jovens profissionais a refletirem com cautela e evitarem mudar de emprego com frequência.

Um submarino que não afundou

Por volta de 2004, o Pedro Moreira Salles* estava promovendo uma reestruturação no *investment banking* do Unibanco. Ele havia contratado dois diretores do JPMorgan com quem eu tinha trabalhado diretamente e de quem eu gostava (e ainda gosto) muito: o Ricardo Stern e o Antonio Wever. Fui procurá-los. O Ricardo, que estava à frente do banco de investimento, disse que sua equipe já estava formada, mas sugeriu que eu conversasse com o Antonio, que comandava a corretora e estava buscando um profissional para a área de *research*. Aceitei e assumi a posição de analista de *research*, com foco no setor de consumo e varejo.

* Foi presidente do Unibanco, banco fundado pela sua família e vendido ao Itaú em 2008. Após a venda, ele passou a presidir o conselho de administração do Itaú Unibanco.

Iniciei a cobertura de todas as companhias sob minha responsabilidade e comecei "do zero" a criar relacionamentos com as empresas e os investidores. Pouco depois da minha estreia como analista, o Submarino fez seu IPO, e o desempenho das ações da companhia depois da oferta estava deixando a desejar. O mercado estava cético — a piada corrente era que esse submarino ia afundar. Eu fui a primeira analista independente (que não havia trabalhado no IPO) a publicar um relatório positivo sobre a empresa. Quando submeti o relatório à aprovação do meu chefe, ele perguntou se eu queria mesmo ser do contra no meu primeiro posicionamento relevante, já que analistas mais experientes estavam pessimistas. Isso poderia acabar com a minha carreira de analista, que mal tinha começado.

Meu grau de convicção, porém, era alto — o Martín Escobari, um dos fundadores da companhia, naquele momento era o CFO do Submarino. Eu havia realizado uma análise bastante profunda do negócio e as conversas com ele haviam sido muito boas e esclarecedoras. O tempo provou que minha análise estava correta, e isso ajudou a formar minha credibilidade na área.

Fiquei três anos trabalhando com *research* e obtive ótimos resultados. Fiquei em primeiro lugar no ranking da Institutional Investor em 2005 e 2006 e fui promovida a head de *research*, acumulando a função com a análise do setor de consumo. Mas sentia falta de participar diretamente das transações, dos M&As, das ofertas de ações que eram originadas no *investment banking*. Na área de *research*, eu apenas observava os negócios e analisava, sem atuar na execução.

Em razão do relacionamento com empresários do setor de consumo que construí no *research*, consegui voltar ao *investment banking*, dessa vez como *banker* especializada no segmento. Depois da fusão com o Itaú no final de 2008, apenas alguns profissionais foram mantidos na nova estrutura do banco, e eu estava entre eles. Mas o ambiente de trabalho e a cultura tinham mudado, se tornado agressivos demais, e não me adaptei. Eu já tinha duas filhas e outras expectativas. Decidi que precisava de uma mudança.

O setor de consumo, no qual eu atuava, tem um grande número de empresas de menor porte e uma forte presença de fundadores.

Sempre me identifiquei muito com esses empresários, e, por ter uma postura bastante franca e direta, dava opiniões sinceras sobre negócios — o que nem sempre era bem recebido no *investment banking*. Se eu achava que não era o momento de fazer um IPO, por exemplo, era o que eu falava e então sugeria outra ou nenhuma operação, o que podia afetar a lucratividade do banco. Isso, é claro, gerava atritos.

Sempre acreditei que a minha postura geraria valor no *private bank*, onde eu poderia levar uma visão sem filtros para empresários e investidores. Sugeri ao head do *private bank* a criação de uma área dentro do seu grupo que pudesse atuar como um hub estratégico para negócios — a fim de, por exemplo, ajudar empresários a planejar a venda de negócios, a atrair um investidor ou a montar um processo de sucessão na empresa. A ideia foi aceita e, assim, passei a ser responsável por estruturar e liderar essa nova área.

Foi uma experiência extremamente positiva, que me permitiu trabalhar com profissionais de altíssimo nível. Esse período desafiou algumas percepções que eu tinha sobre o setor e me mostrou que havia muito mais sofisticação técnica do que eu imaginava.

A primeira experiência como investidora

Fiquei no *private bank* até 2013, quando surgiu uma nova oportunidade na área de *private equity* com o Capital Group, impulsionada pelo relacionamento bastante próximo que eu tinha com a Luiza Helena Trajano e com a gestora, que era acionista minoritária do Magazine Luiza. Como investidora, eu poderia decidir investir ou não em determinado negócio com base nas minhas próprias análises.

O Capital Group queria abrir um escritório em São Paulo voltado para *private equity* — o fundo investia no país e entendia que era importante ter um pequeno time local — e me contratou para montar essa operação. A transição do papel de assessor para o de gestor é bastante desafiadora quando se está em um nível sênior. Muitas vezes, tem-se a percepção de que um assessor não possui senso crítico e tende a aceitar muitas oportunidades de negócio. Mas fui bem recomendada e tive a sorte de conhecer o sócio responsável pelo Brasil, então a gestora decidiu que valia a pena tentar.

O plano era que eu passasse um período em Londres, onde estava a maioria dos sócios, incluindo o fundador da divisão de *private equity*. Londres era onde ficava o maior escritório global do Capital Group para essa linha de negócios. Resolvi me mudar para lá em meados de 2013, junto com meu marido e minhas três filhas. Foi um desafio. No âmbito pessoal, os primeiros dois meses foram bastante complicados, pois minhas filhas mais velhas, que tinham apenas sete e cinco anos, enfrentaram dificuldades de adaptação na escola. Foi um sofrimento vê-las passarem por isso, e eu me culpava muito.

Eu havia pedido duas semanas livres antes de começar a trabalhar para conseguir me instalar e fazer a adaptação das meninas — achando, ingenuamente, que em quinze dias resolveria tudo. Mas os desafios surgiram ao longo do tempo. Eu ficava imaginando como é fácil para homens que se mudam com esposas, que assumem a maior parte das responsabilidades domésticas e familiares. Meu marido foi um grande parceiro. Quando eu recebi a proposta do Capital, ele havia acabado de sair de uma posição de liderança na indústria de tecnologia no Brasil e me apoiou na ideia de nos mudarmos para Londres, apesar de saber que isso significaria um potencial hiato na sua carreira. Por sorte, antes de nos mudarmos, ele acabou fechando uma parceria com uma empresa alemã que queria entrar no Brasil, e assim ele também tinha suas responsabilidades fora de casa, e viajou muito ao Brasil enquanto estávamos em Londres.

Enfrentar desafios como os que tive que encarar em Londres foi algo comum ao longo da minha vida profissional. Em momentos como esse, tento manter o bom humor e enxergar a situação da melhor maneira possível. Tento não me levar tão a sério — é sempre melhor tocar a vida de um jeito leve. Londres exigiu isso de mim várias vezes. Um exemplo que me marcou foi o processo de adaptação das minhas filhas na escola. De maneira geral, as mães foram muito acolhedoras. Mas todas, sem exceção, me perguntaram o que meu marido fazia profissionalmente, se ele havia sido transferido e com o que iria trabalhar. Ninguém imaginou que a mudança poderia ter sido por minha causa, pelo meu trabalho. A primeira vez que uma mãe perguntou, fiquei perdida ao responder, me expliquei, um pouco frustrada com a situação. Mas depois decidi mudar a abordagem. Apesar de ele também ter tido, durante esse período, obrigações profissionais, eu dizia que sua função era me ajudar a ser bem-sucedida, que seria motorista e dono de casa, entre outras coisas.

Com o tempo, minhas filhas se adaptaram à nova realidade. Por outro lado, o aspecto profissional entrou em uma fase mais turbulenta, especialmente depois da minha mudança de volta para São Paulo. Os fundadores do negócio de *private equity* começaram a planejar sua saída e a passar a liderança para seus sucessores, o que gerou conflitos internos. Havia uma forte disputa política, e as reuniões de comitê de investimento eram conturbadas. Além disso, a indústria de *private equity* passava por um período difícil com a desvalorização do câmbio no Brasil e região e com a recessão no país. O novo ciclo de *fundraising* começou a se mostrar desafiador — para mim, estava claro que o próximo fundo que levantaríamos seria necessariamente menor. Então, após quase três anos no Capital Group, decidi tirar um ano sabático para me dedicar à minha família.

Pensei: "Trabalho há vinte anos, esse ciclo profissional está me parecendo cada vez mais desafiador e não estou feliz aqui. Vou fazer uma pausa, cuidar das minhas filhas, buscar na escola, essas coisas". Quando anunciei minha saída, o Ivan Toledo, fundador e sócio do Sem Parar, empresa na qual eu havia liderado o investimento e o desinvestimento com sucesso em um ciclo de dois anos, me convidou para assessorá-lo na gestão de seus investimentos ilíquidos. Expliquei que queria fazer uma pausa, e ele propôs que eu trabalhasse meio período. Foi muito bom. Organizei a governança para investimentos ilíquidos do family office dele, criei um comitê de investimentos e revisei oportunidades. Mas logo vi que precisava de um desafio maior. Apesar de querer estar mais presente para minhas filhas, não me identificava com uma rotina muito caseira.

O teste do longo prazo

Em 2017, o CPP Investments buscava uma pessoa para liderar uma nova estratégia de *private equity* na América Latina e me contratou. Com o tempo, devido ao perfil do CPP de investidor de longo prazo e às características do mercado brasileiro, nossa estratégia de investimento passou a englobar tanto *private* quanto *public equities* (ou seja, ações de empresas na bolsa). Isso permite mais flexibilidade na gestão, maior capacidade de alinhamento com nossos sócios e habilidade de capturar valor a longo prazo.

O mercado de capitais é cíclico e muitas vezes desfavorável a saídas rápidas de investimentos. Mas, com uma visão de longo prazo e uma estrutura flexível, conseguimos atuar estrategicamente, minimizar solavancos e apoiar as companhias investidas com capital, independentemente do seu formato. Essa abordagem tem sido fundamental para posicionar o portfólio de maneira resiliente e para garantir alinhamento com parceiros estratégicos.

Um bom exemplo de como atuamos é o investimento feito na Smart Fit. Investimos na empresa em 2019, antes da pandemia. É claro que não imaginávamos que uma pandemia obrigaria a empresa a fechar todas as suas unidades poucos meses após a transação. Com a receita indo a zero, os sócios, inclusive o CPP, injetaram capital mais uma vez na companhia. E, pouco depois, vendo oportunidades de expansão, mas sem condições de investir, dados os *covenants* (cláusulas) da dívida, a SmartFit estruturou um fundo de franquias, e nós fomos os únicos investidores institucionais da companhia que puderam investir no fundo, dado que não era puro *equity*.

O IPO aconteceu em 2021, e houve uma grande euforia com a empresa. O CPP atuou como um dos investidores âncora, o que ajudou no processo. Decidimos não vender ações na abertura de capital, e sim investir mais. Mesmo com todos os desafios da pandemia, os resultados da SmartFit superaram nossas estimativas iniciais para 2024. Apesar da alta qualidade e do grande potencial da companhia, o cenário macroeconômico brasileiro e o momento de mercado em 2024 fizeram com que seu valor, assim como o de muitas outras empresas, não estivesse adequadamente refletido na bolsa. Em 2024, ela negociava abaixo do preço do IPO e próxima do valor que pagamos ao investir em 2019.

Nossa filosofia de investimento tem um viés de longo prazo e abordagem fundamentalista, focada em empresas com bons fundamentos e crescimento sustentável. Nessa lógica, momentos de crise ou desafios econômicos podem trazer boas oportunidades de investimento para fortalecer nossa posição em negócios sólidos. Outras empresas do nosso portfólio, como a Totvs e a Equatorial, também sofrem em períodos de estresse e de incertezas no cenário socioeconômico, mas devemos ser capazes de resistir a esses ruídos e concentrar a análise dos fundamentos que nos fizeram investir nessas companhias. Se eles não mudaram, não é hora de desistir.

De fato, ser "*contrarian*" ao longo dos meus anos de carreira passou em grande medida a definir meu estilo de investimento. Entrei no JPMorgan em 1999, pouco antes do estouro da bolha da internet. Na época, eu não entendia por que empresas de internet podiam ser avaliadas em múltiplos de números de cliques sem nenhuma triangulação com fluxo de caixa. Mas, como qualquer novata, mal tinha coragem de abrir a boca. No decorrer dos anos, e sobretudo depois que me tornei investidora, aprendi a não deixar de perguntar. Digo para quem trabalha comigo: "Lembre-se que, se você está aqui, é porque é inteligente. Suas dúvidas não são triviais e suas opiniões são válidas. Pergunte. Se expresse. Pense por si mesmo. Ninguém vai achar ruim ou te julgar".

Foi pensando assim que, no auge do otimismo do mercado brasileiro, em 2021, apoiei o time na decisão de investir em apenas dois dos mais de quarenta IPOs que aconteceram no período — Smart Fit e GPS. Apesar de terem sofrido em 2024, num momento mais pessimista do mercado, essas companhias ficaram entre as poucas, daquela safra de IPOs, cujas ações tiveram um desempenho razoável.

É claro que, quando há mudanças significativas no cenário, é necessário fazer uma nova análise para verificar se isso pode afetar os fundamentos de uma empresa. Se as ações voltam a subir, precisamos saber se é uma recuperação consistente ou apenas uma oscilação de curto prazo. Essa foi uma das lições mais importantes que aprendi.

Bom demais para ser verdade — partes 1 e 2

Meu primeiro investimento em ações depois de anos focada em *private equity* foi na Equatorial, uma empresa de energia, em 2018. A empresa havia entrado no segmento de transmissão, que ainda não gerava caixa. Além disso, tinha adquirido novas concessões de distribuição de energia e, como consequência, estava com a alavancagem financeira alta. Ao aprofundar a análise, vimos que os fundamentos eram sólidos e que os múltiplos e alavancagem aparentemente altos estavam distorcidos pelo início iminente da operação de transmissão e pela recente vitória em leilões de privatização de companhias de distribuição que ainda não geravam caixa. Inicialmente, achei que havia algo que não estávamos enxergando, pois a tese parecia boa demais para ser verdade. Mas confiei na nossa análise e convicção.

Depois que investimos, os fundamentos ficaram mais claros para os demais investidores, e o papel subiu rapidamente. Esse é um exemplo de como o mercado brasileiro, por ser pequeno, ainda oferece boas distorções para quem faz uma análise criteriosa.

Um erro que cometemos foi apostar cedo demais na tese do *financial deepening** sem termos quantificado adequadamente os riscos. Investimos, por exemplo, em XP e B3 com base na premissa de que haveria um crescimento acelerado do mercado de investimentos, especialmente em ações. Mas o cenário mudou, os juros subiram e a tese não se concretizou como esperávamos. Embora tenhamos comprado ações da XP após uma queda expressiva, perdemos dinheiro. Nesse caso, ao contrário da Equatorial, era de fato bom demais para ser verdade.

Outro aprendizado relevante que tive foi de que, de maneira geral, investir em ações de companhias listadas na bolsa é muito diferente de investir em companhias privadas — no primeiro caso, o investidor não tem acesso à informação completa, e sua capacidade de avaliar dados financeiros ou operações transformacionais é li-

* Expressão que se refere à sofisticação do sistema financeiro de um país, com o aumento da oferta de produtos e serviços para um número maior de pessoas.

mitada. O entendimento dos riscos e do valor que pode ser gerado precisa ser completo, não pode ser superficial.

Além disso, sempre tive muita cautela em relação a empresas com contabilidade excessivamente complexa. Por exemplo, o caso do IRB. Olhamos a companhia logo que entrei no CPP, quando meu time éramos apenas eu e mais uma pessoa. Tínhamos capacidade de trabalho limitada, e as poucas análises e conversas que fizemos não me convenceram de que a companhia poderia apresentar um retorno sobre o patrimônio (ROE) quatro vezes superior ao restante do setor. Sem ter uma explicação clara para essa decisão, preferi não investir. E isso foi antes de surgirem as evidências de fraude nos balanços.

Nossa capacidade de avaliar riscos de fora para dentro é limitada. Por isso, é necessário ter convicções muito bem fundamentadas antes de tomar decisões.

Carreira e maternidade

Nunca planejei minha trajetória de maneira rígida. Fui seguindo meu instinto, e nem sempre é possível tomar a decisão ideal. Muitas vezes, o ideal só existe na nossa cabeça. No mundo real, precisamos nos adaptar. Por exemplo, quando engravidei pela segunda vez, pouco tempo depois da minha primeira licença-maternidade, ouvi comentários como: "De novo?". Mas segui meu instinto e não deixei que isso me impedisse de construir minha carreira e minha família.

Acredito que não há um momento perfeito para engravidar. Se esperarmos a circunstância ideal, pode ser que essa oportunidade nunca chegue. O mais importante é equilibrar as escolhas sem se preocupar excessivamente com comparações com outras pessoas, outros profissionais.

Também penso que a questão da progressão na carreira deve ser vista com mais flexibilidade. Muitas mulheres se preocupam com o impacto da licença-maternidade no avanço profissional, mas, em uma trajetória de trinta anos, seis meses de afastamento não são determinantes. Além disso, promoções muito rápidas nem sempre são benéficas. Quando fui promovida a *managing director*, aos 32 anos, depois da fusão entre o Itaú e o Unibanco, percebi que isso gerou resistências e inseguranças desnecessárias. Se eu tivesse sido promovida mais tarde, a transição talvez fosse mais suave.

No fim das contas, não existe uma fórmula universal para conciliar vida pessoal e profissional. Cada mulher precisa encontrar o seu próprio estilo de liderança e de atuação no mercado. Para mim, transparência, gentileza e humor são ferramentas essenciais. Cada mulher deve encontrar o seu caminho, sem tentar se encaixar em modelos preestabelecidos. A trajetória de cada uma será única, e o mais importante é se respeitar ao longo desse percurso."

SUGESTÕES DE LEITURA

"De maneira geral, tenho lido muito sobre a busca de uma vida saudável e de qualidade, consequência de recentemente ter enfrentado (e vencido!) um câncer de cólon. Os livros abaixo são todos ligados a isso — qualidade e balanço na vida, saúde e felicidade."

*Atomic Habits,** James Clear.
*Outlive,*** *Peter Attia,* com Bill Gifford.
*Happier,**** Tal Ben-Shahar.
*The Surrender Experiment,***** Michael A. Singer.

* *Hábitos atômicos: Um método fácil e comprovado de criar bons hábitos e se livrar dos maus*. São Paulo: Alta Books, 2019. Tradução de Wendy Campos.

** *Outlive: A arte e a ciência de viver mais e melhor*. Rio de Janeiro: Intrínseca, 2023. Tradução de Bruno Fiuza.

*** *Seja mais feliz: Aprenda a ver alegria nas pequenas coisas para uma satisfação permanente*. Academia, 2018. Tradução de Paulo Anthero S. Barbosa.

**** *A entrega incondicional: Como aprendi a confiar no fluxo da vida*. Tradução de Alves Calado. Rio de Janeiro: Sextante, 2022.

INDICAÇÃO DE FILME

Questão de tempo (*About Time*, Richard Curtis, 2013).

"Esse filme pode ser visto como uma comédia romântica bobinha, mas explora de uma maneira muito gostosa o conceito de a gente viver cada dia e minuto da melhor maneira possível."

TIPOGRAFIA Arnhem Blond

DIAGRAMAÇÃO acomte

PAPEL Pólen Natural, Suzano S.A.

IMPRESSÃO Gráfica Bartira, outubro de 2025

FSC
www.fsc.org
MISTO
Papel | Apoiando o manejo florestal responsável
FSC® C105484

A marca FSC® é a garantia de que a madeira utilizada na fabricação do papel deste livro provém de florestas que foram gerenciadas de maneira ambientalmente correta, socialmente justa e economicamente viável, além de outras fontes de origem controlada.